Filomena Anziuino • Katia D'Angelo •

# parla con me 3

corso di lingua e cultura italiana per ragazzi

libro di classe

eserciziario

CD audio

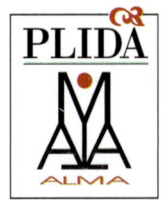

# Parla con me
## corso di lingua e cultura italiana per ragazzi

- autrici delle unità, delle schede culturali, della sceneggiatura del fumetto, dei test, dei bilanci e della grammatica: **Katia D'Angelo** e **Diana Pedol**

- autrice dell'eserciziario: **Filomena Anzivino**

- consulenza scientifica e coordinamento della sperimentazione: Prof.ssa **Nuria Greco**, Prof. **Giancarlo Sala**

- sperimentazione: Prof. **Pablo Bertagnoli**, Prof.ssa **Alicia Borras**, Prof.ssa **Lidia Desio**, Prof.ssa **Nuccia Sassone**

- responsabile del progetto per la Società Dante Alighieri: Dott.ssa **Silvia Giugni**

- direzione editoriale: **Massimo Naddeo**

- coordinamento editoriale e redazione: **Marco Dominici**, **Carlo Guastalla**, **Euridice Orlandino** e **Chiara Sandri**

- progetto grafico: **Laura Rozzoni** e **Andrea Caponecchia**

- impaginazione: **Andrea Caponecchia**

- copertina: **Lucia Cesarone**

- illustrazioni: **Manuela Nerolini**

- fumetto: **Giampiero Wallnofer**

- coordinamento audio: **Vanni Cassori**

Vorrei ringraziare le colleghe autrici e la redazione di ALMA Edizioni per la fiducia e la mia famiglia per l'appoggio incondizionato di sempre. Filomena

A mia madre, lontana, ma sempre presente. Diana

Dedico questo libro a quanti mi hanno aiutato ad arrivare fino in fondo in quest'anno molto speciale. E alla mia piccola Alice. Katia

Ringraziamo inoltre tutti coloro che hanno prestato la loro voce per i brani audio: Almir, Chiara, Doriana, Fabiano, Maurizio, Niccolò, Rossella

© 2013 Alma Edizioni
Printed in Italy
ISBN 978-88-6182-293-1
Prima edizione: novembre 2013

**Alma Edizioni**
Viale dei Cadorna, 44
50129 Firenze
tel +39 055 476644
fax +39 055 473531
alma@almaedizioni.it
www.almaedizioni.it

SOCIETÀ DANTE ALIGHIERI

L'Editore è a disposizione degli aventi diritto per eventuali mancanze o inesattezze.
I diritti di traduzione, di memorizzazione elettronica, di riproduzione e di adattamento totale o parziale, con qualsiasi mezzo (compresi i microfilm e le copie fotostatiche), sono riservati per tutti i paesi.

# Indice

| comunicazione | grammatica | lessico | testi scritti e *orali* | scheda culturale |
|---|---|---|---|---|

## Unità 0 ⭐ La scuola è il tuo futuro — pagina 07

| comunicazione | grammatica | lessico | testi scritti e *orali* |
|---|---|---|---|
| • ideare un volantino promozionale<br>• creare una lista di consigli<br>• discutere per convincere e difendere la propria posizione | • ripasso dei pronomi diretti, indiretti, riflessivi (forme e posizione) | • lessico scolastico<br>• tipi di scuole superiori<br>• *occuparsi di, basarsi su, dividersi in*<br>• *per iniziativa di, nel corso di*<br>• *presso* | • articolo sulla scelta della scuola superiore<br>• *cinque persone descrivono la scuola dove studiano o lavorano* |

## Unità 1 ▲ Casa dolce casa — pagina 14 — **tendenze**

| comunicazione | grammatica | lessico | testi scritti e *orali* | scheda culturale |
|---|---|---|---|---|
| • raccontare eventi passati<br>• elencare e motivare vantaggi e svantaggi<br>• esprimere il proprio parere<br>• descrivere un edificio, un appartamento, una città<br>• gestire una trattativa (immobiliare)<br>• realizzare un progetto di rinnovamento urbano | • trapassato prossimo<br>• le parole composte<br>• il connettivo *mentre* con valore avversativo | • tipi di abitazione<br>• il Fascio littorio<br>• ecologia e città verdi | • articolo su due grattacieli ecologici<br>• *due interviste sulla casa della propria infanzia* | • La casa ideale (tipologie di case preferite dagli italiani) |

• Storia a fumetti: **Una storia da brividi - Episodio 1** ........ pagina 26

## Unità 2 ♦ Mens sana in corpore sano — pagina 27 — **benessere**

| comunicazione | grammatica | lessico | testi scritti e *orali* | scheda culturale |
|---|---|---|---|---|
| • indicare cosa si è capaci di fare<br>• descrivere come si è usciti da una situazione difficile<br>• parlare di rimedi per il corpo e lo spirito<br>• argomentare a favore di un dato stile di vita<br>• pubblicizzare il benessere fisico e psicologico | • il pronome relativo *cui*<br>• la forma impersonale dei verbi riflessivi (*ci si*)<br>• i connettivi *tanto meno, nemmeno, così, per questo, perciò, magari* | • *essere in gamba, avere intenzione, prendere in giro*<br>• *riuscire a, saper fare qualcosa*<br>• espressioni con *sentirsi*<br>• *magari* | • racconto vincitore del concorso "Mi muovo di più, guardo meno la tv… e tu?"<br>• *i consigli di una psicologa su come aumentare l'autostima* | • Tutti in forma! (benessere e fitness) |

• Storia a fumetti: **Una storia da brividi - Episodio 2** ........ pagina 38

## Unità 3 ■ Incomprensioni moderne — pagina 39 — **contatti**

| comunicazione | grammatica | lessico | testi scritti e *orali* | scheda culturale |
|---|---|---|---|---|
| • esporre la propria opinione<br>• parlare della lingua degli SMS<br>• raccontare un malinteso<br>• indicare l'utilità di un apparecchio<br>• dare consigli<br>• descrivere funzioni e utilità dei social network | • il passivo<br>• i diminutivi in *-ino* e *-etto*<br>• segnali discorsivi: *senta/i, guardi/a*<br>• il condizionale per dare consigli | • *azzeccare, cadere dalle nuvole, compiere un gesto estremo, farla finita, fraintendere, prendere le mosse*<br>• modi di dire con gli agenti atmosferici<br>• l'avverbio *proprio* | • articolo di cronaca su un malinteso causato da un SMS<br>• citazioni tratte da "Romeo e Giulietta"<br>• *un reclamo in un negozio di telefonia* | • Comunicazione ad altissima velocità (l'italiano della messaggeria istantanea) |

• Storia a fumetti: **Una storia da brividi - Episodio 3** ........ pagina 50

| comunicazione | grammatica | lessico | testi scritti e *orali* | scheda culturale |
|---|---|---|---|---|

## Unità 4 ● Colorare la città
pagina 51

| | | | | |
|---|---|---|---|---|
| • parlare d'arte ed esprimere la propria opinione su artisti e opere<br>• convincere, argomentare<br>• riferire il punto di vista altrui<br>• allestire una mostra d'arte | • il congiuntivo presente: forme e uso con i verbi di opinione<br>• il congiuntivo presente irregolare del verbo *essere*<br>• i pronomi relativi *che, chi, quale* | • *bambino, ragazzino, ragazzo*<br>• *fare chiarezza, non se ne esce più, fare di tutta l'erba un fascio, a cielo aperto, nottetempo*<br>• *ormai*<br>• i verbi di opinione<br>• *mi pare, mi sembra* | • due lettere a favore o contrarie al graffitismo<br>• *servizio giornalistico su un fatto di cronaca riguardante un'opera d'arte contemporanea* | • Arte sui muri di periferia (*street art* italiana e recupero urbano) |

**arti**

• Storia a fumetti: **Una storia da brividi - Episodio 4** ············· pagina 62

## Unità 5 ◆ Sei ciò che mangi
pagina 63

| | | | | |
|---|---|---|---|---|
| • dare enfasi<br>• parlare dei propri genitori<br>• esprimere la propria opinione su OGM e cibo biologico<br>• riformulare, concludere un discorso, prendere tempo<br>• indicare i propri cibi preferiti<br>• parlare del rapporto tra alimentazione e profilo psicologico<br>• preparare una presentazione contro o a favore degli OGM | • i pronomi combinati con *ne*<br>• i pronomi riflessivi enfatici<br>• oggetto diretto e *ne* | • *riuscirci, andarsene*<br>• utensili da cucina e ricette tipiche<br>• le espressioni *insomma, be', diciamo, mi dispiace* | • post tratti dal blog *theninoland*<br>• *interviste su OGM e cibo biologico* | • Mangiare sano per vivere sani (cibo biologico e di stagione) |

**benessere**

• Storia a fumetti: **Una storia da brividi - Episodio 5** ············· pagina 76

## Unità 6 ■ Generazioni a confronto
pagina 77

| | | | | |
|---|---|---|---|---|
| • parlare del rapporto con la propria famiglia<br>• argomentare a sostegno delle proprie opinioni<br>• esprimere giudizi<br>• preparare una relazione sul rapporto genitori-figli | • i suffissi degli aggettivi<br>• l'uso del congiuntivo e dell'indicativo per esprimere opinioni<br>• il futuro per esprimere ipotesi | • *tema e traccia*<br>• le espressioni *a dir poco, se non altro, totalmente, proprio, neppure*<br>• *questa casa non è un albergo!*<br>• i connettivi testuali *appunto, è per questo che, insomma, c'è da dire che, nonostante tutto* | • tema di una liceale: *Un tema ricorrente... Genitori e figli*<br>• *dialogo tra un padre e una madre che discutono sull'educazione dei propri figli* | • La famiglia in evoluzione (famiglia tradizionale vs. famiglia moderna in Italia) |

**contatti**

• Storia a fumetti: **Una storia da brividi - Episodio 6** ············· pagina 90

## Unità 7 ● Che cominci lo spettacolo!
pagina 91

| | | | | |
|---|---|---|---|---|
| • leggere un testo teatrale<br>• parlare di arti performative<br>• descrivere personalità attraverso metafore<br>• attuare strategie per suggerire una parola<br>• esprimersi sui diritti degli animali<br>• immaginare la trama di un'opera teatrale<br>• realizzare un radiodramma | • il congiuntivo imperfetto e passato: forme e usi<br>• il congiuntivo imperfetto irregolare di *dare, dire, essere, fare*<br>• il congiuntivo dipendente da verbi di opinione, verbi che indicano desiderio, volontà, sentimento, *essere + aggettivo, il fatto che*<br>• il gerundio con funzione modale o temporale | • generi teatrali<br>• espressioni con *dare, fare, chiudere, parlare, girare, prendere*<br>• *il prossimo*<br>• animali e modi di dire<br>• segnali discorsivi per cercare una parola | • estratto da *La moglie e la mosca* di Luigi Malerba<br>• *intervista al performer e formatore Salvo Russo* | • I migliori amici degli italiani (il rapporto degli italiani con gli animali da compagnia) |

**arti**

• Storia a fumetti: **Una storia da brividi - Episodio 7** ············· pagina 103

|  | comunicazione | grammatica | lessico | testi scritti e *orali* | scheda culturale |
|---|---|---|---|---|---|

## Unità 8 ■ Cerco lavoro! — pagina 104

**contatti**

- parlare di lavoro, dei propri progetti professionali e delle proprie esperienze lavorative
- compilare il proprio CV
- esprimere ipotesi realizzabili
- dare consigli
- prepararsi per e sostenere un colloquio di lavoro
- selezionare annunci di lavoro
- realizzare una videoguida su come redigere un CV e una lettera di presentazione

---

- il periodo ipotetico di secondo tipo
- la forma passiva con *venire*
- il *si* passivante

---

- lavori adatti a studenti
- informagiovani
- le voci del curriculum vitae
- le diverse tipologie di contratti
- *se fossi in te...*

---

- due articoli su come affrontare un colloquio di lavoro
- *dialogo tra un'impiegata di un centro Informagiovani e un ragazzo in cerca di lavoro*

---

- Cercasi laurea (aree di studio più frequentate e lauree più richieste)

○ Storia a fumetti: **Una storia da brividi - Episodio 8** .................... pagina 115

## Unità 9 ▲ Diventare grandi — pagina 116

**tendenze**

- confrontare le informazioni tratte da due testi diversi sullo stesso tema
- parlare di condizione giovanile
- mettere a confronto vita adolescente e vita adulta
- scrivere una mail di protesta
- girare un video sulle differenze di comportamento tra adulti e adolescenti

---

- *sapere* e *conoscere* (al presente e al passato prossimo)
- i verbi modali all'imperfetto e al passato prossimo
- i prefissi *il-*, *im-*, *in-*, *ir-*, *s-*
- discorso diretto e discorso indiretto

---

- *bamboccione*
- *darsi da fare, a dir poco, fare un "passaparola"*
- formule della corrispondenza formale: *Gentile, Sig., Sig.ra, Cordialmente, Cordiali saluti, Distinti saluti*

---

- due articoli sui "bamboccioni"
- *discussione tra madre e figlio su voti scolastici e vacanze da soli*

---

- Giovani: *choosy* o semplicemente precari? (i giovani visti dai politici)

○ Storia a fumetti: **Una storia da brividi - Episodio 9** .................... pagina 126

## Unità 10 ● Lingua parlata, lingua scritta — pagina 127

**arti**

- indicare le difficoltà e gli errori diffusi della lingua italiana e della propria lingua materna
- parlare della storia dell'italiano e della propria lingua materna
- descrivere i dialetti del proprio paese
- esprimere il proprio parere su un racconto
- scrivere un racconto su traccia
- ideare un radiodramma

---

- l'alternanza tra passato prossimo, imperfetto e trapassato prossimo
- il passato remoto: forme regolari e irregolari (*avere, dire, essere, fare*) e usi regionali

---

- i tre grandi autori del Trecento
- segnali discorsivi e connettivi: *no, in realtà, certo, anche se, giusto?, poi, forse, un po', appunto, addirittura, mah, soprattutto, quindi, allora, insomma*

---

- racconto: "Io e lui" di Giuseppe Culicchia
- *estratto dalla presentazione del libro "Sicilia, o cara" di Giuseppe Culicchia*
- *intervista alla linguista Valeria della Valle*

---

- A ogni regione il suo dialetto (origine, distribuzione geografica e uso delle lingue regionali e dei dialetti italiani)

○ Storia a fumetti: **Una storia da brividi - Episodio 10** .................... pagina 139

## Appendici — pagina 140

## Eserciziario — pagina 145

| | | |
|---|---|---|
| ○ Esercizi Unità 1 | | pagina 145 |
| ○ Esercizi Unità 2 | ○ Test e Bilancio | pagina 151 |
| ○ Esercizi Unità 3 | | pagina 160 |
| ○ Esercizi Unità 4 | ○ Test e Bilancio | pagina 166 |
| ○ Esercizi Unità 5 | | pagina 175 |
| ○ Esercizi Unità 6 | ○ Test e Bilancio | pagina 181 |
| ○ Esercizi Unità 7 | | pagina 190 |
| ○ Esercizi Unità 8 | ○ Test e Bilancio | pagina 196 |
| ○ Esercizi Unità 9 | | pagina 205 |
| ○ Esercizi Unità 10 | ○ Test e Bilancio | pagina 211 |

## Grammatica — pagina 220

# Introduzione

**Parla con me** è il primo corso di italiano per stranieri espressamente concepito per studenti adolescenti. È il risultato della collaborazione tra **ALMA Edizioni** e la **Società Dante Alighieri** e di una lunga sperimentazione condotta in vari paesi.

L'opera è strutturata in tre livelli:
- **Parla con me 1** • **Parla con me 2** • **Parla con me 3**

*Parla con me* è realizzato in collaborazione con la Società Dante Alighieri e prepara all'esame di certificazione PLIDA Juniores.

## Le caratteristiche

**Parla con me** pone al centro temi, luoghi e modalità di relazione che caratterizzano il mondo giovanile. Da qui la scelta di dividere le 10 unità in **quattro macro-aree tematiche**: **arti** (cinema, danza, design, musica, pittura, letteratura), **benessere**, **contatti** e **tendenze**.

Tutti i contenuti linguistici affrontati sono presentati sempre in relazione ai contesti reali in cui si muovono gli studenti e alle principali situazioni comunicative che si trovano a dover gestire.

## L'approccio

Il corso mira a sviluppare in modo equilibrato le quattro competenze descritte nel Quadro Comune Europeo (*ascoltare*, *parlare*, *leggere* e *scrivere*) in relazione ai reali bisogni comunicativi dello studente adolescente. Vista la fascia di età a cui si rivolge, **Parla con me** si propone di educare gli studenti a un apprendimento sempre più autonomo e consapevole della lingua, mantenendone alta la motivazione durante tutte le attività. Propone pertanto:

- testi scritti e audio, legati a situazioni comunicative autentiche, sempre incentrate su argomenti di interesse e utilità per l'adolescente;
- attività di tipo ludico, dinamiche e creative, da svolgersi sia in coppia che in gruppo;
- attività che spingono lo studente a ricercare ed elaborare autonomamente le regole morfosintattiche di volta in volta affrontate;
- attività di *project work* che calano lo studente in situazioni comunicative autentiche finalizzate alla realizzazione di progetti di gruppo attraverso un lavoro di cooperazione.

## La Struttura

**Parla con me 3** si rivolge a studenti di livello B1 e comprende in un unico volume

**un libro di classe, un eserciziario e un CD audio**

### libro di classe:
- 10 unità divise in quattro macro-aree tematiche (arti, benessere, contatti, tendenze)
- schede culturali sull'Italia
- storia a fumetti - genere molto amato dagli adolescenti - che percorre tutto il volume e che offre allo studente il piacere di leggere liberamente un fumetto in italiano

### eserciziario:
- esercizi utili a consolidare le strutture grammaticali e gli elementi lessicali affrontati
- attività di comprensione orale
- test di autovalutazione
- bilanci di competenza utili allo studente per riflettere sui propri progressi in relazione ai propri bisogni comunicativi
- grammatica riassuntiva

### CD audio:
- brani audio per le attività di classe
- brani audio per gli esercizi e i test

A parte, è inoltre disponibile **una guida per l'insegnante** con
- le indicazioni metodologiche
- le istruzioni per svolgere le lezioni
- le soluzioni delle attività di classe, dell'eserciziario e dei test di autovalutazione
- le trascrizioni dei brani audio

---

Andando su www.almaedizioni.it e cliccando sul pulsante del sito dedicato a *Parla con me* è possibile accedere a numerose **risorse on line gratuite** per insegnanti e studenti:

- glossari plurilingui
- esercizi interattivi
- attività supplementari
- attività di approfondimento
- musiche e canzoni
- test

Per accedere alle risorse basta registrarsi al sito scegliendo un nome utente e una password.

# Unità 0
# La scuola è il tuo futuro

**Lessico**
Lessico scolastico

Tipi di scuole superiori

*Occuparsi di, basarsi su, dividersi in*

*Per iniziativa di, nel corso di*

*Presso*

**Cosa imparo**

**Comunicazione**
Ideare un volantino promozionale

Creare una lista di consigli

Discutere per convincere e difendere la propria posizione

**Grammatica**
Ripasso dei pronomi diretti, indiretti, riflessivi (forme e posizione)

## 1 INTRODUZIONE Le parole della scuola

*Rispondi alle domande, poi completa i nomi delle scuole sotto con le lettere corrispondenti alle risposte corrette.*

**1.** Fino a che età è obbligatorio andare a scuola in Italia?
**a.** 16 anni [L]   **b.** 18 anni [M]   **c.** 14 anni [R]

**2.** Come si chiama la scuola che frequentano i bambini (dai 6 anni in su)?
**a.** scuola media [D]       **b.** asilo nido [F]
**c.** scuola elementare [C]

**3.** Come si chiamano gli esami alla fine delle scuole superiori?
**a.** esami di identità [B]   **b.** esami di maturità [T]
**c.** esami di idoneità [V]

**4.** Come si chiamano gli studenti di una stessa classe?
**a.** compagni (di classe) [N]   **b.** amici (di classe) [S]
**c.** colleghi (di classe) [A]

**5.** Come si chiamano le discipline scolastiche?
**a.** temi [G]   **b.** argomenti [I]   **c.** materie [P]

**6.** Se uno studente non studia prende un brutto:
**a.** voto [F]   **b.** grado [H]   **c.** risultato [E]

**7.** Se uno studente riceve 6 significa che il suo compito è:
**a.** insufficiente [Z]   **b.** sufficiente [S]
**c.** buono [L]

___ i ___ eo

Ha una durata totale di 5 anni. Alla fine di questo periodo gli studenti possono proseguire gli studi all'università. Gli indirizzi principali sono: classico, linguistico, scientifico, musicale e coreutico, artistico e delle scienze umane.

istituto ___ec ___ico

Ha una durata totale di 5 anni. Alla fine di questo periodo gli studenti possono entrare nel mondo del lavoro o proseguire gli studi all'università. I settori principali sono: economico e tecnologico.

istituto ___ ro ___es___ ionale

Ha una durata totale di 5 anni. Alla fine di questo periodo gli studenti possono entrare nel mondo del lavoro o proseguire gli studi all'università. I settori principali sono: servizi, industria e artigianato.

Cfr. *Parla con me 1*, pagina 39, Scheda culturale "Una scuola, tante scuole"

# La scuola è il tuo futuro

## 2 ASCOLTARE Ecco la mia scuola

Abbina lo slogan alla scuola corrispondente.
Poi ascolta e verifica quale è più adatto a ciascuna scuola.

1. Istituto aeronautico
2. Istituto ISIS* "Facchinetti"
3. Liceo "Olga Fiorini"
4. Liceo scientifico "Blaise Pascal"
5. Liceo artistico "Candiani"

a. Con noi, lo studente è al centro!
b. Crea nuove idee con le tue mani!
c. Volare non è mai stato così facile!
d. Abbandona il passato e tuffati nella rete per il tuo successo futuro!
e. Esprimi la tua creatività e gioca per la nostra squadra!

\* Istituto Statale Istruzione Superiore

## 3 ANALISI LESSICALE Spiegare in modo articolato

**3.a** Riascolta le descrizioni delle varie scuole e completa le trascrizioni con le parole della lista.

ci occupiamo di — selezionati — si divide in — si basa — su — materie — per

per iniziativa di — presso — nel corso del — indirizzi — è sorto

1. .... e siamo una scuola aeronautica, nel caso... Noi **a.** _____ trasporti e logistica...
2. ... perché la nostra scuola è... comprende pochi studenti, ma studenti **b.** _____
3. Eh, la nostra scuola **c.** _____ molti, eh... molti **d.** _____ tra cui informatica, geometra, chimica e tessile.
4. E il mio corso **e.** _____ prevalentemente **f.** _____ tre... su tre **g.** _____...
5. Questo istituto **h.** _____ principalmente **i.** _____ la tessitura...
6. Allora, il liceo scientifico "Blaise Pascal" è un liceo scientifico paritario che nasce nel 1990 **l.** _____ alcuni genitori e docenti...
7. ... la possibilità di partecipare a delle lezioni aperte **m.** _____ la nostra scuola.
8. È uno dei... dei lavori che vengono affrontati nel... nel laboratori... nei laboratori artistici, quelli che si fanno **n.** _____ biennio...

Unità 0

**6 LEGGERE** ...

La classe va s...
"SCUOLA", po...
Ogni studente...
che tipo di st...
un compagno...

**3.b** Abbina le espressioni del punto **3.a** al significato o al sinonimo corrispondente, come nell'esempio. Attenzione: non devi inserire due delle espressioni del punto precedente.

1. _ci occupiamo di_ = ci interessiamo di
2. _____ = studenti scelti per delle caratteristiche precise
3. _____ = specializzazioni possibili
4. _____ = comprende
5. _____ = discipline che si studiano
6. _____ = è nato
7. _____ = durante
8. _____ = in
9. _____ = grazie all'azione di
10. _____ = ha (come materie fondamentali)

**7 ANALISI GR...**

**7.a** Indica con un...

| Riga | |
|---|---|
| a. | 3 | vi |
| b. | 10 | lo |
| c. | 13 | ori |
| d. | 24 | co |
| e. | 28 | ve |
| f. | 29 | lo |
| g. | 31 | ab |
| h. | 42 | sp |
| i. | 42 | sp |
| l. | 49 | ve |
| m. | 42 | lo |
| n. | 51 | vi |
| o. | 51 | ac |
| p. | 53 | oc |

**4 SCRIVERE Studia con noi!**

Quest'anno la tua scuola rischia di chiudere se non si iscrivono più studenti. Prepara un volantino per convincere altri ragazzi o ragazze a iscriversi alla tua scuola.

**5 LEGGERE Scuola sì, scuola no**

**5.a** Leggi il testo a pagina 10 e rispondi: quale ordine di importanza dai ai consigli dell'autore? Prepara la tua classifica personale e indica su cosa sei d'accordo.

| La mia classifica | Su cosa sono d'accordo |
|---|---|
| Primo posto: consiglio n. ☐ | |
| Secondo posto: consiglio n. ☐ | |
| Terzo posto: consiglio n. ☐ | |
| Quarto posto: consiglio n. ☐ | |

nove • **09**

# La scuola è il tuo futuro

**7.b** *Completa la regola sui pronomi sottolineando l'opzione corretta e completando con gli esempi.*

### Pronomi diretti, indiretti e riflessivi

1. I pronomi si trovano **sempre prima del / sempre dopo il / o prima del, o dopo il** verbo.

2. Quando i pronomi sono doppi, il pronome indiretto **precede / segue** il pronome diretto.

   **Esempi:**
   a. 
   b. 

3. Se i pronomi doppi accompagnano un verbo all'**indicativo** si scrivono **separati dal / uniti al** verbo.

   Il pronome **indiretto** di terza persona maschile singolare *gli*, femminile singolare *le* e plurale *gli* forma un'unica parola con il pronome diretto (*glielo, gliela, gliele, gliele*).

   Se i pronomi doppi accompagnano un **imperativo informale singolare positivo** si uniscono **alla fine** del verbo.

   **Esempio:**
   Raccontamelo!

4. Se i pronomi doppi accompagnano un **imperativo informale plurale positivo o negativo** si scrivono **uniti al / separati dal** verbo.

   **Esempi:**
   a. 
   b. 

5. Se i pronomi accompagnano un infinito **si uniscono all' / si separano dall'**infinito.

   **Esempio:**
   a. 

**8** **PARLARE** Scontri generazionali

*Dividetevi in gruppi di tre. Ogni gruppo è formato da due genitori e un figlio. Leggete le vostre rispettive istruzioni.*

○ **genitori**
Vostro figlio / Vostra figlia frequenta la terza media in Italia. Volete che vada all'università dopo le scuole superiori e pensate che la scelta migliore sia studiare fino alla maturità. Stasera a cena provate a convincerlo/la.

○ **figlio / figlia**
"Sei un giovane studente italiano. Vuoi studiare solo fino a quando è obbligatorio (16 anni), trovare subito un lavoro e vivere finalmente la tua vita in modo autonomo. Stasera a cena vuoi dirlo ai tuoi genitori.

**12** ○ dodici

# Unità 0

## 9 GIOCO Caccia al tesoro!

Dividetevi in squadre di massimo 5 persone. La vostra missione è trovare nel disegno le cinque monete d'oro nascoste. Leggete i vari compiti (potete usare il dizionario, o consultare l'insegnante). Avete 3 minuti per decidere da quale cominciare. Dopo aver svolto correttamente il primo compito (verifica l'insegnante), risolvete il primo indovinello e scoprite dietro quale oggetto si nasconde la moneta d'oro. Poi passate al compito e all'indovinello successivo. Vince la squadra che trova tutte le monete per prima.

### Compito 1
Trovate gli errori.
Ieri ho chiamato Sara e mi ha detto che non stava bene. Le ho chieduto cosa aveva, ma non melo ha voluto dire. Forse ha litigato con il suo ragazzo o forse eri solo stanca. Domani anderò a casa sua per studiare con lei.

### Compito 2
Trovate nel dizionario:
a. un sinonimo di *poi*.
b. un sinonimo di *adesso*.
c. i due significati di *allora*.

### Compito 3
Completate la frase in modo corretto (sono possibili quattro soluzioni: dovete trovarne almeno due). Poi mimate le due frasi all'insegnante.
I bambini sono:
1. più creativi
2. più migliori
3. meno attenti
a. dei ragazzi
b. che gli adulti
c. delle persone normali.

### Indovinello 1
Sopra di me si riposano tutti, ma non mi fanno per niente male, sono fatto apposta sai? Se mi trovi, anche tu riposarti potrai.

### Indovinello 2
È molto utile per dimagrire. Si usa sia in casa che fuori, è molto facile indovinare e sicuramente la sai usare. Che cos'è?

### Indovinello 3
Ha tre occhi che spesso accende, ma non vede proprio niente, eppure guida ben la gente.

### Compito 4
Disegnate la piantina della scuola e scrivete minimo sei nomi di stanze/ambienti.

### Compito 5
Create una conversazione. Dovete inserire le tre espressioni della lista.
- Uffa!
- chissà
- quattro gatti

### Indovinello 4
Sono silenzioso e leggero, ma grande rumore posso fare se con un ago mi vuoi bucare.

### Indovinello 5
In piazze e strade mi trovate, e le mie belle forme ammirate. Spesso a me vi avvicinate perché rinfrescarvi desiderate.

# Unità 1
# Casa dolce casa

**Lessico**
Tipi di abitazione

Il Fascio littorio

Ecologia e città verdi

**Grammatica**
Il trapassato prossimo

Le parole composte

Il connettivo *mentre* con valore avversativo

**Cosa imparo**

**Comunicazione**
Raccontare eventi passati

Elencare e motivare vantaggi e svantaggi

Esprimere il proprio parere

Descrivere un edificio, un appartamento, una città

Gestire una trattativa (immobiliare)

Realizzare un progetto di rinnovamento urbano

## 1 INTRODUZIONE Case di ogni tipo

**1.a** *I nomi degli edifici sotto non corrispondono all'immagine giusta. Riordinali, come nell'esempio.*

① casa di campagna

② grattacielo

③ casa monofamiliare

④ appartamento

⑤ villa

⑥ palazzo (condominio)

**1.b** *Quale tipo di abitazione associ generalmente all'Italia? Perché? Parlane con due compagni.*

14 • quattordici

## Unità 1 — tendenze

### 2 ASCOLTARE Case d'infanzia

**2.a** *Ascolta e abbina ciascun racconto all'immagine corrispondente. Attenzione: c'è una fotografia in più.*

racconto 1 = ☐

racconto 2 = ☐

**2.b** *Quali ricordi associano i due uomini alla propria casa?*

 **Parole, parole, parole**

**Il Fascio littorio**

Il Fascio littorio risale all'antica Roma, dove simboleggiava l'autorità dei magistrati. È formato da una scure tra 12 verghe. I fascisti hanno adottato il fascio littorio romano come simbolo del regime (1922-1943). Da questo simbolo deriva il nome *fascismo*.

**Le case di ringhiera**

Le case di ringhiera sono un particolare tipo di condomini in cui i ballatoi (lunghi balconi), protetti da ringhiere, sono spazi comuni che collegano i singoli appartamenti. Famose sono quelli di Milano e Torino, costruite nei primi anni del Novecento.

**2.c** *Riascolta e indica quali delle seguenti affermazioni pronuncia il primo uomo (1), quali il secondo (2) e quali nessuno (N).*

|   | 1 | 2 | N |
|---|---|---|---|
| a. È nato durante il fascismo. | ☐ | ☐ | ☐ |
| b. Da bambino era povero. | ☐ | ☐ | ☐ |
| c. Non gli piace l'edificio dove è nato. | ☐ | ☐ | ☐ |
| d. I vicini erano soprattutto operai. | ☐ | ☐ | ☐ |
| e. Non è entrato nel Guinness dei primati. | ☐ | ☐ | ☐ |
| f. È nato in ospedale. | ☐ | ☐ | ☐ |
| g. L'edificio era molto insicuro. | ☐ | ☐ | ☐ |
| h. Nel palazzo c'era il bagno in comune. | ☐ | ☐ | ☐ |
| i. Un ladro ha rubato la targa che ricordava la sua nascita in quell'edificio. | ☐ | ☐ | ☐ |

# Casa dolce casa

**3** **ANALISI GRAMMATICALE** Il trapassato prossimo

**3.a** *Completa la frase con le parti mancanti.*

- è svanito perché il Prefetto aveva fatto la targa di sua iniziativa
- l'unico documento che poteva darmi il Guinness
- hanno registrato anche la mia nascita

> Qui è nato Giulio Arsola Bertazzi, primo bambino italiano nato in un grattacielo.

Purtroppo quando hanno portato mia mamma al Maria Vittoria* _____ e quindi _____ del primo bambino italiano nato in un grattacielo _____.

\* importante ospedale di Torino

**3.b** *Leggi come si forma il trapassato prossimo e <u>sottolinea</u> il verbo coniugato a questo tempo nel testo che hai completato al punto **3.a**.*

> Il trapassato prossimo si forma con l'imperfetto del verbo *avere* o *essere* + il participio passato.

**3.c** *Completa la tabella come nell'esempio, poi indica con una "X" la funzione giusta del trapassato prossimo.*

| a. hanno portato mia mamma al Maria Vittoria |
|---|
| b. hanno registrato anche la mia nascita |
| c. il Prefetto aveva fatto la targa di sua iniziativa |

- (a) e ☐ sono due azioni contemporanee
- ☐ è un'azione precedente alle altre due azioni

> Il trapassato si usa per indicare un'azione:
>
> **1** accaduta **dopo** un'altra azione passata.
>
> **2** accaduta **prima** di un'altra azione passata.
>
> **3** accaduta **insieme** a un'altra azione passata.

### 4  ESERCIZIO  L'indiziato

*Lavora con un compagno. Dividetevi i ruoli (studente A e studente B) e leggete le vostre istruzioni (le istruzioni dello studente B sono a pagina 140).*

**○ Istruzioni studente A**

**Parte 1** - Domenica sera c'è stato un omicidio davanti all'Hotel Venezia. Un testimone ti ha visto sul luogo del delitto, quindi sei tu il principale indiziato. La polizia ti interroga: devi rispondere in modo appropriato alle domande usando le frasi accanto (le risposte non sono in ordine; devi coniugare in ogni frase un verbo al passato prossimo e un verbo al trapassato prossimo). Ogni volta che sbagli risposta o coniughi male un verbo, devi ricominciare (dalla prima risposta). Alla fine invertite i ruoli: ora sei tu a interpretare il poliziotto (Parte 2).

**Parte 2** - Sei un ispettore della polizia. Ieri c'è stato un omicidio davanti al Bar dei Portici. Un testimone ha visto un uomo sul luogo del delitto. Decidi di interrogare quell'uomo. Se l'indiziato dà una risposta non appropriata alla domanda o coniuga i verbi in modo scorretto, deve ricominciare dalla prima domanda (per ogni frase deve coniugare un verbo al passato prossimo e uno al trapassato prossimo).

### Risposte dell'indiziato

a. Sì, sabato *(io - ritirare)* _____ la mia macchina dal meccanico, ma domenica, tornando dall'ospedale, si è fermata di nuovo e allora *(io - chiedere)* _____ in prestito la macchina a un'amica che lavora all'ospedale.

b. *(Io)* L'*(lasciare)* _____ davanti a un garage di Via Petrarca, ma poi il proprietario del garage *(chiamare)* _____ il carro attrezzi e me l'hanno portata via.

c. Sabato notte mia moglie *(sentirsi)* _____ poco bene, così domenica mattina l'*(io - portare)* _____ all'ospedale e l'hanno ricoverata.

d. Perché *(io - andare)* _____ al distributore accanto all'hotel per fare benzina ma poi ho sentito degli spari e *(correre)* _____ subito all'Hotel.

e. No, sono venuto via nel pomeriggio, ma poi mi sono accorto che *(io - dimenticare)* _____ il cellulare in ospedale e *(io - tornare)* _____ indietro.

### Domande da fare all'indiziato

1. Perché ieri a mezzanotte si trovava davanti al Bar dei Portici?
2. Ma mezzanotte non è tardi per andare a riportare un libro?
3. Mi hanno detto che non era solo, però.
4. Sì ma il suo vicino di casa ci ha detto di averla vista tornare a casa all'una e mezza di notte. Dove è stato fino a quell'ora?
5. E dove vive Mirco?

### Risposte corrette

b. Sono andato da un amico che abita dietro al bar per riportargli un libro che mi **aveva prestato** per un esame, ma il mio amico non c'era e **sono tornato** indietro.

d. Sì, ma il mio amico mi **aveva chiamato** il giorno prima per dirmi che gli serviva assolutamente il libro e ieri **ho lavorato** fino alle undici e mezza al ristorante, non potevo andarci prima.

c. Infatti, andando a casa del mio amico, **ho incontrato** Mirco, un vecchio amico che non **avevo** più **visto** dai tempi del liceo e **abbiamo fatto** un po' di strada insieme.

e. Mirco mi **aveva invitato** ad andare a bere qualcosa al Roxy Bar, ma era chiuso e allora siamo andati in piazza Grande e **siamo rimasti** lì, a chiacchierare su una panchina.

a. A Trieste. **Era venuto** a Bologna per fare un colloquio di lavoro, ma stamattina **è ripartito**.

# Casa dolce casa

 **5 LEGGERE** Boschi Verticali

**5.a** Leggi il titolo dell'articolo e i commenti tratti da un forum. Che cos'è secondo te il bosco verticale? Parlane con un compagno.

## I segreti del Bosco Verticale

Anche se ho molti dubbi la cosa mi piace molto...
C'è bisogno di verde, specialmente nelle grandi città!

Dato che sono a Milano, ogni pezzetto di verde per me è prezioso, ma mi domando: chi curerà queste piante? Gli abitanti degli appartamenti?

Io già immagino periodiche e inevitabili invasioni di insetti, muffe e malattie varie.

Uno che abita in un appartamento del Bosco Verticale, se torna a casa durante un violento temporale, non ha paura ad avvicinarsi a questo gigantesco palazzo-parafulmine?

Anche i grossi alberi a terra possono cadere e sono pericolosi quando ci sono forti venti, figuriamoci a quella altezza.

Gli alberi hanno tempi diversi dalla grafica computerizzata.
Nel frattempo avremo grattacieli nudi, fatti di enormi terrazze.
E una volta creata anche la parte verde, il palazzo sarà già vecchio dal punto di vista tecnologico.

Adattato da *www.formicarium.it*

**Unità 1 — tendenze**

**5.b** *Leggi l'articolo, abbina le domande sotto alle risposte e verifica le tue ipotesi del punto 5.a.*

## I segreti del Bosco Verticale

In diversi paesi del mondo sta avanzando una nuova generazione di grattacieli sostenibili. Le città del futuro cresceranno in altezza e in maniera sempre più "verde". E anche l'Italia fa la sua parte: a Milano, tra pochi mesi, ci saranno due nuovi palazzi che cambieranno colore ogni giorno. E che in autunno perderanno le foglie. I grattacieli sorgeranno nel quartiere Isola, poco a nord del centro della città: 700 alberi grandi e piccoli, 20mila piante più altri 4mila arbusti e cespugli da fiore saranno distribuiti in altezza, lungo le facciate di due torri da 26 e 18 piani, firmate dallo Studio Boeri e chiamate con il nome di Bosco Verticale. Laura Gatti è l'agronomo paesaggista che ha curato la parte verde del "nuovo edificio più entusiasmante del mondo", come definito qualche mese fa da un importante quotidiano britannico. Negli ultimi anni, Gatti ha selezionato piante adatte a resistere a condizioni climatiche molto difficili. A lei abbiamo chiesto di dirci i segreti del Bosco Verticale, che alla fine della primavera 2013 dovrebbe accogliere i primi inquilini degli oltre 110 appartamenti delle due torri.

**a.** La gestione del verde sarà centralizzata: irrigazione, potatura, ecc. Quale reale contatto avrà con le piante chi vive nel grattacielo?

**b.** Che significato ha l'intero progetto per un'esperta di paesaggio?

**c.** Che aspetto avranno le due torri nei vari momenti dell'anno?

**d.** Rivestire di vegetazione un edificio: per quali motivi?

**1.** Perché comporta molti vantaggi: sia per chi starà all'interno dell'edificio, sia per chi ci passerà o vivrà accanto. I benefici ambientali del Bosco Verticale contro l'inquinamento sono quelli dell'isolamento acustico, del filtraggio delle polveri sottili e della produzione di ossigeno, dell'abbassamento della temperatura nei mesi più caldi, del richiamo di uccelli per favorire la biodiversità. Per quanto riguarda i benefici visivi, ci sono studi che dimostrano che l'osservazione della natura ha effetti psicologici positivi sull'uomo: credo sarà così anche per il Bosco Verticale, a maggior ragione visto che si trova in un'area della città molto densa.

**2.** Naturalmente cambierà molto da facciata a facciata. In linea generale, sul lato sud delle torri del Bosco Verticale ci saranno specie sempreverdi, molto colorate. A nord e a ovest ci saranno piante dai colori autunnali, mentre a est prevarranno colori tenui, freschi, primaverili. In ogni stagione lo spettacolo e i giochi visivi saranno diversi.

**3.** Il verde del Bosco Verticale sarà condominiale: per questo lo gestiranno in modo centralizzato. È vero che molti futuri inquilini si sono tranquillizzati quando hanno saputo che non dovranno curare di persona il loro pezzo di "bosco", ma è anche vero che gli stessi abitanti, se lo desiderano, potranno benissimo fare piccoli interventi di manutenzione, rispettando però l'armonia del bene comune.

**4.** È un passo significativo per migliorare le condizioni di vita di Milano. L'integrazione tra verde e costruzioni urbane è sempre più necessaria, e non soltanto come un lusso. D'altra parte basta guardare in alto mentre si gira per le strade della città: alberi sulle terrazze, balconi ricchi di piante… Il prossimo passo sarà fare come in molti paesi esteri, dove avere un tetto verde è addirittura obbligatorio, visto che è uno straordinario beneficio per il palazzo e per il clima urbano.

Adattato da *http://atcasa.corriere.it*

a. ☐  b. ☐  c. ☐  d. ☐

# Casa dolce casa

 **Parole, parole, parole**

**Addirittura**
La parola *addirittura* serve a sottolineare il carattere straordinario di un fatto o di una qualità.

Osserva:
**Il prossimo passo sarà fare come in molti paesi esteri, dove avere un tetto verde è *addirittura* obbligatorio, visto che è uno straordinario beneficio per il palazzo e per il clima urbano.**

**5.c** Scegli le due immagini che corrispondono al progetto delle torri del Bosco Verticale.

①

②

③

④

**5.d** Trova nelle risposte del punto **5.b** tutti gli effetti positivi che il Bosco Verticale avrà sulla città secondo Laura Gatti e prova a spiegare il perché.

- **Effetti positivi del Bosco Verticale**

- **Perché**

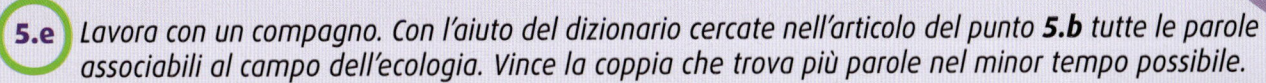

**5.e** Lavora con un compagno. Con l'aiuto del dizionario cercate nell'articolo del punto **5.b** tutte le parole associabili al campo dell'ecologia. Vince la coppia che trova più parole nel minor tempo possibile.

**5.f** Con un compagno vai su internet. Cercate con un motore di ricerca diverse immagini delle Torri Verticali. Cosa pensate di questo progetto? Siete d'accordo con Laura Gatti? Secondo voi ci potrebbero essere degli effetti negativi? Discutetene insieme.

## 6 SCRIVERE La mia città

Descrivi la tua città, rispondendo a queste domande: dove si trova? Quanti abitanti ci sono? C'è un centro storico? Ci sono degli edifici caratteristici? È una città verde o no? Quali sono le zone che ti piacciono e che frequenti di più? Perché?

## 7 ANALISI LESSICALE Parole composte

**7.a** Ricostruisci le tre parole composte abbinando gli elementi della prima e della seconda colonna. Poi abbina ogni parola composta al significato corrispondente e indica con una "X" se è sostantivo (S) o aggettivo (A). Infine verifica le tue ipotesi rileggendo il testo al punto **5.b**.

| | | | |
|---|---|---|---|
| gratta | verde | Indica una pianta che mantiene le foglie durante tutto l'anno, anche in inverno. | S A |
| capo | cielo | Città che è sede delle autorità di una regione, di una provincia o di un comune. | S A |
| sempre | luogo | Edificio che si sviluppa in forte altezza ed è diviso in numerosi piani. | S A |

**7.b** Completa la tabella con le parole del punto **7.a**.

| I tipi più comuni di parole composte | Esempi |
|---|---|
| a. verbo + sostantivo | a. _____ |
| b. aggettivo + nome | b. _____gentiluomo_____ |
| c. nome + aggettivo | c. _____terraferma_____ |
| d. nome + nome | d. _____ |
| e. (più rare) parole composte da avverbio + aggettivo | e. _____ |
| f. due verbi | f. _____saliscendi_____ |

ventuno • 21

# Casa dolce casa

**8 GIOCO Forma la parola!**

Gioca con un compagno. Dividetevi in studente A e studente B (lo studente B va a pagina 141). A turno, ognuno associa una casella viola a una casella verde e forma una parola composta, abbinandola poi alla figura corrispondente. Il compagno controlla se l'abbinamento è giusto (le soluzioni di B sono sotto). Se la parola composta e il disegno sono giusti, lo studente conquista le tre caselle. Vince chi occupa per primo tutte le caselle.

## Studente A

| attacca | 1  [cassaforte] | porta |  2 [pianoforte] | fuori |
| --- | --- | --- | --- | --- |
|  3 [fuoristrada] |  4 [portachiavi] | spada |  5 [pescespada] | cassa |
| panni | strada | **Forma la parola!** | forte | mano |
| pesce | 6  [attaccapanni] |  7 [passamontagna] | passa | 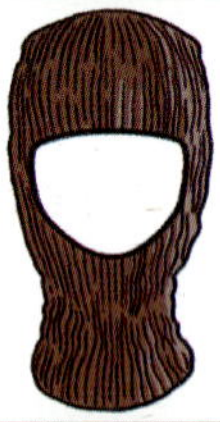 8 [passamontagna] |
| montagna | forte | piano | asciuga | chiavi |

### Soluzioni studente B

a. portacenere  b. apribottiglie  c. motociclista  d. autostrada,
e. pallacanestro  f. asciugacapelli  g. salvagente  h. segnalibro

Unità 1
tendenze

### 9 PARLARE Agenti e clienti

Lavora con un compagno. Dividetevi i ruoli (studente A e studente B) e leggete le vostre istruzioni. Le istruzioni per lo studente B sono a pagina 141.

**Istruzioni studente A**

Hai iniziato da poco il tuo nuovo lavoro come agente immobiliare. La tua agenzia ti manda a un appuntamento con un cliente che è interessato a vedere il progetto di un appartamento al 15° piano del Bosco Verticale, che sarà pronto fra sei mesi. Studia bene il progetto per qualche minuto, poi vai all'incontro con il cliente e descrivi in dettaglio come sarà l'appartamento e il grattacielo, spiegando bene tutti i vantaggi di abitare nel Bosco verticale. Devi convincerlo che è un ottimo affare!

### 10 ANALISI GRAMMATICALE Il *mentre* avversativo

**10.a** Lavora con un compagno. Leggete queste frasi tratte dal testo al punto **5.b** e rispondete alla domanda.

a. A nord e a ovest ci saranno piante, dai colori autunnali, **mentre** a est prevarranno colori tenui, freschi, primaverili. In ogni stagione lo spettacolo e i giochi visivi saranno diversi.

b. ... basta guardare in alto **mentre** si gira per le strade della città: alberi sulle terrazze, balconi ricchi di piante...

**Qual è la funzione del connettivo *mentre* nella frase a.? E nella frase b.?**

**10.b** Completa lo schema sulle funzioni di "mentre" con le frasi del punto **10.a**.

Il connettivo *mentre* può avere **due** funzioni:

1. temporale, quando collega due fatti che avvengono o sono avvenuti contemporaneamente

   **Esempio:** _____

2. avversativa, quando esprime un contrasto, un'opposizione

   **Esempio:** _____

# Casa dolce casa

## 11 PROGETTO FINALE — Riprogettiamo la città

*Lavora con alcuni compagni. Dovete realizzare un progetto per migliorare la città o il quartiere in cui vivete. Seguite le istruzioni.*

### Istruzioni

**a.** Prendete una cartina della vostra città o del vostro quartiere e decidete insieme qual è la zona che non vi piace e volete cambiare.

**b.** Procuratevi una macchina fotografica, uno smart phone o un telefonino e andate a fare delle foto della zona che volete riqualificare (in alternativa cercate delle foto su internet). Fate una descrizione precisa di com'è ora (Dove si trova? Ci sono edifici, parchi o altri tipi di spazi? Che funzione hanno? È una zona frequentata? È una zona degradata? Perché?).

**c.** Create un progetto per migliorare la zona pensando a cosa cambiare o costruire. Fate un disegno per illustrare il vostro progetto e scrivete un testo di presentazione (Come si presenterà il nuovo spazio? Che funzione avrà? A chi si rivolgerà in particolare?).

**d.** Descrivete il progetto alla classe realizzando una presentazione al computer con PowerPoint o programmi analoghi: uno di voi descrive com'è la zona attualmente e gli altri due illustrano il progetto mostrando i disegni che avete preparato.

## Scheda culturale

### La casa ideale

**1.a** *Leggi l'articolo e indica con una "X" quali sono gli spazi domestici attualmente preferiti dagli italiani.*

# La casa dei sogni degli italiani

Dalle richieste degli oltre 6 milioni di italiani che ogni mese cercano casa sul web, è emerso che il balcone è il primo grande escluso dalle necessità della casa moderna.

Il sempre maggiore bisogno di spazi e il minor tempo a disposizione per darsi alla cura delle piante lo stanno trasformando via via in stanza con vetrate o giardino d'inverno e pochi italiani oggi cercano una casa col balcone. Nel corso degli ultimi 50 anni, però, sono tanti i casi di stanze o ambienti che in poco tempo sono passati da elementi irrinunciabili a peggior errore possibile nel progettare una casa. Il primo e più lampante esempio è quello del corridoio. Assolutamente importante, a livello di spazio occupato, in ogni casa costruita fino agli anni ottanta, è poi scomparso da tutte le nuove abitazioni, diventando sinonimo di "spazio sprecato".

Un'altra evoluzione importante nella distribuzione della stanze riguarda la cucina; cuore della casa nell'Italia dei decenni scorsi, è pian piano diventata sempre più piccola per poi scomparire ed essere inglobata in altre stanze. Oggi vive una seconda giovinezza: la cucina diventa grande, anzi, grandissima. Alla base di queste modifiche risiederebbero ragioni economiche, ma sarebbero intervenute anche variazioni di carattere sociale; il numero crescente di single, la madre sempre più spesso lavoratrice e, non ultima, la fame di spazi. Le cucine "tradizionali" resistono soprattutto nel Sud Italia, mentre al nord diventano spazi enormi, oggetto di arredamento e di design vero e proprio.

Adattato da www.fioriefoglie.tgcom24.it

**1.b** *Le caratteristiche delle nuove case italiane corrispondono a quelle del tuo paese? Confronta le tue conoscenze con quelle dei tuoi compagni.*

**2** *Quanto costa la tua casa dei sogni in Italia? Vai sul sito www.immobiliare.it (o su un sito equivalente) e fai una ricerca selezionando le caratteristiche della casa che vorresti acquistare (città, superficie, numero di ambienti, ecc.).*

## Una storia da brividi

episodio 1

# Mens sana in corpore sano

**Unità 2** — benessere

## Cosa imparo

**Lessico**
Essere in gamba, avere intenzione, prendere in giro

Riuscire a, saper fare qualcosa

Espressioni con *sentirsi*

Magari

**Grammatica**
Il pronome relativo *cui*

La forma impersonale dei verbi riflessivi (*ci si*)

I connettivi *tanto meno, nemmeno, così, per questo, perciò, magari*

**Comunicazione**
Indicare cosa si è capaci di fare

Descrivere come si è usciti da una situazione difficile

Parlare di rimedi per il corpo e lo spirito

Argomentare a favore di un dato stile di vita

Pubblicizzare il benessere fisico e psicologico

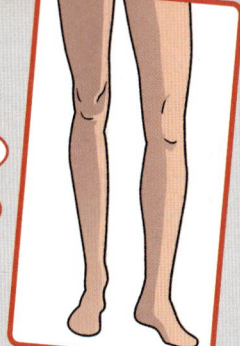

**1 INTRODUZIONE** Ragazzi in gamba

**1.a** Essere una persona "in gamba" ha diversi significati. Secondo te quale definizione non corrisponde a questa espressione?

- essere forte
- avere iniziativa
- avere molti soldi
- stare bene
- avere senso dell'umorismo
- essere bravo a fare qualcosa

**1.b** Cerca il significato di "essere in gamba" nella sezione "vocabolario" del sito www.treccani.it (o in un dizionario) e verifica la tua ipotesi al punto **1.a**.

**2 LEGGERE** Ragazzi in gamba... con l'attività fisica!

**2.a** Ricostruisci la frase con le parole della lista. Attenzione alla punteggiatura!

e il tuo | e ti aiuta | umore, | e con gli altri. | di energia | ti riempie
a stare | con te stesso | bene | salute | la tua

Il movimento migliora _____

brochure del progetto nazionale *Ragazzi in gamba* per la scuola secondaria di secondo grado

# Mens sana in corpore sano

**2.b** Leggi i due testi. Uno è il racconto che ha vinto il concorso "Mi muovo di più, guardo meno la tv... e tu?", l'altro è lo stesso testo con delle modifiche non logiche. Qual è l'originale secondo te?

### a

Ciao, sono Lilli, una ragazza di primo superiore, sono riccia e mora, ho gli occhi grandi, la pelle bianca, non sono molto alta e un po' cicciottella. Ti scrivo perché la mia professoressa di
5 educazione fisica oggi è arrivata in palestra con una novità... "Mi muovo di più, guardo meno la tv... e tu?"... È bastato il titolo per rovinarmi la giornata! L'unico momento in cui riesco a rilassarmi è davanti alla tv. Riesco finalmente a
10 non pensare a nulla e a scaricare tutte le tensioni della giornata.
Quando la prof è arrivata con la novità di fare un video sui benefici del movimento, mi sono sentita male e le ho confessato che io non avevo
15 nessuna intenzione di partecipare a quel progetto, così lei mi ha detto di scrivere il perché! Ecco qui il mio perché!
Vengo da una famiglia di sedentari, sia per motivi di lavoro che per natura. Non ho mai visto i miei
20 fare sport e tanto meno muoversi a piedi, a parte il giretto domenicale in centro a veder vetrine. Mio padre non sa nemmeno andare in bicicletta e per questo lo prendiamo in giro. Io sì, uso la bicicletta per andare a scuola, ma quella
25 elettrica... Penso sia l'unico movimento che faccio durante il giorno.
Non sono mai stata abituata a fare movimento neanche da piccola, abbiamo sempre viaggiato, ma facciamo viaggi tranquilli perché i miei
30 lavorano molto durante l'anno, perciò in vacanza si vogliono riposare. Mi piace la musica, ma non so ballare; mi piace la neve, ma non so sciare... Lo so, dovrei solo cominciare! I miei interessi sono diversi, amo la lettura, il pc, ma soprattutto la tv.
35 La prof dice che con il movimento si mettono in circolo le sostanze della felicità, ma non penso sia uguale per tutti, lei mi dice di provare... Ok, la prossima settimana parteciperò anch'io alla corsa/camminata settimanale organizzata dalla
40 scuola. Magari succede qualcosa! Magari se mi muovo di più mi manca meno la tv!!!
Vieni a provare anche tu?!?
Lilli

### b

Ciao, sono Lilli, una ragazza di primo superiore, sono riccia e mora, ho gli occhi grandi, la pelle bianca, non sono molto alta e un po' cicciottella. Ti scrivo perché la mia professoressa di
5 educazione tecnica oggi è arrivata in palestra con una novità... "Mi muovo di più, guardo meno la tv... e tu?"... È bastato il titolo per migliorare la giornata! L'unico momento in cui riesco a rilassarmi è davanti alla tv. Non riesco finalmente
10 a non pensare a nulla e a scaricare tutte le tensioni della giornata.
Quando la prof è arrivata con la novità di fare un video sui benefici del movimento, mi sono sentita felice e le ho confessato che io non
15 avevo nessuna intenzione di partecipare a quel progetto, così lei mi ha detto di scrivere il perché! Ecco qui il mio perché!
Vengo da una famiglia di sportivi, sia per motivi di lavoro che per natura. Non ho mai visto i miei
20 fare sport e tanto meno muoversi a piedi, a parte il giretto domenicale in centro a veder vetrine. Mio padre non sa nemmeno andare in bicicletta e per questo lo prendiamo in giro. Io sì, uso la bicicletta per andare a scuola, ma quella
25 elettrica... Penso sia l'unico movimento che faccio durante il giorno.
Non sono mai stata abituata a stare ferma neanche da piccola, abbiamo sempre viaggiato, ma facciamo viaggi tranquilli perché i miei
30 lavorano molto durante l'anno, perciò in vacanza si vogliono riposare. Mi piace la musica, ma non so ballare; mi piace la neve, ma non so sciare... Lo so, dovrei solo cominciare! I miei interessi sono diversi, amo la lettura, il pc, ma soprattutto la tv.
35 La prof dice che senza il movimento si mettono in circolo le sostanze della felicità, ma io penso sia uguale per tutti, lei mi dice di provare... Ok, la prossima settimana parteciperò anch'io alla corsa/camminata settimanale organizzata dalla
40 scuola. Magari succede qualcosa! Magari se mi muovo di più mi manca meno la tv!!!
Vieni a provare anche tu?!?
Lilli

Campagna "Mi muovo di più, guardo meno meno la tv... e tu?", Progetto nazionale *Ragazzi in gamba* per la scuola secondaria di secondo grado

# Unità 2 benessere

## Parole, parole, parole

**magari** = forse

Osserva:
**Magari** succede qualcosa! = Forse succede qualcosa!

**2.c** *Forma delle espressioni con le parole della prima e della seconda colonna, poi abbina ogni espressione al significato corrispondente.*

| Espressione | | Significato |
|---|---|---|
| 1. scaricare | a. in circolo | I. liberare dalle preoccupazioni |
| 2. avere | b. le tensioni | II. ridere di una persona, ridicolizzare qualcuno |
| 3. prendere | c. in giro | III. volere |
| 4. mettere | d. intenzione | IV. diffondere |

## Parole, parole, parole

***Riuscire a, sapere***

Per parlare di quello che sono o non sono in grado di fare posso usare il verbo *sapere* + infinito.

Osserva:
Mi piace la musica, ma *non so* ballare; mi piace la neve, ma *non so* sciare...

Il verbo *riuscire a* + infinito si usa per indicare una cosa che (non) so fare bene.

Osserva:
**Riesco a** capire l'inglese, ma non lo parlo.

*Riuscire a* + infinito si usa anche per parlare di qualcosa che si fa dopo aver provato varie alternative.

Osserva:
È l'unico momento in cui **riesco a** rilassarmi.

**3 ASCOLTARE** *Dai valore a te stesso*

**3.a** *Ascolta e completa la frase.*
cd 4

I consigli della psicologa servono a...

- a. aumentare l'autostima.
- b. studiare meglio.
- c. trovare un lavoro.
- d. conoscere nuovi amici.

ventinove • 29

# Mens sana in corpore sano

**3.b** Riascolta più volte e prendi appunti sui consigli della psicologa per migliorare l'autostima.

cd 4

**3.c** Confronta i tuoi appunti con quelli di un compagno. Insieme preparate delle domande sul contenuto dell'audio al punto **3.a**.

**3.d** Formate dei gruppi di quattro studenti (tu e il tuo compagno + un'altra coppia). A turno ogni coppia fa una domanda sul contenuto dell'audio. Se l'altra coppia fornisce una risposta considerata valida, guadagna un punto. Se la risposta è considerata non valida, la coppia che ha fatto la domanda deve spiegare perché. Chiamate l'insegnante in caso di disaccordo (cioè se secondo voi la riposta è giusta e secondo l'altra squadra no). Vince la coppia che risponde correttamente a più domande.

**4  SCRIVERE Un'esperienza importante**

Pensa a una situazione problematica in cui sei riuscito a trovare una soluzione. Descrivila e spiega se è aumentata la tua autostima e in che modo.

**5  ANALISI GRAMMATICALE Cui e ci si**

**5.a** Ascolta più volte e trascrivi il brano audio.

cd 5

... in quei momenti proprio _____, tornate _____
_____ a un momento _____
avete avuto _____, _____ riusciti.

## Unità 2 — benessere

**5.b** Confronta la trascrizione con quella che hai completato al punto **5.a**.

> ... in quei momenti proprio **in cui ci si sente veramente a terra**, tornate **un attimo indietro con la memoria** a un momento **della vostra vita in cui invece** avete avuto **un buon risultato, in cui avete ottenuto qualcosa a cui tenevate particolarmente e ci siete** riusciti.

**5.c** Rileggi la trascrizione al punto **5.b** e completa la tabella sul pronome "cui".

| Preposizione + *cui* | *Cui* si riferisce a... |
|---|---|
| 1. in cui | |
| 2. | |
| 3. | |
| 4. | |

**5.d** Come funziona il pronome relativo "cui"? Scegli l'opzione corretta.

1. ***Cui*** si usa con una preposizione e si riferisce a cose o persone sia singolari che plurali. Con ***cui*** non si usa l'articolo.

2. ***Cui*** si usa con una preposizione e si riferisce a cose o persone sia singolari che plurali. Con ***cui*** si usa l'articolo.

3. ***Cui*** si usa con una preposizione e si riferisce a cose o persone singolari. Con ***cui*** non si usa l'articolo.

**5.e** Osserva la trascrizione completa al punto **5.b** e seleziona le risposte corrette.

**Che cosa significa *ci si*?**

a. È il risultato di: *si* impersonale + *si* riflessivo. In questi casi il primo *si* diventa *ci*.
b. Significa: *in questo posto* + *si* impersonale.
c. Significa: *noi* (pronome diretto) + pronome riflessivo.
d. È la combinazione di: *ci* pronome indiretto (*a noi*) + pronome riflessivo.

**Dopo *ci si* il verbo è:**

a. alla prima persona plurale.
b. alla terza persona plurale.
c. alla terza persona singolare.
d. all'infinito.

trentuno 31

# Mens sana in corpore sano

**6** **PARLARE** *Curare la mente o il corpo?*

**6.a** Dividetevi in due gruppi (dietologi e psicologi) e leggete le vostre istruzioni.

○ **dietologi**
Fate una lista delle cose che aiutano a raggiungere la felicità e sono legate alla cura del corpo.

○ **psicologi**
Fate una lista delle cose che aiutano a raggiungere la felicità e sono legate alla cura dello spirito.

**6.b** Formate delle coppie (dietologo + psicologo). Dovete convincere il vostro interlocutore che le cose che avete elencato aiutano a raggiungere dei risultati migliori.

**7** **GIOCO** *Quando ci si sente così...*

**7.a** Lavora con un compagno. Avete 15 minuti per trovare il significato delle seguenti espressioni. Potete usare il dizionario.

| sentirsi giù | sentirsi in forma | sentirsi di troppo | sentirsi allargare il cuore | sentirsi a disagio |

| sentirsi un nodo alla gola | sentirsi in debito | sentirsi in colpa | sentirsi fuori forma |

| sentirsi un pesce fuor d'acqua | sentirsi soffocare | sentirsi mancare la terra sotto i piedi |

**7.b** Giocate contro un'altra coppia. Una coppia comincia una conversazione, come nell'esempio. L'altra coppia ha 3 minuti di tempo per indovinare di quale espressione si tratta. Poi il turno passa all'altra coppia. Vince chi indovina più espressioni in 20 minuti.

○ **coppia 1 studente A**
Cosa si può fare quando ci si sente così?

○ **coppia 1 studente B**
Quando ci si sente così si può cercare di mangiare meno, ci si può iscrivere in palestra...

○ **coppia 2**
L'espressione è *sentirsi fuori forma!*

# Unità 2 benessere

## 8 ANALISI GRAMMATICALE Connettivi

Rileggi il testo corretto al punto **2.b** e seleziona l'opzione corretta.

| Riga | Connettivo | Significato | |
|---|---|---|---|
| 3 | perché | a. indica la conseguenza | b. indica la causa |
| 7 | così | a. indica la conseguenza | b. indica la causa |
| 9/10 | tanto meno | a. rafforza un'idea negativa esposta in precedenza con un altro esempio | |
| | | b. introduce un esempio contrario a quello precedente | |
| 11 | nemmeno | a. sinonimo di *mai* | b. sinonimo di *neanche, tanto meno* |
| 11 | per questo | a. indica la conseguenza | b. indica la causa |
| 14 | perciò | a. indica la conseguenza | b. indica la causa |
| 19 | magari | a. indica un contrasto | b. indica una possibilità |

## 9 ESERCIZIO Pronomi relativi

Unisci la colonna di sinistra alla colonna di destra selezionando il pronome relativo corretto.

### Consigli per migliorare la vostra autostima

| | | |
|---|---|---|
| 1. Dedica parte del tuo tempo ad attività | con cui | a. ti piacciono. |
| 2. Abbandona le attività | | b. ti senti sotto stress. |
| 3. Cerca sempre di stabilire obiettivi | di cui | c. puoi raggiungere facilmente. |
| 4. Evita le situazioni | | d. ti fidi. |
| 5. Ogni tanto prova attività | in cui | e. non hai controllo |
| 6. Circondati di persone | | f. non conosci. |
| 7. Trova uno sport | che | g. non ti senti giudicato. |
| 8. Impara a capire i segnali | | h. raggiungi ogni giorno. |
| 9. Passa più tempo con gli amici | su cui | i. ti aiuti a sentirti in forma. |
| 10. Apprezza i risultati | | l. il tuo corpo comunica lo stress. |

trentatré 33

# Mens sana in corpore sano

### Ti ricordi?

**Passato prossimo, imperfetto e trapassato prossimo**
*Coniuga i verbi tra parentesi al passato. Attenzione: solo uno è al trapassato prossimo!*

# Ad ognuno il suo sport

Partiamo da un presupposto: io e lo sport siamo come gatto e topo. Naturalmente la parte del topo la faccio io. Intanto, non so molto distinguere la destra dalla sinistra, e questo (*provocare*) _____ la disperazione di una ventina di istruttori di varie discipline sportive. Poi, sono polemica. A Les Deux Alpes ancora si parla di quel povero maestro di sci che mi (*ascoltare*) _____ pazientemente su uno skilift mentre (*io - proclamare*) _____ l'assurdità di salire in alto per poi scendere e rifare tutto da capo come criceti sulla ruota. (*Io - provare*) _____ a fare nuoto, ma le mie narici sono fatte di formaggio Emmenthal e ci (*entrare*) _____ l'acqua continuamente. A sedici anni (*io - cominciare*) _____ a fare atletica leggera, gara di corsa (100 metri): quando io (*arrivare*) _____ al traguardo, nel frattempo le mie compagne (*essere*) _____ dal parrucchiere, dal cartolaio, e a farsi un piercing sulle sopracciglia. A 6 anni (*io - provare*) _____ judo: (*essere*) _____

bravissima con i nomi delle mosse, ma (*trovarsi*) _____ sempre sul tatami con qualche bambino che mi (*saltare*) _____ ferocemente sulla pancia.

I miei genitori mi (*ritirare*) _____ dalla scuola di judo. Però c'è uno sport che mi piace tantissimo, e in cui riesco persino a cavarmela: pattinaggio su ghiaccio. Forse nelle precedenti vite (*io - essere*) _____ una pinguina o un'orsa polare, ma, se mi metto i pattini, vado. Vado benino, non cado, e mi diverto tantissimo.

Adattato da *lab.vodafone.it*

# Unità 2 — benessere

 **10 PROGETTO FINALE** — *Ragazzi in gamba... con il corpo e con la mente!*

Partecipate a "Ragazzi in gamba", un concorso nazionale rivolto ai teenager per promuovere il benessere fisico e psicologico. Dividetevi in gruppi e seguite le istruzioni.

**BANDO DI CONCORSO SCOLASTICO**

RIVOLTO AGLI ISTITUTI SCOLASTICI SUPERIORI PER PROMUOVERE L'EQUILIBRIO FISICO E PSICOLOGICO NELLA VITA QUOTIDIANA DELLA POPOLAZIONE GIOVANILE

### Istruzioni

**a.** Decidete quali sono le caratteristiche da curare per il proprio equilibrio psicofisico.

**b.** Cercate in rete delle immagini di ragazzi famosi per le caratteristiche che avete stabilito.

**c.** Realizzate un opuscolo per promuovere le vostre idee. Spiegate cos'è un ragazzo in gamba e come diventarlo.

## Scheda culturale

### Tutti in forma!

**1.a** Leggi l'articolo e ordina i luoghi ideali per il benessere più frequentati dagli italiani, come nell'esempio.

# Italiani e benessere:
## stressati e fuori forma, sognano la natura

Il 60% degli italiani si definisce "stressato" e quasi il 50% non si sente in forma. È uno dei risultati dell'ultima indagine Eurisko. Ma quali sono i luoghi per ricaricare le pile? Nella classifica dei luoghi ideali del benessere ci sono i centri sportivi seguiti dai centri termali raggiungibili in giornata. Nell'ordine compaiono poi mostre d'arte, cinema, teatri, centri culturali, ristoranti per chiudere con centri yoga per la meditazione. Ma cosa intendono gli italiani con il termine "benessere"? Risposta unanime: sentirsi in armonia con se stessi e con gli altri e stare in buona salute, senza malattie. Qualcosa evidentemente fanno gli italiani per sentirsi meglio, visto che ben il 44% si dichiara attento al proprio benessere. Se poi si scende nei dettagli per scoprire quali sono effettivamente le attività praticate per sentirsi meglio sia fisicamente che psicologicamente, al primo posto c'è il contatto con la natura e il verde, seguito dall'attività fisica dolce come passeggiate e camminate. Ma nell'elenco delle buone cose da fare gli italiani mettono anche i controlli medici da seguire periodicamente, la buona alimentazione, le attività culturali che stimolano la mente e infine l'utilizzo di prodotti cosmetici.

Adattato da *www.aptservizi.com*

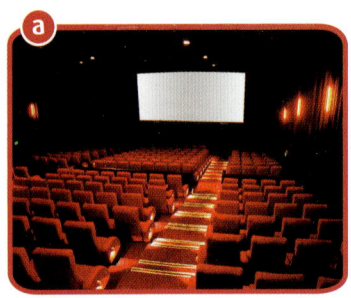 a
 b
 c
 d
 e
 f
 g
 h

1. b  2. ☐  3. ☐  4. ☐  5. ☐  6. ☐  7. ☐  8. ☐

**1.b** Cerca nel testo precedente le attività che gli italiani ritengono utili per il benessere del corpo e della mente. Nel tuo paese sono le stesse? Discutine con un compagno.

**2.a** Completa l'immagine con le parti del corpo della lista.

collo · spalla · schiena · fianco · petto · pancia · braccio · gomito · mano · ginocchia · gamba · coscia · piede

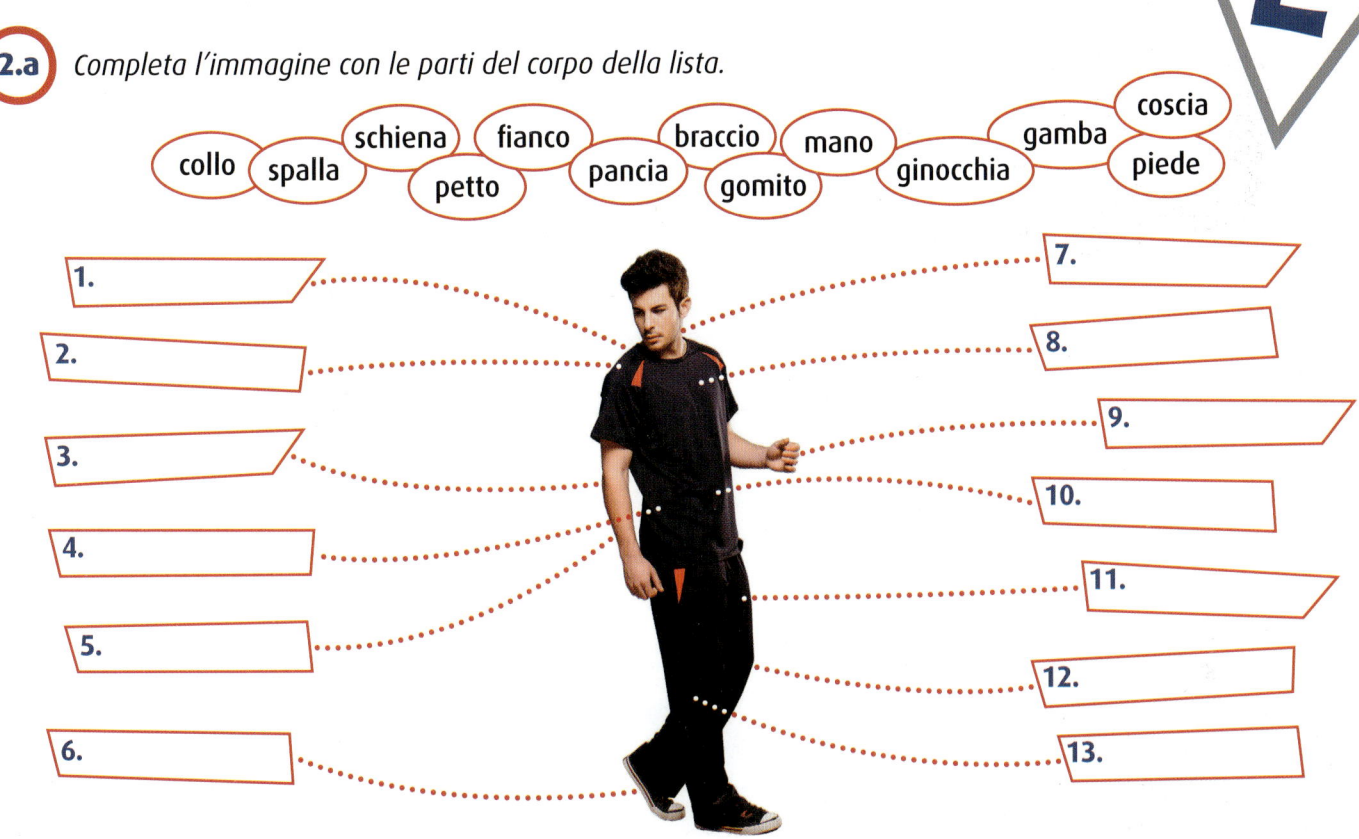

1.
2.
3.
4.
5.
6.
7.
8.
9.
10.
11.
12.
13.

**2.b** Leggi il testo, poi osserva le due figure. Chi sta eseguendo l'esercizio correttamente?

### Ginnastica dolce per mantenersi in forma

La ginnastica dolce propone movimenti molto lenti, naturali e graduali. Ecco un paio di esercizi utili che potrete eseguire sia in palestra che all'aperto.
1) Sdraiatevi su un materassino da palestra, a pancia in su con le braccia lungo i fianchi. Piegate le gambe e avvicinate le ginocchia al petto. Poggiate le mani sulle ginocchia e spingete cercando di portarle verso l'esterno. Nel frattempo contraete l'interno coscia. Mantenete la posizione per 5 secondi. Ripetete la sequenza dieci volte.
2) Per sciogliere le spalle e il collo dovete invece stare in piedi, con un piede poco più avanti rispetto all'altro e le braccia lungo i fianchi. Tenete in mano due bottiglie da mezzo litro. Inspirate e piegate le braccia portando i gomiti verso l'alto, mantenendo la schiena dritta. Mantenete la posizione per 5 secondi e ripetete per 12 volte.

Adattato da *http://wellnesseperformance.blogosfere.it*

a

b

**2.c** Rileggi il testo al punto **2.b** e completa la tabella sui plurali irregolari.

| Singolare | Plurale |
|---|---|
| la mano | |
| il braccio | |
| il ginocchio | |
| il dito | le dita |
| l'orecchio | le orecchie |

trentasette • **37**

# Una storia da brividi

**episodio 2**

# Unità 3
# Incomprensioni moderne

contatti

**Comunicazione**
Esporre la propria opinione

Parlare della lingua degli SMS

Raccontare un malinteso

Indicare l'utilità di un apparecchio

Dare consigli

Descrivere funzioni e utilità dei social network

**Cosa imparo**

**Grammatica**
Il passivo

I diminutivi in *-ino* e *-etto*

Segnali discorsivi: *senta/i, guardi/a*

Il condizionale per dare consigli

**Lessico**
*Azzeccare, cadere dalle nuvole, compiere un gesto estremo, farla finita, fraintendere, prendere le mosse*

Modi di dire con gli agenti atmosferici

L'avverbio *proprio*

## 1 INTRODUZIONE *Dov'è scritto?*

Leggi le frasi e indica con una "X" quali sono contenute in SMS, mail, lettere o chat.

|  | sms | mail | lettere | chat |
|---|---|---|---|---|
| 1. Ti sto aspettando… xké nn 6 venuto? | ☐ | ☐ | ☐ | ☐ |
| 2. Ciao a tutti, io sono Giorgia, da Napoli. | ☐ | ☐ | ☐ | ☐ |
| 3. Cara Francesca, mi fa piacere sapere che il viaggio è andato bene. | ☐ | ☐ | ☐ | ☐ |
| 4. Ciao, bella! Ti mando il documento in allegato. | ☐ | ☐ | ☐ | ☐ |

trentanove 39

# Incomprensioni moderne

**2** **LEGGERE** *Comunicare non è facile!*

**2.a** *Leggi l'articolo e seleziona il riassunto corretto.*

## SMS con Shakespeare a fidanzata: lei pensa al suicidio e avvisa 113

1 Shakespeare sarebbe orgoglioso: non solo è stato citato in un SMS - davvero un inimmaginabile utilizzo dei suoi versi - ma ha anche scatenato una commedia degli equivoci degna del suo migliore tea-
5 tro. Protagonisti: due fidanzati di cui non sono stati divulgati i nomi, ma dei quali si sa che hanno 23 e 38 anni e che vivono a Milano. O almeno, lei.
La storia prende le mosse dall'incon-
10 tenibile desiderio di lui di rivedere la sua amata dopo un lungo viaggio e da una buona dose di romanticismo, supportata da una - probabilmente non perfetta, dato l'esito - conoscenza
15 delle immortali opere del Bardo.
L'innamorato dunque, arrivato in stazione Centrale a Milano dopo sette ore trascorse su un treno proveniente da Isernia, decide di scrivere alla fi-
20 danzata un messaggio con versi che sono tratti da una delle tragedie più note di Shakespeare, *Romeo e Giulietta*, pensando di mandarle un SMS che le farà capire la forza dei suoi sentimenti per lei.
Ma la destinataria fraintende e si convince invece che
25 lui voglia farla finita e che le abbia mandato un ultimo saluto per dirle addio.
Ora, non sappiamo quali frasi della tragedia sono state scelte dal giovane innamorato, ma di certo - se la ragazza ci ha letto la sua volontà di uccidersi - forse non ha esattamente quel che si dice azzeccato la citazione. 30
E così lei, dalla gioia di rivedere il fidanzato, precipita nel panico, e terrorizzata decide di chiamare il 113 e avvisare la polizia delle intenzioni di lui.
Risultato: gli agenti arrivano in Cen- 35
trale e grazie alla descrizione che era stata fornita dalla preoccupata ragazza, l'aspirante suicida è immediatamente identificato. Ma tanto aspirante suicida non sembra, dal momento che sta cam- 40
minando tranquillo e non mostra per nulla segni di voler compiere qualche gesto estremo.
E infatti, quando i poliziotti lo avvicinano e gli spiegano l'accaduto, il giovane cade letteral- 45
mente dalle nuvole e spiega che non era assolutamente un messaggio d'addio, il suo, ma d'amore. E neppure originale. Poi ringrazia gli allibiti agenti e, scusandosi, scappa via, perché deve correre a tranquillizzare la fidanzata. Alla fine è stata tutta colpa di Shakespeare. 50

*Adattato da http://247.libero.it*

**1** Una ragazza innamorata e romantica è preoccupata per il suo ragazzo che sta facendo un viaggio pericoloso di 7 ore. Gli manda moltissimi SMS e alla fine chiama la polizia per avere sue notizie.

**2** Una ragazza innamorata non capisce i messaggi del suo fidanzato che ha deciso di lasciarla. Secondo lei lui ha solo perso il treno, ma in realtà è scappato con un'altra.

**3** Una ragazza riceve i messaggi romantici del suo ragazzo che sta viaggiando per raggiungerla. Lui vuole solo dirle quanto la ama, ma lei si offende e lo denuncia alla polizia.

**4** Una ragazza aspetta l'arrivo del suo ragazzo, ma riceve un SMS che non capisce e pensa che lui non voglia più vivere. La polizia trova il ragazzo, che voleva solo essere romantico.

## Unità 3
## contatti

**2.b** Trova nel testo al punto **2.a** le espressioni della lista e abbinale al loro significato.

| Espressione | Significato |
|---|---|
| 1. prendere le mosse | a. suicidarsi |
| 2. fraintendere | b. togliersi la vita |
| 3. farla finita | c. capire una cosa sbagliata |
| 4. azzeccare | d. iniziare |
| 5. compiere un gesto estremo | e. essere molto sorpreso |
| 6. cadere dalle nuvole | f. scegliere bene |

### Parole, parole, parole

**Vento, nuvole e sole**

In italiano esistono molte espressioni riferite agli agenti atmosferici.

Ecco alcuni esempi.
**fare tutto alla luce del sole** = fare le cose senza nascondere niente
**avere la testa fra le nuvole** = non essere concentrato
**cadere dalle nuvole** = essere molto sorpreso
**parlare al vento** = parlare inutilmente
**fare il bello e il cattivo tempo** = decidere per tutti

**2.c** Leggi le citazioni tratte dalla tragedia "Romeo Giulietta" e decidi quale era l'SMS del ragazzo citato nel testo al punto **2.a**.

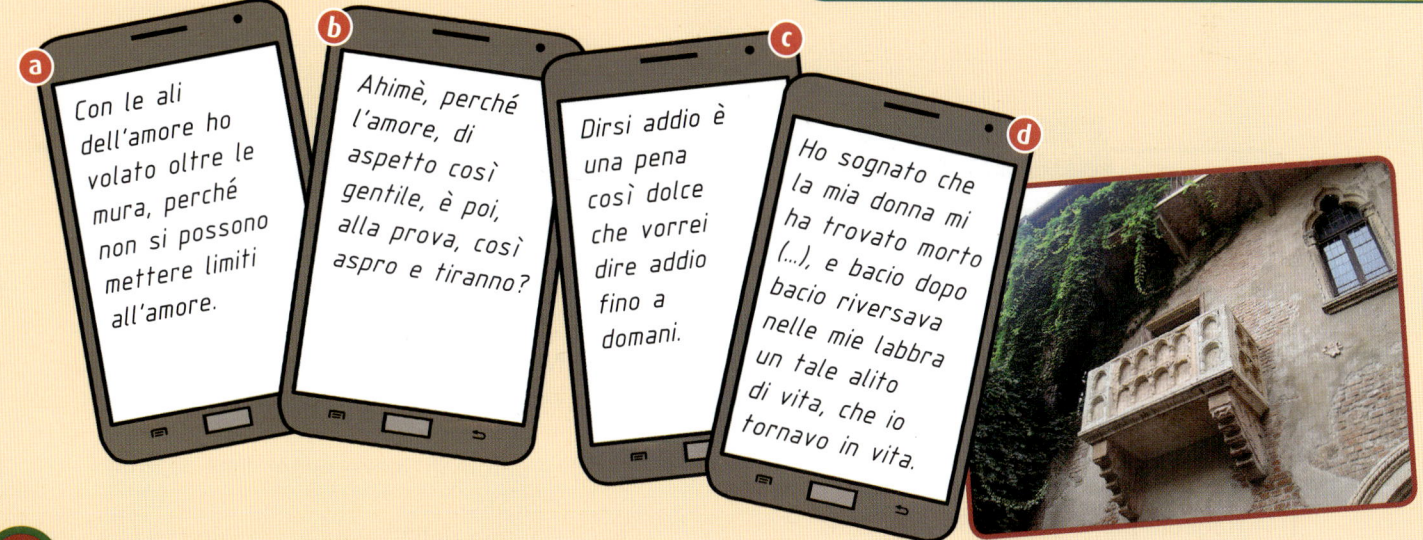

a) Con le ali dell'amore ho volato oltre le mura, perché non si possono mettere limiti all'amore.

b) Ahimè, perché l'amore, di aspetto così gentile, è poi, alla prova, così aspro e tiranno?

c) Dirsi addio è una pena così dolce che vorrei dire addio fino a domani.

d) Ho sognato che la mia donna mi ha trovato morto (...), e bacio dopo bacio riversava nelle mie labbra un tale alito di vita, che io tornavo in vita.

## 3 ANALISI GRAMMATICALE Il passivo

**3.a** Rileggi il testo al punto **2.a** e trova i verbi al passivo. Poi completa la tabella, come negli esempi.

| Riga | Verbo al passivo | Tempo | Infinito |
|---|---|---|---|
| 1/2 | 1. è stato citato | passato prossimo | citare |
| 5/6 | 2. | | |
| 20 | 3. | | trarre |
| 27/28 | 4. | | |
| 36/37 | 5. | trapassato prossimo | |
| 38/39 | 6. | | identificare |

# Incomprensioni moderne

**3.b** Abbina le domande alle risposte e <u>sottolinea</u> l'opzione corretta tra quelle **evidenziate**.

> **Domande**

1. Come si forma il passivo?
2. Come cambia il participio passato?
3. Che funzione ha il passivo?
4. Chi compie l'azione può essere presente nella frase oppure no. Quando è presente quale elemento lo introduce?

> **Risposte**

a. Con tutti i tempi del verbo **essere / avere** + il participio passato del verbo principale.

b. La preposizione *da* + articolo.

c. Il passivo si usa quando **si vuole / non si vuole** evidenziare chi subisce un'azione.

d. Il participio passato **concorda / non concorda** con il soggetto.

**3.c** Seleziona le forme attive equivalenti alle forme passive della colonna sinistra, come nell'esempio.

| Forma passiva | Frase attiva equivalente |
|---|---|
| 1. Shakespeare è stato citato in un SMS. | a. ☒ Qualcuno ha citato Shakespeare in un SMS.<br>b. ◯ È stato scritto un SMS con i versi di Shakespeare. |
| 2. Non sono stati divulgati i nomi dei due fidanzati. | a. ◯ Nessuno ha comunicato i nomi dei ragazzi.<br>b. ◯ I ragazzi non sono stati nominati. |
| 3. Le parole dell'SMS sono tratte da una delle tragedie più famose di Shakespeare. | a. ◯ Le parole di Shakespeare sono inserite nell'SMS.<br>b. ◯ L'autore dell'SMS ha preso i versi da una delle opere più note di Shakespeare. |
| 4. Non sappiamo quali frasi della tragedia sono state scelte dal giovane innamorato. | a. ◯ Non sappiamo quali frasi della tragedia ha scritto il giovane innamorato.<br>b. ◯ Non sappiamo quali frasi sono state copiate dalla tragedia. |
| 5. La descrizione dell'innamorato era stata fornita dalla ragazza. | a. ◯ Alla polizia era stata data la descrizione.<br>b. ◯ La ragazza aveva dato la descrizione. |
| 6. L'aspirante suicida è immediatamente identificato. | a. ◯ La polizia trova immediatamente l'aspirante suicida.<br>b. ◯ L'identità dell'aspirante suicida è scoperta immediatamente. |

## Unità 3 — contatti

### 4  SCRIVERE *Pericolo SMS!*

Leggi il messaggio secondo cui gli SMS sono causa della "morte" della lingua italiana.
Poi leggi l'inizio dell'articolo e scrivi un testo rispondendo alle domande sotto.

## Spegnete SMS e tablet
### I ragazzi non sanno leggere

I ragazzi non sanno più ascoltare, leggere, scrivere ma anche parlare in italiano a causa del linguaggio veloce e abbreviato dei social network e degli SMS.

*Adattato da lettura.corriere.it*

**Anche nel tuo paese ci sono opinioni simili? Tu sei d'accordo o contrario?
Esponi la tua opinione facendo degli esempi di come si usa la lingua negli SMS.**

### 5  GIOCO *Indovina cos'è!*

**5.a**  Lavora con un compagno. Fate una lista di oggetti tecnologici del presente o del passato.

**5.b**  Scrivete minimo cinque frasi al passivo per descrivere ogni oggetto tecnologico, come negli esempi.

**Esempi** (l'oggetto è lo smart phone):

- **È stato inventato** all'inizio degli anni 2000.
- **È considerato** utile non solo per telefonare, ma anche per connettersi alla rete in qualsiasi momento.

**5.c**  Giocate contro un'altra coppia. A turno, uno studente della prima coppia legge la prima frase che ha scritto. Se l'altra coppia non indovina di che oggetto si tratta, lo stesso studente di prima legge la seconda frase, e così via. Quando qualcuno indovina, si passa a un oggetto della coppia avversaria. Vince chi indovina il maggior numero di oggetti.

### 6  PARLARE *Non hai capito!*

Dividetevi in piccoli gruppi e raccontate episodi in cui siete stati al centro di malintesi o di equivoci.

quarantatré • **43**

# Incomprensioni moderne

## 7 ASCOLTARE Non funziona!

**7.a** Ascolta la conversazione e rispondi alle domande.

① Dove si trovano le persone che parlano?
② Chi sono?
③ Cosa succede?
④ Cosa vuole il ragazzo?
⑤ Alla fine il ragazzo va via soddisfatto?

**7.b** Aiuta il ragazzo a preparare la scatola del cellulare, come nell'esempio.

**7.c** Il giorno seguente la proprietaria ha un imprevisto e non può andare in negozio. Riascolta la conversazione e completa il messaggio che lascia alla commessa.

Ciao Clara,
domani non posso venire in negozio. Ti informo che oggi è venuto un ragazzo perché _____
_____.
Gli ho detto di tornare per _____
_____.
Controlla se ha portato _____ e manda tutto
_____.
Grazie, Nicoletta

### Come funziona?

**I diminutivi in -ino e in -etto**

In italiano i nomi possono essere cambiati con i suffissi *-ino/-ina*, *-etto/-etta*, associati al significato "di minore dimensione", "più piccolo". Due diminutivi possono essere combinati insieme nell'ordine *-etto/-etta* + *-ino/-ina*.

Osserva:
**Non ti dimenticare però di portare la scatolina con tutti i pezzettini dentro.**

**scatolina** = scatola piccola
**pezzettini** = pezzi piccoli

## 8 ANALISI GRAMMATICALE Segnali discorsivi

*Leggi la trascrizione di una parte del dialogo al punto 7 e indica con una "X" la forma e la funzione della parola "guardi" usata dal ragazzo.*

- **Commessa:** Ma... Hai proprio ragione, non funziona. Hm... Magari ti è cascato... Sei proprio sicuro che non ti è cascato?
- **Ragazzo:** No, signora, guardi, le assicuro no!
- **Commessa:** Ah, hm... Va bene, proprio sicuro, sicuro...
- **Ragazzo:** Sicuro.

**Parole, parole, parole**

**proprio** (avverbio) = davvero, veramente

**1** *Guardi* è
a. ☐ la seconda persona del presente.
b. ☐ l'imperativo formale.
c. ☐ la seconda persona dell'imperativo informale del verbo *guardare*.

**2** *Guardi* serve a
a. ☐ attirare l'attenzione sul cellulare rotto.
b. ☐ prendere tempo.
c. ☐ attirare l'attenzione sulle informazioni che seguono.

### Come funziona?

**Senti, guarda / Senta, guardi**
L'imperativo formale e informale dei verbi *sentire* e *guardare* sono usati per attirare l'attenzione su quanto si sta per dire.

Esempi:
*Senti*, Claudio, mi dici dove posso trovare una giacca come la tua?
- Paola, hai rotto tu il vaso stamattina?
- No, *guarda*, io sono uscita prima di te.
- Posso dare un'occhiata?
- *Guardi* che il negozio è chiuso la domenica.

## 9 ANALISI GRAMMATICALE Usi del condizionale

*Leggi la parte di dialogo e indica quali sono le funzioni dei verbi al condizionale evidenziati.*

- Mah. Ehm... 1. **Dovresti** rimandarlo alla ditta, e... all... e loro ti 2. **dovrebbero** mandare un telefono indietro. Aspetta, 3. **potremmo** fare così: eh... io domani pomeriggio sono in negozio te... Ah, hai tutto con te, vero? Hai ancora la garanzia, lo scontrino...

- Sì, li ho tutti, però non me li son portati io... indietro con me.

- Va bene. Allora, eh, 4. **potresti** venire domani pomeriggio...

a. Esprimono una possibilità. ☐
b. Servono a dare un consiglio (in modo meno forte rispetto all'indicativo). ☐ ☐ ☐

# Incomprensioni moderne

**10 GIOCO** *Che posso fare?*

*Dividetevi in coppie (coppia A contro coppia B). Osservate le situazioni della lista. Una coppia a turno sceglie una situazione senza comunicare quale all'altra coppia e produce un dialogo orale con alcuni consigli adatti ai problemi in questione. Se l'altra coppia indovina la situazione scelta conquista la casella corrispondente. Vince la coppia che dopo 20 minuti ha conquistato il maggior numero di caselle.*

1. Uno di voi ha rotto l'orologio del padre, l'altro ha dimenticato a casa i compiti.

2. Uno di voi ha dimenticato che oggi c'è un esame, l'altro ha perso le chiavi di casa.

3. Uno di voi non ha telefonato a un amico per il compleanno, l'altro ha perso un libro di scuola.

4. Uno di voi ha perso gli occhiali, l'altro ha rotto un vaso di sua madre.

5. Uno di voi è arrivato in ritardo a scuola, l'altro si è dimenticato di comprare il regalo di compleanno per un amico.

6. Uno di voi ha lasciato le chiavi di casa dentro casa, l'altro ha bruciato tutta la cena.

7. Uno di voi ha rovinato un tablet che gli avevano prestato, l'altro non ha studiato per l'interrogazione.

8. Uno di voi ha perso i soldi per la spesa, l'altro ha rovinato un maglione nuovo.

## Ti ricordi?

### Connettivi

*Leggi il testo e <u>sottolinea</u> il connettivo giusto tra quelli **evidenziati**.*

**Scusa, do iu spic inglish ?**
È necessario essere onesti con se stessi e fare esattamente il punto della situazione rispetto al nostro livello di inglese. Come molti di voi passo parte del mio tempo su vari siti web e forum, **ma / nemmeno / magari** ancora oggi sono stupito da come il concetto di "parlare inglese" sia interpretato in modo diverso.
Parlare inglese significa esattamente *parlare inglese*, non avere un livello al di sotto di una normale conversazione e **così / nemmeno / poi** trovarsi in una delle situazioni seguenti:
- non parlo benissimo, **perché / per questo / però** qualcosa capisco, poi esprimersi è un altro discorso…
- Non parlo inglese, ma tanto vado in Inghilterra e **così / però / ma** lo imparo. **Comunque / Magari / Nemmeno** ho sentito che lì ci sono tanti italiani e quindi **ma / magari / nemmeno** mi serve parlare bene…
- Sì, parlo inglese, cioè, so mettere tre parole in fila, **perciò / magari / però** una conversazione seria… Sì, insomma, è tutta un'altra cosa.

Per me queste persone vanno nella categoria *"no, decisamente non parli inglese"*.
In Italia è sufficiente che tu dica qualche frase o che frequenti una scuola una volta alla settimana e tanto **meno / magari / così** tutti pensano che tu sia quasi madrelingua! Se **ma / perché / poi** ti capita di essere in giro con gli amici e dai informazioni in inglese a un turista, allora automaticamente diventi l'interprete ufficiale del gruppo: si rivolgeranno a te come "quello che l'inglese lo sa…".
**Perciò / Comunque / Per questo** voglio spiegarmi meglio. Non è importante il livello di inglese di partenza, ma la consapevolezza che quel livello dovrà essere migliorato, non importa di quanto. Indipendentemente dal lavoro che puntate a fare, più parlerete inglese e più possibilità avrete di riuscire a farlo. Anche **nemmeno / magari / perché** considerata la concorrenza da parte di moltissime altre persone che arrivano in Inghilterra da altre parti del mondo (ed è risaputo che altrove l'inglese lo parlano meglio che da noi…), non si capisce perché un datore di lavoro qualsiasi dovrebbe preferire qualcuno che non riesce a comunicare e **perciò / così / tanto meno** vuole migliorare il livello che ha.

Adattato da *www.vogliovivereecosiworld.com*

# Unità 3
## contatti

### 11 PROGETTO FINALE — *Se ci conosci, puoi capirci*

Dovete spiegare a genitori e/o insegnanti in che modo comunicano i giovani e perché. Insieme fate una lista dei social network e dei mezzi di comunicazione che usate di più. Poi dividetevi in gruppi e seguite le istruzioni.

**Istruzioni**

a. Ogni gruppo sceglie un social network diverso. Fate una lista di semplici istruzioni per usarlo al meglio.

b. Fate una lista di tutti i vantaggi del social network scelto. Attenzione: il vostro obiettivo è far capire quanto è utile, interessante e stimolante.

c. Create un video tutorial da caricare su internet.

d. Caricate il video su YouTube e mostratelo a tutti!

## Scheda culturale

### Comunicazione ad altissima velocità

**1** Secondo te quando è stato inviato il primo SMS da un cellulare?

- a. 1990 ☐
- b. 2000 ☐
- c. 1993 ☐
- c. 2005 ☐

**2** Leggi l'articolo: il fenomeno descritto esiste anche nel tuo paese?

---

**BENVENUTI** — ZANICHELLI

## Gli SMS o "messaggini" vengono spediti tra un telefonino e l'altro.

L'Italia è il paese con il maggior numero di telefonini e gli SMS sono sicuramente un modo di comunicare veloce ed economico. Il linguaggio degli SMS oltre a essere senza regole di grammatica, non prevede altre regole se non la velocità nello scrivere. Sono evitate tutte le maiuscole e la punteggiatura. I punti interrogativi, gli apostrofi, gli accenti di solito non sono usati. Il linguaggio degli SMS ha come regola principale quella di abbreviare. Per esempio, il *ch* è sostituito dal più veloce e pratico *k*. Si cerca di risparmiare tempo in ogni parte del mondo anche se poi, in questa maniera, corriamo il rischio di disimparare la lingua.

Adattato da *www.zanichellibenvenuti.it*

**3** Acronimi, abbreviazioni, grafia simbolica, scrittura enfatica e grafia fonetica caratterizzano il linguaggio della messaggeria istantanea. Abbina ogni elemento della lista alla definizione corrispondente. Attenzione: un elemento non rientra in alcuna categoria.

1. xro (però)
2. prox (prossimo)
3. TVB (ti voglio bene)
4. cmq (comunque)
5. 6 unico (sei unico)
6. grz (grazie)
7. t (ti)
8. + (più)
9. hobidite (ho bisogno di te)
10. 😞
11. x (per)
12. anke (anche)
13. arrivooooooooo

**a. acronimo** ☐
Parola formata dalle lettere iniziali di parole diverse.

**b. abbreviazione** ☐
Una parola non scritta per intero, ma solo in parte.

**c. grafia simbolica** ☐
Uso di simboli e numeri in sostituzione di parole o parti di parole.

**d. scrittura enfatica** ☐
Tipo di scrittura che riproduce lo stato d'animo, la parte non linguistica del messaggio.

**e. grafia fonetica** ☐
Sostituzione di una o più lettere con altre lettere che ne riproducono il suono.

# Una storia da brividi

episodio **3**

50 • cinquanta

# Unità 4
# Colorare la città

**arti**

### Lessico
*Bambino, ragazzino, ragazzo*

*Fare chiarezza, non se ne esce più, fare di tutta l'erba un fascio, a cielo aperto, nottetempo*

*Ormai*

I verbi di opinione

*Mi pare, mi sembra*

### Grammatica
Il congiuntivo presente: forme e uso con i verbi di opinione

Il congiuntivo presente irregolare del verbo *essere*

I pronomi relativi *che*, *chi*, *quale*

## Cosa imparo

### Comunicazione
Parlare d'arte ed esprimere la propria opinione su artisti e opere

Convincere, argomentare

Riferire il punto di vista altrui

Allestire una mostra d'arte

**1** **INTRODUZIONE** Arte o non arte?
Quali di queste realizzazioni sono opere d'arte, quali no? Perché? Discutine con due compagni.

# Colorare la città

**2 ASCOLTARE** *Arte e regole*

**2.a** Ascolta il servizio giornalistico e indica di quale opera dell'artista Clet si parla.

**2.b** Riascolta il servizio del punto **2.a** e rispondi alla domanda insieme a un compagno.

> **Qual è la vicenda legata all'opera di Clet?**

**2.c** Riascolta ancora e indica con una "X" se le informazioni sono vere o false.

|  | vero | falso |
|---|---|---|
| a. Clet ha installato la statua senza autorizzazione. | ☐ | ☐ |
| b. Clet vuole mettere la statua in un museo. | ☐ | ☐ |
| c. La statua rappresenta un uomo che vuole morire. | ☐ | ☐ |
| d. I turisti sono incuriositi dall'opera. | ☐ | ☐ |
| e. È stato girato un film sull'opera di Clet. | ☐ | ☐ |
| f. L'amministrazione fiorentina ha portato via la statua. | ☐ | ☐ |
| g. Clet deve pagare una contravvenzione. | ☐ | ☐ |
| h. Il comune di Firenze vuole distruggere l'opera. | ☐ | ☐ |

**3 ANALISI GRAMMATICALE** *Il congiuntivo*

**3.a** Ricostruisci la dichiarazione di Clet sull'opera "L'uomo comune", completandola con le frasi della lista. Poi ascolta e verifica.

- sia il ruolo dell'arte
- per essere messa dentro un museo chiuso
- il simbolo di una battaglia

> È veramente _____
> e penso che _____ .
> L'arte non è fatta _____ .

# Unità 4 — arti

**3.b** *"Sia"* è la terza persona singolare del verbo *"essere"* al congiuntivo. Osservalo nella frase al punto **3.a** e rispondi alla domanda insieme a un compagno.

**Quando si usa il congiuntivo?**

**3.c** Completa la regola selezionando una risposta.

**Il congiuntivo si usa:**

1. nella frase principale per esprimere un'opinione.
2. nella frase principale per esprimere un fatto sicuro.
3. nella frase secondaria dopo un verbo di opinione.
4. nella frase secondaria dopo un verbo che esprime un fatto sicuro.

**Come funziona?**

**Il congiuntivo presente del verbo *essere***

| io | sia |
|---|---|
| tu | sia |
| lui/lei | sia |
| noi | siamo |
| voi | siate |
| loro | siano |

**4  PARLARE** *Spazio all'arte!*

Lavora con un compagno. Dividetevi i ruoli (studente A e studente B) e leggete le vostre istruzioni.

● **studente A**
Sei un artista conosciuto e apprezzato nella tua città. Hai in mente una nuova grande opera che vorresti realizzare sulla facciata del palazzo del Comune. Sei sicuro che sarà il tuo capolavoro e che ti porterà finalmente al successo internazionale. Hai chiesto un incontro con il sindaco per presentargli la tua idea e convincerlo a darti l'autorizzazione.

● **studente B**
Sei il sindaco di una città importante. Oggi hai appuntamento con un noto artista della tua città che vuole parlarti di un'idea per la realizzazione del suo "capolavoro". Sei molto curioso di ascoltarlo, ma anche un po' preoccupato perché sai che l'artista è anche un provocatore. Come sindaco, pensi che sia importante dare spazio all'arte contemporanea nella città, ma sei convinto che le opere artistiche debbano realizzarsi e conservarsi soprattutto in musei e spazi adatti.

# Colorare la città

**5 LEGGERE** Graffitismo: arte o vandalismo?

**5.a** La classe si divide in studenti A e B. Gli studenti A completano la lettera 1 e gli studenti B l'articolo 2 con le espressioni della lista. Poi formano delle coppie (A + A, B + B) e confrontano le loro risposte.

- ☐ l'obbligo di ripulire a proprie spese i beni deturpati
- ☐ si continua a dare spazio (in tutti i sensi) a questa gente
- ☐ che durano decenni e decenni
- ☐ che rende le nostre città meno grigie, meno fredde, più belle (o meno brutte)
- ☐ può esserci dentro di lui un futuro artista
- ☐ i muri e gli spazi della città offrono alle loro creazioni l'ineguagliabile opportunità di essere viste da migliaia di persone
- ☐ vero però che l'Associazione Nazionale Antigraffiti calcola che per pulire tutti i danni che gli scarabocchiatori hanno provocato alle nostre città occorrerebbero 750 milioni di euro
- ☐ grazie ai media che continuano a dare importanza a questa gente!

**1 ● studente A**

**1 Facciamo chiarezza sui writer: sono artisti o vandali?**

Buongiorno signora Bossi Fedrigotti, leggo con interesse l'enorme articolo a tutta pagina sul nostro maggiore quotidiano
5  nazionale dedicato alla mitizzazione del graffitismo. Non se ne esce più. Abbiamo ventimila case imbrattate a Milano e
**a.** _____. Sempre le stesse cose: il paragone con i cartelloni pubblicitari, legali e temporanei, non come gli scarabocchi illegali sui muri, **b.** ___
10 _____. Avete presente le frecce dei rifugi antiaerei fatti durante la guerra? Hanno più di 60 anni. Pensate: lo scarabocchio davanti casa vi durerà più di 60 anni!! L'articolo è diseducativo, mitizza un soggetto che afferma di avere iniziato facendo *tag* e di essere diventato
15 famoso. Soggetto che si è associato a una *crew* per imbrattare treni, palazzi, tetti. Messaggio: non bisogna condannare chi scarabocchia i muri, perché **c.** _____
_____. Non se ne esce più. Se Milano e l'Italia è affetta pesantemente dalla piaga del graffitismo selvaggio è
20 anche **d.** _____! Un ragazzino si sente giustificato. Se questo dell'articolo ha iniziato taggando i muri, anch'io posso farlo per poi diventare artista ricco e famoso!! Ma perché nessuno scrive mai un articolo a tutta pagina per evidenziare il danno economico (milioni di
25 euro) che questa "moda", ormai morta all'estero, provoca? Per evidenziare l'illegalità di tali comportamenti? Per spiegare a cosa vanno incontro i graffitari all'estero, invece che nell'Italia buonista? Mi pare che non manchino buoni motivi per cui fare una campagna contro il graffitismo. Ma già, si sa, in questo
30 paese ci sono cose più importanti.

Adattato da www.corriere.it

**2 ● studente B**

**1 Arte di strada non vuol dire imbrattare i muri**

Oggi sarà approvato il provvedimento che istituisce "il reato penale per gli imbrattatori dei muri". I graffitari potrebbero
5  beccarsi condanne fino a due anni di carcere, una multa fino a 5mila euro e **e.** _____.
La prima obiezione che viene da fare è che non tutti i *writer* sono vandali e che, oltre agli scarabocchi, esiste anche la *street art*, **f.** _____ e ha una
10 funzione comunicativa. Chi pratica la *street art* credo desideri soprattutto muovere una critica, per contestare il principio di proprietà privata. Altri lo fanno semplicemente perché **g.** _____
_____. In Italia la *street art* esiste da trent'anni (auguri!) e alzi la mano chi non ha in
15 mente almeno un angolo che è stato abbellito da un murale apparso nottetempo. Io potrei citarne decine nella mia città e non solo. Tristi muri di cemento armato che diventano dipinti, fumetti, *graphic novel*; parcheggi bui trasformati in gallerie d'arte a cielo aperto; sottopassaggi alle cui pareti, mentre li
20 percorro, mi fanno compagnia personaggi buffi e inquietanti; murales contro la mafia, proambiente, murales di denuncia sociale. È anche **h.** _____
_____. Bella cifra, eh? Per non fare di tutta l'erba un fascio occorrerebbero alcune distinzioni tra i maniaci della firma scara-
25 bocchiata su monumenti, palazzi storici e spazi che sono bene comune, i quali non devono essere deturpati, e chi valorizza spazi abbandonati e con la propria arte rende più vivibile e umana la città.

Adattato da www.fanzinarte.com

# Unità 4
## arti

**Parole, parole, parole**

bambino — ragazzino — ragazzo

**5.b** Continua a lavorare con lo stesso compagno e trova tutti gli argomenti che l'autore del testo usa a favore o contro il graffitismo.

**5.c** Lavora con un compagno che ha letto l'altro testo e spiegagli il punto di vista contenuto nel tuo testo.

## 6 ANALISI LESSICALE Espressioni colorate

Abbina le seguenti parole e espressioni, tratte dai testi al punto **5.a**, al significato corrispondente, come nell'esempio.

| Testo | Riga | Parola o espressione | Significato |
|---|---|---|---|
| 1 | 1 | *facciamo chiarezza* | sporcate (con i colori) |
| 1 | 5/6 | Non se ne esce più. | legge |
| 1 | 6 | imbrattate | *spieghiamo bene* |
| 1 | 9 | scarabocchi | generalizzare |
| 1 | 19 | affetta | di notte |
| 1 | 19 | piaga | Non si trova la soluzione al problema. |
| 1 | 25 | ormai | all'aperto |
| 2 | 3 | provvedimento | fenomeno devastante |
| 2 | 4 | imbrattatori | colpita |
| 2 | 5 | beccarsi | prendersi |
| 2 | 6 | deturpati | sollevi un'obiezione/esprima il proprio disaccordo |
| 2 | 14 | alzi la mano | già |
| 2 | 16 | nottetempo | persone che sporcano e rovinano |
| 2 | 19 | a cielo aperto | rovinati |
| 2 | 23 | fare di tutta l'erba un fascio | disegni fatti male, senza arte e senza tecnica |

cinquantacinque • 55

# Colorare la città

**7  GIOCO Tris**

Gioca con un compagno (usate solo un libro). A turno uno studente sceglie una casella e completa la frase con una delle espressioni del punto **6**. (Attenzione: alcune espressioni possono essere usate più volte.) Ha un minuto per rispondere. Il compagno verifica: se la frase è corretta, lo studente conquista la casella. Poi il turno passa al compagno. Non è possibile conquistare una casella già occupata. Vince chi fa tris per primo.

**1.** Questo libro è un vero capolavoro. _____ chi pensa il contrario.

**2.** Pompei è il più straordinario museo _____.

**3.** È _____ un anno che non vedo più Alba.

**4.** È molto facile _____ un brutto raffreddore con questo tempo.

**5.** Non puoi _____: le situazioni sono molto diverse!

**6.** Il traffico è diventato impossibile in città. _____ chi non è mai stato in fila per mezz'ora.

**7.** Stiamo discutendo del problema da più di due ore. _____!

**8.** Restiamo a casa a vedere un film, _____ è tardi per andare al cinema.

**9.** Alcune opere di arte contemporanea non le capisco proprio, mi sembrano solo degli orrendi _____ .

**Ti ricordi?**

### Il passivo
*Completa il testo con i verbi tra parentesi al presente (P) o al passato prossimo (PP), nella forma attiva o passiva, come negli esempi.*

Realismo e sogno (*mescolare* - P) _sono mescolati_ alla perfezione da Manu Invisible nei "Ritratti", le opere che meglio caratterizzano la sua produzione. Volti di anziani, ma anche giovani e ragazzi, uomini e donne, (*sembrare* - P) _sembrano_ emergere da un sogno, eppure (*disegnare* - P) _____ nei loro tratti più naturali, con una particolare sensibilità che coglie sguardo ed espressioni grazie all'uso del chiaroscuro. I ritratti sono talmente veri da avere spesso anche un nome proprio: "Vittoria", "Roger", "Efisio"... Tutti (*battezzare* - PP) _____ dallo stesso autore a seconda dell'ispirazione del momento. (*Realizzare* - P) _____ in grandi o grandissime dimensioni con smalti, spray e acrilici. I Ritratti di Manu (*popolare* - P) _____ città e periferie, si stagliano su muri, cabine, ponti e cavalcavia. Abitanti silenziosi, malinconici e discreti di spazi urbani abbandonati. È impossibile non riconoscerli, pur nella infinita varietà di tratti e caratterizzazioni: tutti (*caratterizzare* - P) _____ da una forte vena realistica e (*arricchire* - P) _____ da piccoli dettagli personali (occhiali, cappelli, rosari) che (*rendere* - P) _____ ogni ritratto unico ed estremamente vero. Ma l'opera di Manu Invisible non si esaurisce con i "Ritratti": l'artista (*dare* - P) _____ spazio, infatti, anche alla sperimentazione dei diversi linguaggi espressivi con la *light painting*, produzione recente dove lo studio della luce (*fondersi* - P) _____ con la ricerca sulla fotografia digitale: veri e propri disegni dove i led (*usare* - P) _____ come pennelli e la tela è il campo fotografico che cattura luci e colori.

Adattato da *www.manuinvisible.com*

# Unità 4
## arti

### 8 SCRIVERE Il mio artista preferito

*Pensa a un artista che ti piace particolarmente (pittore, scultore, graffitaro, musicista, coreografo, fotografo, regista, ecc.) e racconta quando l'hai scoperto, perché ti piace, qual è il significato della sua arte.*

### 9 ANALISI GRAMMATICALE Il congiuntivo presente

**9.a** *Nei due testi al punto **5.a** compaiono due verbi al congiuntivo presente. Nel testo 1 si trova tra la riga 25 e la riga 30; nel testo 2 tra la riga 10 e la riga 15. Cerca i due verbi e completa la tabella.*

| Verbo al congiuntivo | Soggetto | Verbo d'opinione da cui dipende |
|---|---|---|
|  |  |  |
|  |  |  |

**9.b** *Completa la coniugazione del congiuntivo presente aiutandoti con le forme del punto **9.a**. Attenzione: la seconda e la terza coniugazione sono uguali.*

|  | guard**are** | ved**ere** | sent**ire** |
|---|---|---|---|
| io | guard____ | ved**a** | sent____ |
| tu | guard____ | ved**a** | sent____ |
| lui/lei | guard____ | ved**a** | sent____ |
| noi | guard**iamo** | ved**iamo** | sent____ |
| voi | guard**iate** | ved**iate** | sent____ |
| loro | guard____ | ved**ano** | sent____ |

**Parole, parole, parole**

**I verbi di opinione**

*pensare, credere, trovare, ritenere, sembrare, parere*

Mi pare / sembra che... = Ho la sensazione / l'impressione che...

cinquantasette • 57

# Colorare la città

 **10** GIOCO *Indovina il mimo!*

La classe si divide in due squadre (A e B). Ogni squadra legge le proprie istruzioni.
Le istruzioni per la squadra B sono a pagina 142.

### Istruzioni squadra A

Un membro della squadra legge una situazione della lista a un giocatore della squadra B (o due giocatori, se la frase è per due mimi) senza farsi sentire dagli altri membri della squadra avversaria. Il giocatore deve mimare la situazione alla propria squadra, che ha 3 minuti per formulare una frase adatta alla situazione rappresentata, come nell'esempio. La soluzione è accettabile solo se la squadra usa un verbo d'opinione seguito dal congiuntivo. Non si può usare lo stesso verbo d'opinione per due volte di fila. La squadra B può fare più tentativi in 3 minuti: se formula una frase corretta grammaticalmente e adeguata al contesto, prende un punto e il turno passa alla squadra A. Vince la squadra che ottiene più punti.

### Situazioni

1. Stai correndo per prendere l'autobus.
2. Per strada fermi un passante per chiedere informazioni.
3. Sei triste perché il tuo ragazzo/la tua ragazza non è venuto/a all'appuntamento.
4. Tu e un amico/un'amica vi presentate a una festa.
5. Tu e un amico/un'amica state urlando allo stadio.

### Esempio

**Situazione:** Stai entrando in uno studio dentistico.

Uno studente della squadra B mima la situazione.

- **Squadra B**
  Mi sembra che lui sia nervoso perché deve andare dal dentista.

- **Squadra A**
  Giusto!

  **11** ANALISI GRAMMATICALE **I pronomi relativi *che*, *chi*, *quale***

**11.a** *Leggi la frase tratta dal testo 2 del punto* **5.a** *Due dei pronomi relativi* **evidenziati** *si riferiscono a nomi presenti nel testo: uniscili con una freccia.*

Per non fare di tutta l'erba un fascio occorrerebbero alcune distinzioni tra i maniaci della firma scarabocchiata su monumenti, palazzi storici e spazi **che** sono bene comune, **i quali** non devono essere deturpati, e **chi** valorizza spazi abbandonati e con la propria arte rende più vivibile e umana la città.

**11.b** *Completa le regole con i pronomi "che", "chi", "il quale".*

1. _____ è un pronome invariabile. Si riferisce a persone e significa *quelli che / la gente che*.

2. _____ è un pronome variabile, vuole l'articolo e si riferisce a cose e persone.

3. _____ è un pronome invariabile, non vuole l'articolo e si riferisce a cose e persone.

### Come funziona?

**Il pronome relativo *quale***

|  | Maschile | Femminile |
|---|---|---|
| **Singolare** | il quale | la quale |
| **Plurale** | i quali | le quali |

## 12 ESERCIZIO Pronomi relativi

*Sostituisci i pronomi "che" con "quale" e "chi" con "quelli che". In alcuni casi dovrai modificare anche altri elementi (per es. i verbi).*

Oggi sarà approvato il provvedimento **che** **a.** _____ istituisce "il reato penale per gli imbrattatori dei muri". I graffitari potrebbero beccarsi condanne fino a due anni di carcere, una multa fino a 5mila euro e l'obbligo di ripulire a proprie spese i beni deturpati. La prima obiezione che viene da fare è che non tutti i *writer* sono vandali e che, oltre agli scarabocchi, esiste anche la *street art*, **che** **b.** _____ rende le nostre città meno grigie, meno fredde, più belle (o meno brutte) e ha una funzione comunicativa. **Chi** **c.** _____ pratica la *street art* credo desideri soprattutto muovere una critica (…). Per non fare di tutta l'erba un fascio occorrerebbero alcune distinzioni tra i maniaci della firma scarabocchiata su monumenti, palazzi storici e spazi **che** **d.** _____ sono bene comune, (…) e **chi** **e.** _____ valorizza spazi abbandonati e con la propria arte rende più vivibile e umana la città.

# Colorare la città

## 13 PROGETTO FINALE — Mostre d'arte

*Dovete allestire una mostra d'arte. Dividetevi in gruppi di 4 o 5 studenti e seguite le istruzioni.*

### Istruzioni

a. Scegliete una categoria d'arte tra le seguenti: pittura, scultura, fotografia, graffitismo/*street art*, design, architettura. Entrate in alcuni siti che raccolgono opere di artisti italiani (consultate per es. *www.arte.it/artista*, *www.imagemoz.com/fotografi-famosi*, *www.lasciailsegno.it*), sceglietene due o tre che vi piacciono particolarmente e/o sono importanti per la cultura italiana (possono essere del passato o contemporanei). Raccogliete informazioni sulla loro vita e sulle loro opere.

b. Scegliete alcune delle loro opere più significative da stampare e presentare alla mostra e preparate cartelli esplicativi sulla vita, sullo stile degli artisti e sulla storia delle opere esposte (potete eventualmente inventare alcune informazioni). È possibile anche cercare su internet interviste o documentari relativi alle opere e/o agli artisti scelti.

c. Trovate uno spazio nella vostra aula o nella scuola per allestire la mostra. Studiate bene l'allestimento: come presentare le opere, dove mettere i cartelli esplicativi, come e quando presentare eventuali filmati sugli artisti.

d. Pensate al percorso che dovranno seguire i visitatori della mostra e preparatevi a fare da guida.

e. Invitate altri studenti e insegnanti a visitare la mostra. Ognuno di voi accompagnerà gruppi diversi.

## Scheda culturale

### Arte sui muri di periferia

**1** Leggi il testo e abbina le immagini alle varie scuole di "street art" nominate.

# L'arte di strada in Italia

Nel nostro paese sono distinguibili 3 scuole principali di *street art*, che dal 2000 sono emerse più di altre e che sono dislocate tra Milano, Bologna e Roma. La prima scuola si concentra su decorazioni di piccola e media grandezza, e rappresenta una forma di protesta contro la municipalità e il governo della città. La scuola bolognese ha invece sviluppato uno stile che punta sulle grandi decorazioni, realizzate all'interno di fabbriche e aree metropolitane periferiche dismesse.

Roma ha invece il "primato" per quanto riguarda lo *stencil*, grazie a Sten e Lex, attivi dal 2001. Al di là di queste tre scuole, in Italia sono comunque molti altri i luoghi significativi per la *street art*. In Puglia, ad esempio, è attiva la *Street Art South Italy*, che, oltre a partecipare a diversi *contest* internazionali, promuove iniziative di riqualificazione sociale e culturale. Il gruppo di artisti (formato da Cheko'sart, Frank Lucignolo, Stencilnoire, S.Crash, Elkemi, Auosce), si caratterizza per un'arte che rispetta gli spazi pubblici e, al tempo stesso, propone modelli di critica sociale, soprattutto verso il degrado nelle periferie. La *street art* ben si presta, dunque, a campagne di solidarietà e di critica culturale. Ulteriori e interessanti esempi sono le opere dei sopracitati Sten e Lex, che hanno utilizzato la loro arte murale per valorizzare beni architettonici (come un'antica chiesa costruita nel 1590 a Mentana), che troppo spesso risultano abbandonati dalle istituzioni.

Adattato da http://dailystorm.it

 **1**

 **2**

 **3**

 **4**

☐ scuola milanese     ☐ scuola bolognese     ☐ scuola romana     ☐ scuola pugliese

**2** Vai su internet e scopri le diverse opere degli artisti nominati nel testo. Quale ti piace di più? Perché? Nel tuo paese ci sono movimenti artistici simili? Parlane con un compagno.

# Una storia da brividi

episodio 4

# Unità 5
## benessere

# Sei ciò che mangi

**Lessico**
*Riuscirci, andarsene*

Utensili da cucina e ricette tipiche

Le espressioni *insomma, be', diciamo, mi dispiace*

**Grammatica**
I pronomi combinati con *ne*

I pronomi riflessivi enfatici

Oggetto diretto e *ne*

## Cosa imparo

**Comunicazione**
Dare enfasi

Parlare dei propri genitori

Esprimere la propria opinione su OGM e cibo biologico

Riformulare, concludere un discorso, prendere tempo

Indicare i propri cibi preferiti

Parlare del rapporto tra alimentazione e profilo psicologico

Preparare una presentazione contro o a favore degli OGM

---

**1 INTRODUZIONE** *Oggi cucino io!*

*Rispondi alla domanda, poi gira per la classe e trova i compagni che hanno dato la stessa risposta.*

**Chi cucina di più a casa tua?**

**a.** tu ☐
**b.** tua madre ☐
**c.** tuo padre ☐
**d.** altri familiari ☐
**e.** cucinate tutti a turno ☐
**f.** nessuno: non vi piace cucinare e comprate sempre cibi pronti ☐

# Sei ciò che mangi

**2  LEGGERE** *Di mamma ce n'è una sola!*

**2.a** *Completa i testi in questa pagina e in quella accanto con le frasi della lista.*

- No, ma so già che devo preoccuparmi.
- Non me lo dire.
- Ok, ma sai già da prima che io li assaggio e basta.
- Vieni che è pronto.
- Te ne metto ancora un po'?
- Vuoi anche che te lo dica?
- La camomilla è di produzione propria (la coltiva la Mamy),
- io me ne prendo solo un cucchiaiata per assaggiarli,
- Infatti ti avevo detto di non farmene tanti.

**Situazione 1**

# ninoland

Racconti, elucubrazioni e vaneggiamenti di un uomo d'informatica: una scienza un gradino sopra l'astrologia, ma uno sotto la fisiognomica.

## Nouvelle cuisine

È quasi ora di cena e, mentre sono al PC, entra mia madre…

**Mamy:** Non indovinerai mai cosa ho fatto.

**Nino: a.** _____

**Mamy:** Stavo preparando la pasta e fagioli. Ti avevo preso la camomilla* e te ne avevo messa un po' nel bollitore sull'altro fuoco…

**Nino: b.** _____ Hai buttato la camomilla nella pasta e fagioli.

Annuisce, sorride e se ne va. Dopo un po' torna…

**Mamy: c.** _____

**Nino:** Con l'opinione che hai tu degli chef, questo invito non mi tranquillizza per niente.

Ieri incontro QMan, che mi chiede come va con Mamy, ripenso alla pasta della sera prima, gliene parlo, lui mi guarda e dice…

**QMan:** E poi com'era?

**Nino: d.** _____ Io mi chiedo perché avete tutti tanto da ridere della torta Milanese** dell'Artusi.

*A casa mia si fa la camomilla a ciclo continuo, come fosse tè freddo. **e.** _____ mentre il tè non ha ancora provato a coltivarlo.

** La torta milanese dell'Artusi è una ricetta, considerata "particolare" da Artusi stesso, preparata con cioccolato, pinoli, uvetta, cedro candito e… lesso di vitello!

**Artusi** la Scienza in cucina e l'Arte di mangiar bene

Adattato da *http://theninoland.blogspot.it*

Unità 5
**benessere**

Situazione 2

# ninoland

Racconti, elucubrazioni e vaneggiamenti di un uomo d'informatica: una scienza un gradino sopra l'astrologia, ma uno sotto la fisiognomica.

### La mamma è sempre la mamma!

**Mamy:** Ho fatto un giro in campagna oggi e ti ho raccolto un po' di funghi. Come te li cucino? Ti vanno bene trifolati?
**Nino:** No, lo sai che non mi piacciono. Tu li fai, **f.** _____ tu ti lamenti perché me ne sono presi pochi e sprechi tutto il giorno a pensare cosa fare per niente.
**Mamy:** Ok, allora cerca tu una ricetta...

Mezz'ora e 4 ricettari dopo...

**Mamy:** No, no. Troppo complicati questi ricettari, li faccio trifolati.
**Nino: g.** _____ Chiariamoci prima così evitiamo discussioni..
**Nino:** No.
**Mamy:** Non ne vuoi più?!
**Nino:** No.
**Mamy:** Ma se ti piacciono tanto!
**Nino:** Veramente li detesto. **h.** _____
**Mamy:** Ecco! E io che sto qui tutto il giorno a pensare cosa fare per cena!
**Nino:** 😐 Mia madre ha un figlio solo, ma non si ricorda mai i miei gusti. Ci riesce solo lei. 😪

Adattato da *http://theninoland.blogspot.it*

**2.b** Rileggi il testo completo al punto precedente e scrivi accanto agli aggettivi su Nino e la mamma un punteggio da 1 (= poco) a 10 (= molto). Puoi usare il dizionario o chiedere all'insegnante il significato degli aggettivi.

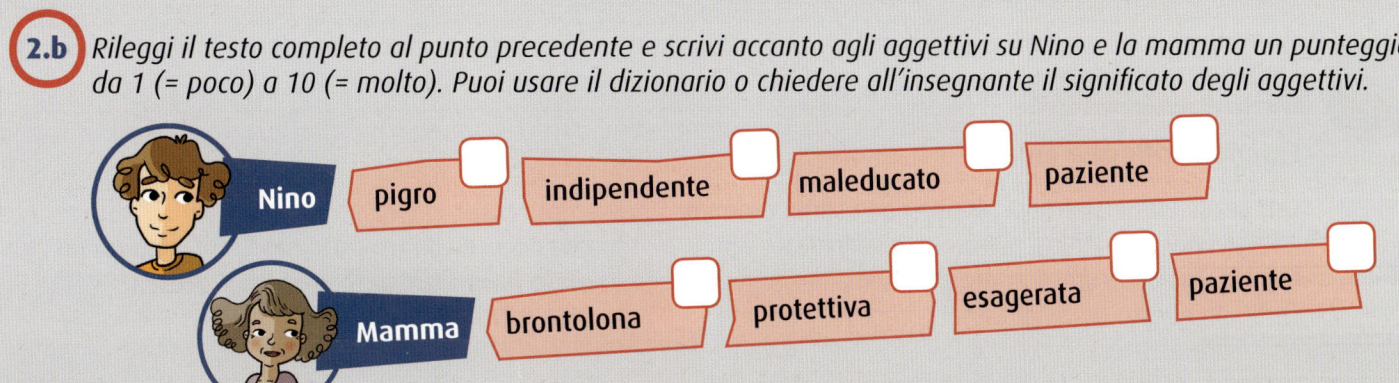

# Sei ciò che mangi

## Come funziona?

### Riuscirci, andarsene

Il verbo *riuscirci* (= avere l'abilità di fare la cosa appena nominata) si costruisce con la particella *ci* (invariabile per tutte le persone) e il verbo *riuscire* coniugato al tempo desiderato.

Esempi:
**Mia madre ha un figlio solo, ma non si ricorda mai i miei gusti... *Ci riesce* solo lei...** (= solo lei è capace di non ricordare i gusti del proprio figlio unico)

**Provo ad alzarmi presto la mattina, ma *non ci riesco*.** (= ad arrivare puntuale)

Il verbo *andarsene* (= andare via) si costruisce con i pronomi riflessivi e la particella *ne* invariabile per tutte le persone.

Osserva:
**Annuisce, sorride e *se ne va*.** (= va via)

## 3 ANALISI GRAMMATICALE Pronomi combinati

**3.a** *Completa la tabella sui pronomi **evidenziati** (tratti dai testi al punto **2.a**), come negli esempi.*

| Pronome nel testo | Tipo di pronome e significato |
|---|---|
| **a.** Non **me lo** dire. | "*mi*", pronome oggetto indiretto (= a me) + "*lo*", pronome oggetto diretto (= quello che hai fatto) |
| **b.** ... e **te ne** avevo messa un po'... | _____ + _____ |
| **c.** ... e **se ne** va. | verbo "andarsene", terza persona singolare |
| **d.** ... **gliene** parlo... | _____ + particella "*ne*" (= della pasta della sera prima) |
| **e.** Vuoi anche che **te lo** dica? | _____ + _____ |
| **f.** Come **te li** cucino? | _____ + _____ |
| **g.** ... io **me ne** prendo solo una cucchiaiata... | "*mi*", pronome riflessivo enfatico (verbo "prendersi") + _____ |
| **h.** ... **me ne** sono presi pochi... | "*mi*", pronome riflessivo enfatico (verbo "prendersi") + _____ |
| **i.** **Te ne** metto ancora un po'? | _____ + _____ |
| **l.** ... ti avevo detto di non far**mene** tanti. | _____ + _____ |

## Come funziona?

### I pronomi riflessivi enfatici

Con alcuni verbi (transitivi) si possono usare i pronomi riflessivi per dare enfasi all'azione. Il significato non cambia, ma si dà un carattere affettivo all'azione del verbo. In questo caso nei tempi composti si utilizza l'ausiliare *essere*.

Esempi:
**Io *me* ne prendo un po'.** = Io ne prendo un po'.
**Vi siete bevuti tutto il succo di frutta!** = Avete bevuto tutto il succo di frutta!

# Unità 5 — benessere

**3.b** *Completa le regole sul pronome "ne" con gli esempi tratti dal punto 3.a, come nell'esempio.*

### il pronome *ne*

1. Il pronome **ne** si usa generalmente per indicare la parte di un tutto e quindi è generalmente seguito da una specificazione di quantità.
   Esempi: b  g

2. In alcuni casi **ne** è parte del verbo ed è invariabile per tutte le persone.
   Esempio: ☐

3. **Ne** può essere usato anche per sostituire **di** o **da** + oggetto.
   Esempio: ☐

4. Nei tempi passati (composti) il participio passato si accorda con il **ne**, a seconda del nome che sostituisce.
   Esempi: ☐ ☐

**3.c** *Riosserva gli esempi al punto 3.a e usa la logica per completare le due coniugazioni.*

| Pronomi riflessivi + *ne* | | | |
|---|---|---|---|
| io |  | noi | ce ne prendiamo |
| tu | te ne prendi | voi |  |
| lui/lei |  | loro | se ne prendono |

| Pronomi indiretti + *ne* | | | |
|---|---|---|---|
| a me | me ne danno | a noi | ce ne danno |
| a te |  | a voi |  |
| a lui/a lei |  | a loro | gliene danno |

## 4 ANALISI DEL DISCORSO *Tu, io*

**4.a** *Sottolinea nel testo i pronomi "io" e "tu".*

> **Nino:** No, lo sai che non mi piacciono. Tu li fai, io me ne prendo solo una cucchiaiata per assaggiarli, tu ti lamenti perché me ne sono presi pochi...

**4.b** *Osserva i pronomi che hai sottolineato al punto 4.a e rispondi alla domanda.*

### Perché l'autore li usa?

a. Perché il lettore potrebbe confondersi e non capire di chi parla. ☐

b. Per caso. Ogni tanto gli piace specificare il soggetto. ☐

c. Perché vuole evidenziare il contrasto tra sé e la madre. ☐

d. Perché è grammaticalmente obbligatorio. ☐

**4.c** *Inserisci i pronomi "lei" e "io" dove ti sembra opportuno in questi post.*

---

**YAHOO! ANSWERS** ITALIA
INIZIO | CATEGORIE | LE MIE ATTIVITÀ | INFORMAZIONI

> Mia madre stira anche le mutande. Le chiedo: perché? E mi risponde con uno sguardo misto tra pietà e commiserazione. Maglie, pantaloni, camicie, asciugamani. Ma mamma, anche gli asciugamani? Sì, risponde secca, diventano più morbide. Impossibile contraddirla.

> Mia madre è migliore di me perché è umile. Ho spesso avuto la presunzione di poter cambiare il mondo. Ogni giorno prova "solo" a rendere migliore la vita delle persone che ama.

Adattato da *http://luteroeildilettevole.lenuovemamme.it*

# Sei ciò che mangi

**5 GIOCO** Il gioco del bravo cuoco

*Dividetevi in gruppi di 3-4 studenti. Giocate con un dado e alcune pedine. A turno un giocatore lancia il dado e avanza con la propria pedina del numero di caselle indicato dal dado. Deve completare la casella con le parole della lista. Se la risposta è sbagliata, torna alla casella precedente. Vince chi arriva per primo alla fine.*

- un pizzico
- tagliere
- scolapasta
- mescolare
- cucchiai
- teglia
- fetta
- montare
- foglia
- po'
- passare
- mezzaluna
- dose
- ciotola
- passare
- rametti
- mestolo
- bustina
- versare
- scorza

**Partenza**

**1. Pasta alla carbonara**
Ingredienti: uova, pecorino, parmigiano e _____ di pepe.

**2.** La cipolla si taglia sul _____ .

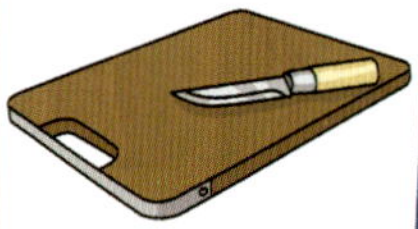

**3.** La pasta è cotta. Per togliere l'acqua hai bisogno di uno _____ .

**4.** Per una buona cioccolata devi _____ bene il cacao con il latte!

**5. Pasta aglio, olio e peperoncino:** tanto aglio e 2 o tre _____ d'olio.

**11.** Se ti piace il piccante, aggiungi ai tuoi primi un _____ di peperoncino.

**10. Pesto alla genovese**
Ingredienti: pinoli, olio, parmigiano, aglio e qualche _____ di basilico.

**9.** Alt! Hai dimenticato di aggiungere il sale nell'acqua della pasta! Stai fermo un giro.

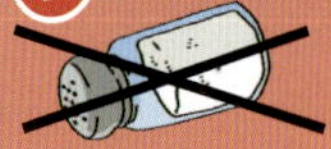

**8.** Per il tiramisù devi _____ gli albumi d'uovo a neve.

**7. Bruschetta:** aglio e pomodoro su una larga _____ di pane.

**6.** Per mettere il cibo in forno hai bisogno di una _____ .

**12.** Per una salsa di pomodoro molto fluida, devi _____ i pomodori nel passaverdure.

**13.** Tritare le verdure è facile con la _____ .

**14. Torta alle mandorle:** per completare la decorazione aggiungi una buona _____ di zucchero a velo!

**15.** Metti gli ingredienti del piatto che stai preparando in una _____ .

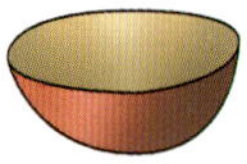

**16.** Dopo aver tagliato i funghi li devi 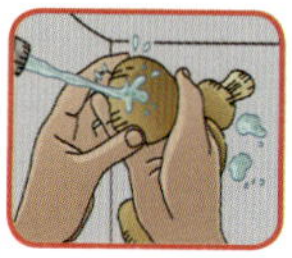 _____ sotto l'acqua.

**17. Pollo al forno**
Metti sulle cosce dei _____ di rosmarino per insaporire!

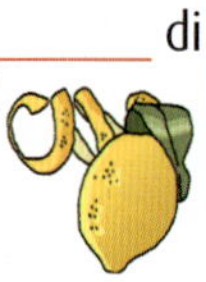

**Bravo!** Inventa una nuova ricetta: descrivila agli altri e hai vinto!

**22. Scaloppine al limone:** naturalmente non dimenticare la _____ di limone!

**21.** Per completare in modo originale la tua macedonia puoi _____ del succo d'arancia fresca sulla frutta a pezzetti.

**20. Pizza**
Nell'impasto aggiungi una _____ di lievito.

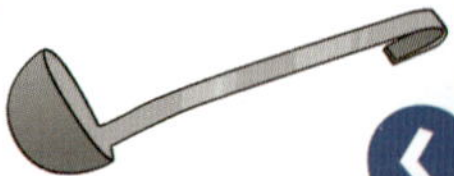

**19.** Il tuo dolce è stato un successo! Vai avanti di tre caselle.

**18.** Per prendere dalla pentola il minestrone hai bisogno di un _____ .

# Unità 5
## benessere

**6 PARLARE** *Paese che vai, genitori che trovi...*

Quali sono gli atteggiamenti tipici dei tuoi genitori o, secondo te, tipici di tutti i genitori? Discutine con alcuni compagni.

**7 ASCOLTARE** *Tendenze alimentari*

**7.a** *Cos'è un OGM? Discutine con un compagno, poi leggi la definizione.*

Enciclopedia | **Vocabolario** | Sinonimi | Dizionario Biografico degli Italiani

Sigla di Organismo Geneticamente Modificato, usata per indicare tutti quegli organismi che hanno subìto modificazioni nel loro patrimonio genetico allo scopo di aumentarne la resistenza alle malattie o la capacità riproduttiva.

*Adattato da www.treccani.it*

**7.b** *Ascolta le interviste e seleziona l'opzione corretta.*

**cd 9**

**a** Nessuno mangia biologico, ma tutti stanno attenti a quello che mangiano.

**b** Tutti stanno attenti a quello che mangiano, ma non leggono le etichette dei cibi.

**c** Tutti stanno attenti a quello che mangiano e non comprano OGM.

**7.c** *Riascolta e prendi appunti sulle domande e le risposte delle persone intervistate. Con chi ti identifichi di più? Confronta la tua opinione con quella di un compagno.*

**cd 9**

**d** Solo il papà del bambino compra prodotti biologici.

**e** Solo due persone dicono di mangiare cibo biologico.

sessantanove • **69**

# Sei ciò che mangi

**8 ANALISI GRAMMATICALE Espressioni**

**8.a** *Completa gli estratti delle interviste del punto 7.b con le espressioni della lista, come nell'esempio. Poi riascolta l'audio completo e verifica.*

cd 9

insomma    diciamo (x3)    be'    mi dispiace

**1** ○ **Intervistato:** Sono attento all'alimentazione. A verdure, a non mangiare fritture o eccessi, però, **a.** _____, biologico no, no.

**2** ○ **Intervistato:** Eh... Dipende cosa mangio.
○ **Intervistatore: b.** _____ per esempio, fammi un esempio di una cosa a cui stai attento quando la mangi.

**3** ○ **Intervistata:** Io cerco sempre di, in qualunque tipo di acquisto e dalla, **c.** _____ ... i prodotti di bellezza, a quelli di... **d.** _____ da... il cibo. Cerco sempre di scegliere il meglio...

**4** ○ **Intervistatrice:** Siete attenti a quello che portate in tavola?
○ **Intervistata: e.** *Be'* sì, in genere sì.

**5** ○ **Intervistatrice:** Sapete cosa sono gli OGM?
○ **Intervistata:** Lo leggiamo, quindi... Preferiamo quelli non geneticamente modificati, **f.** _____.

**6** ○ **Intervistatore:** Stai attenta a quello che mangi?
○ **Intervistata:** No, non faccio attenzione, **g.** _____.

**8.b** *Abbina le espressioni inserite al punto 8.a alla funzione corrispondente.*

| Espressione | Funzione |
|---|---|
| 1. | **a.** Serve a riformulare. |
| 2. | **b.** Conclude o precede una conclusione. |
| 3. | **c.** Si usa se la risposta non è quella preferita da chi fa la domanda. |
| 4. | **d.** Si usa per prendere tempo prima di parlare. |

## 9 ESERCIZIO *Be', insomma, diciamo, mi dispiace*

Completa l'intervista con le espressioni del punto **8**.

| | |
|---|---|
| **Intervistatrice:** | Ciao. Posso farti alcune domande? |
| **Ragazza:** | Certo. |
| **Intervistatrice:** | Tu stai attenta a quello che mangi? |
| **Ragazza:** | Sì. |
| **Intervistatrice:** | E mangi cibi biologici? |
| **Ragazza:** | Veramente no, _____. |
| **Intervistatrice:** | Perché no? |
| **Ragazza:** | _____, io compro tutti cibi freschi, _____ di stagione, e non credo che quelli biologici siano tanto differenti. E poi il cibo biologico è molto caro, non è facile da trovare, _____ non lo compro quasi mai. |
| **Intervistatrice:** | Ma sai cosa sono gli OGM? |
| **Ragazza:** | _____ sì. Certo che lo so. |
| **Intervistatrice:** | E tu leggi le etichette per vedere se sono naturali, genuini, _____ se sono modificati geneticamente? |
| **Ragazza:** | _____, ogni tanto, _____ quando ho tempo sì. |

### Come funziona?

**Oggetto diretto e *ne***

Quando il partitivo precede la frase principale, è necessario usare il *ne* partitivo prima del verbo. Il participio passato concorda con il partitivo.

Osserva:
Hai mai mangiato cibi biologici? = ***Cibi biologici, ne* hai mai mangiati?**

settantuno • 71

# Sei ciò che mangi

**10** **SCRIVERE I miei cibi preferiti**

**10.a** *Scrivi su un foglio le cose che mangi più frequentemente e quelle che ti piacciono di più, poi passa il foglio a un compagno.*

**10.b** *Leggi il foglio del tuo compagno. Sei un famoso nutrizionista e sei convinto che il cibo sia lo specchio della personalità. Scrivi e motiva la tua opinione sulla persona che ti ha passato il foglio.*

Tu sei quello che mangi

## Ti ricordi?

### Il congiuntivo

*Coniuga i verbi tra parentesi al congiuntivo presente o al passato prossimo.*

Non pensate che mangiare ai fast food *(essere)* _____ poco salutare?

Io penso che una volta ogni tanto si *(potere)* _____ fare piccole eccezioni, ma se ci vai troppe volte ti provoca un danno allo stomaco. Credo che *(essere)* _____ meglio non mangiarci molto spesso per le possibili malattie (per esempio l'obesità, un problema molto diffuso nei paesi americani e in Inghilterra).

Io penso che non *(fare)* _____ per niente bene. I genitori spesso usano i fast food come premio per i loro figli, e per i bambini si crea una dipendenza. Io, invece, sono convinta che i genitori *(dovere)* _____ evitare al massimo di portare i bambini nei fast food, perché lì si acquisisce un'alimentazione sbagliata. Certo, non nego che qualche volta si *(potere)* _____ trasgredire, ma è meglio non andare.

Io sono convinto che tutto *(fare)* _____ male, ovviamente soprattutto i fast food!!

Be', è poco salutare, è vero, ma quei panini sono buonissimi, ne mangerei un'infinità!! Io al McDonald's ci sono stata 4 volte in 13 anni e per me *(essere)* _____ una bellissima esperienza!

Per niente salutare... Mi pare che *(preparare)* _____ molti panini con gli scarti della macelleria!

Adattato da *it.answers.yahoo.com*

72 • settantadue

## 11 PROGETTO FINALE — Il cibo del futuro?

*Dividetevi in due gruppi (A e B) e seguite le vostre istruzioni per preparare una presentazione. L'insegnante estrarrà a sorte i gruppi che esporranno la presentazione alla classe.*

### Istruzioni gruppo A

a. Dividetevi in sottogruppi di massimo 3 persone. Cercate informazioni in rete sugli OGM, con l'aiuto dell'insegnante (o eventualmente su wikipedia), e indicatene gli aspetti positivi.

b. Preparate una presentazione per una conferenza a favore dei cibi OGM: avete bisogno di una relazione, di un grafico e di testimonianze. Scegliete il titolo e il contenuto della vostra relazione, elaborate un grafico e preparate un sondaggio da fare tra gli altri studenti della scuola. Dividetevi in: relatore, realizzatore del grafico e intervistatore.

c. Lavorate separatamente: il relatore scrive la presentazione, il realizzatore del grafico prepara immagini e didascalie per la relazione, l'intervistatore raccoglie le risposte al sondaggio e si prepara a spiegarne il risultato.

d. Preparate la presentazione completa e stabilite i turni di chi parla. La presentazione deve durare massimo 5 minuti.

### Istruzioni gruppo B

a. Dividetevi in sottogruppi di massimo 3 persone. Cercate informazioni in rete sugli OGM, con l'aiuto dell'insegnante (o eventualmente su wikipedia), e indicatene gli aspetti negativi.

b. Preparate una presentazione critica per una conferenza sui cibi OGM: avete bisogno di una relazione, di un grafico e di testimonianze. Scegliete il titolo e il contenuto della vostra relazione, elaborate un grafico e preparate un sondaggio da fare tra gli altri studenti della scuola. Dividetevi in: relatore, realizzatore del grafico e intervistatore.

c. Lavorate separatamente: il relatore scrive la presentazione, il realizzatore del grafico prepara immagini e didascalie per la relazione, l'intervistatore raccoglie le risposte al sondaggio e si prepara a spiegarne il risultato.

d. Preparate la presentazione completa e stabilite i turni di chi parla. La presentazione deve durare massimo 5 minuti.

## Scheda culturale

### Mangiare sano per vivere sani

**1.a** Leggi l'articolo e completa i vari paragrafi con i titoli della lista.

1. La vendita diretta
2. I Gruppi di Acquisto Solidali (GAS)
3. I mercatini e le fiere di produttori biologici
4. I negozi specializzati
5. Vendita on line

# Dal produttore al consumatore

In Italia la GDO (Grande Distribuzione Organizzata) e i negozi specializzati hanno un ruolo importante nella distribuzione dei prodotti biologici. In questi casi i costi di intermediazione sono elevati e il loro peso è ancora più grande in un settore come il biologico. In questi ultimi anni, però, si stanno affermando forme e modalità alternative nella vendita dei prodotti biologici.

**a.** ○ Sono molte, oggi, le aziende agricole che adottano il web per vendere le proprie produzioni. Il contatto che si crea fra produttore e consumatore è solo virtuale, ma la scelta del consumatore avviene con molta più consapevolezza, oltre che con molta praticità. In Italia, attualmente, sono attivi oltre 150 siti web.

**b.** ○ Detta "filiera corta", è la forma che esalta il rapporto produttore/consumatore. Prevede l'acquisto direttamente in azienda dei prodotti biologici. Il vantaggio principale, oltre al risparmio per chi compra e al maggior guadagno per il produttore, è la possibilità che ha il consumatore di visitare l'azienda.

**c.** ◯ I punti vendita specifici sono un mezzo per diffondere non solo i prodotti biologici, ma anche idee, progetti, servizi, conoscenze, proposte di stili di vita alimentari e non.

**d.** ◯ Sono i consumatori organizzati che comprano direttamente dalle aziende e stabiliscono insieme i prodotti, le quantità da comprare e i tempi di consegna. Tra gli aspetti etici e solidali di queste organizzazioni ci sono la solidarietà per i piccoli produttori locali e la volontà di ridurre l'inquinamento e lo spreco di energia provocati dal trasporto.

**e.** ◯ Vengono organizzati settimanalmente e sono specializzati nella vendita di soli prodotti biologici, direttamente da parte delle aziende produttrici.

Adattato da *http://conoscereilbiologico.regione.marche.it*

**1.b** *Rileggi il testo e trova i vantaggi di tutte le modalità indicate, poi discutine con un compagno.*

**2** *Mangiare biologico significa anche mangiare prodotti di stagione. Sai quale frutta e verdura si produce in questo periodo dell'anno nel tuo paese? E in Italia? Digita "frutta e verdura di stagione" in un motore di ricerca (o vai sul sito www.fruttasnack.eu/it/contesto-stagioni.html) e fai un confronto tra l'Italia e il tuo paese!*

# Una storia da brividi

episodio 5

Unità **6**

# Generazioni a confronto

**contatti**

### Lessico
*Tema* e *traccia*

Le espressioni *a dir poco, se non altro, totalmente, proprio, neppure*

*Questa casa non è un albergo!*

I connettivi testuali *appunto, è per questo che, insomma, c'è da dire che, nonostante tutto*

### Cosa imparo

### Comunicazione
Parlare del rapporto con la propria famiglia

Argomentare a sostegno delle proprie opinioni

Esprimere giudizi

Preparare una relazione sul rapporto genitori-figli

### Grammatica
I suffissi degli aggettivi

L'uso del congiuntivo e dell'indicativo per esprimere opinioni

Il futuro per esprimere ipotesi

**1** **INTRODUZIONE Io e la mia famiglia**

*Rispondi alla domanda. Puoi scegliere più di un'opzione. Poi confronta le tue risposte con quelle di due compagni.*

- **a.** positivo ☐
- **b.** conflittuale ☐
- **c.** collaborativo ☐
- **d.** libero ☐
- **e.** opprimente ☐
- **f.** scarso ☐
- **g.** divertente ☐
- **h.** altro: _____

**2** **LEGGERE Un tema ricorrente**

**2.a** *Leggi la traccia del tema e prova a immaginare perché secondo la ragazza che scrive (Enny) non è facile esprimersi sull'argomento. Scrivi tutti i possibili motivi, poi confrontati con un compagno.*

 **Parole, parole, parole**

***Tema* e *traccia***

Il *tema* è una delle prove utilizzate nella scuola italiana. Si tratta di una composizione scritta che lo studente deve svolgere partendo da un titolo o da un breve testo da commentare, chiamato *traccia*. Generalmente si può scegliere tra almeno tre diversi tipi di tracce: una riguardante argomenti studiati, una argomenti di attualità, una legata alle esperienze personali dello studente.

**Un tema ricorrente... Genitori e figli**
di Enny (Medie Superiori)

❶ *Rapporto genitori-figli*: ecco una delle tracce preferite da tutti i professori del mondo, o almeno da me conosciuti. Può sembrare una traccia semplice, ripetitiva. Si potrebbe anche sperare in un buon voto. Ma non è così.

settantasette • **77**

# Generazioni a confronto

**2.b** *Leggi come continua il tema. Verifica se le ragioni che hai indicato tu al punto **2.a** corrispondono a quelle espresse da Enny.*

**2** Nonostante abbia sviluppato questo tema almeno cinque o sei volte durante la mia carriera scolastica, non c'è stata una volta in cui sia riuscita a fare un tema soddisfacente. Non parlo di valutazione: sto parlando di una cosa personale, non sono mai riuscita a descrivere a pieno quello che provavo o volevo esprimere. In un tema del genere non si può scrivere "Sì, con mia mamma litigo, ma poi ci faccio pace": è una cosa scontata, inutile da dire, noiosa. La cosa difficile di questo tipo di tema è appunto quella di non cadere nel ridicolo.

**3** Un ragazzo è influenzato da così tanti fattori esterni che non riuscirebbe a descrivere la propria situazione personale, appunto perché personale, neanche se volesse. Partiamo dal presupposto che si sta parlando di te... e attenzione: non di quale sia il colore o la pietanza preferita, si sta cercando di parlare veramente di te, di quello che sei, dei rapporti che hai, di metterti completamente a nudo, di farti giudicare dagli altri; giudicare da una persona che nonostante tutto non conosci a fondo, che nonostante tutto non può capire il perché di quello che scrivi, per il semplice fatto che non sa.

**4** Non si può pretendere che qualcuno parli di se stesso in una maniera così intima, ed è per questo che molte persone in un tema del genere scrivono cose ovvie e date per certe, non perché non siano capaci di esprimersi in maniera vera, ma perché non lo vogliono fare.

**5** È anche vero che esistono casi diversi: una nuova generazione estremamente superficiale ed egocentrica che pensa solo a se stessa, che distingue così nettamente cosa è giusto e cosa è sbagliato, odio e amore, che fa quasi paura.
"Mamma, mi compri...", "Sì!" = Amore.
"Mamma, mi compri...", "No!" = Odio.
"Mamma, mi accompagni...", "Sì!" = Amore.
"Mamma, mi accompagni...", "No!" = Odio.

**6** C'è da dire inoltre che il rapporto genitori-figli cambia inevitabilmente in base all'età, ma soprattutto alla maturità che una persona possiede. È impossibile che un bambino di dieci anni riesca a vedere le cose dallo stesso punto di vista di un ragazzo di venti. Cambiano le esigenze, le esperienze, le conoscenze, cambiano le persone. Insomma le persone maturano, in qualche modo crescono.
Enny
P.S.
Ho un bel rapporto con mia mamma, anche se a volte litighiamo.

Adattato da http://scuola.repubblica.it

**2.c** *Rileggi i testi al punto **2.a** e **2.b** e trova nei paragrafi indicati le parole o le espressioni che corrispondono ai significati forniti. Attenzione: le parole / espressioni sono in ordine.*

| Paragrafo | Significato |
|---|---|
| 1. | se non altro = |
| 2. | a dir poco = |
| 2. | totalmente = |
| 2. | proprio = |
| 3. | neppure = |
| 3. | svelare l'aspetto più intimo di qualcuno = |
| 4. | completa = |
| 5. | molto = |
| 6. | prospettiva = |

## 3 ANALISI LESSICALE Argomentare

*Abbina gli estratti del testo del punto 2 alla funzione corrispondente, come nell'esempio.
Attenzione: gli estratti non sono in ordine.*

1. Il rapporto genitori-figli cambia inevitabilmente in base all'età, ma soprattutto alla maturità che una persona possiede.
2. Non c'è stata una volta in cui sia riuscita a fare un tema soddisfacente.
3. Ho un bel rapporto con mia mamma, anche se a volte litighiamo.
4. Molte persone in un tema del genere scrivono cose ovvie...
5. Un ragazzo è influenzato da così tanti fattori esterni che non riuscirebbe a descrivere la propria situazione personale...
6. Può sembrare una traccia semplice, ripetitiva... Ma non è così.
7. La cosa difficile di questo tipo di tema è appunto quella di non cadere nel ridicolo.
8. Si sta cercando di parlare veramente di te (...), di metterti completamente a nudo, di farti giudicare dagli altri.
9. Giudicare da una persona che (...) non può capire...

| Funzione del testo | Estratto numero |
|---|---|
| a. Esprime l'opinione principale della ragazza. | 6 |
| b. Illustra le ragioni a sostegno dell'opinione dell'autrice. | |
| c. Descrive le esperienze dell'autrice a sostegno della sua opinione. | |
| d. Serve da conclusione. | |

## 4 SCRIVERE Io la penso così.

**4.a** *Scegli una delle dichiarazioni della lista in base alla tua opinione personale.*

**4.b** *Esprimi le tue idee sulla dichiarazione scelta e strutturale in base allo schema indicato.*

1. Genitori e figli non si capiranno mai.
2. La mia generazione è più interessante di quella dei miei genitori.
3. I ragazzi non hanno abbastanza diritti.

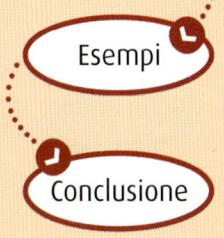

Opinione principale

Ragioni per sostenere l'opinione principale

Esempi

Conclusione

# Generazioni a confronto

**5** **ASCOLTARE** Questione di punti di vista

**5.a** Ascolta la conversazione e seleziona il disegno che corrisponde alla situazione.

**5.b** Riascolta e abbina le descrizioni della prima colonna alla persona corrispondente.

|  | Papà | Mamma | Teo | Anita |
|---|---|---|---|---|
| 1. sta cucinando |  |  |  |  |
| 2. è a pranzo da un'amica |  |  |  |  |
| 3. non ama dormire |  |  |  |  |
| 4. è molto impegnato |  |  |  |  |
| 5. va bene a scuola |  |  |  |  |
| 6. è permissivo |  |  |  |  |
| 7. pensa che il figlio debba organizzarsi per la giornata |  |  |  |  |
| 8. decide di andare a svegliare il figlio |  |  |  |  |

# Unità 6
## contatti

**5.c** Riascolta e prendi appunti, poi confrontati con un compagno. Cosa dovrebbe fare Teo secondo voi?

 Teo dovrebbe alzarsi perché...

 Teo potrebbe continuare a dormire perché...

**6** **PARLARE** *Questa casa non è un albergo!*

**6.a** Dividetevi in due gruppi (A e B), poi leggete le vostre istruzioni. Cercate gli argomenti utili per sostenere la vostra opinione.

**Istruzioni gruppo A**
Secondo voi una mamma deve decidere tutto per il figlio fino a quando questo abita nella stessa casa. I figli non possono fare come se fossero in un albergo!

**Istruzioni gruppo B**
Per voi i figli che non possono vivere in un appartamento autonomo devono comunque essere indipendenti dalla mamma. Si può vivere nella stessa casa e fare la propria vita.

 **Parole, parole, parole**

**Questa casa non è un albergo!** = Non puoi fare come ti pare, ci sono regole da rispettare!

**6.b** Lavorate in coppia con uno studente dell'altro gruppo e usate i vostri argomenti per convincerlo a cambiare opinione.

**7** **ANALISI GRAMMATICALE** *I suffissi degli aggettivi*

Forma gli aggettivi abbinando le parti di destra e quelle di sinistra. Poi verifica nel testo al punto **2**. Attenzione: nella tabella i suffissi sono tutti indicati nella forma base (maschile).

**Suffissi**

1. ripetit-
2. scolast-
3. person-
4. noi-
5. egocentr-
6. totalit-
7. impossib-

a. -ale
b. -oso
c. -ivo
d. -bile
e. -ario
f. -ico

# Generazioni a confronto

## 8 GIOCO Battaglia navale

Dividetevi in coppie (studente A e studente B). A turno uno studente sceglie nel proprio schema la prima parte di una parola (in **rosso**) e la completa con uno dei suffissi del compagno (in **nero**) indicandone le coordinate. Il compagno controlla se l'aggettivo formato è corretto. Se è giusto, la sua nave è affondata.
Vince chi affonda tutte le navi del compagno per primo. La soluzione è a pagina 143.

**Esempio:** (inventato)
- **studente A:** *pericol-* e **a3**. (a3 -oso)
- **studente B:** *Pericoloso.* Giusto! Nave affondata!

### studente A:

|   | a | b | c | d | e | f | g | h |
|---|---|---|---|---|---|---|---|---|
| 1 |   | ama- |   |   |   |   |   |   |
| 2 |   |   | -bile |   | emot- |   |   |   |
| 3 | ferrovi- |   |   |   |   |   |   | speci- |
| 4 |   | -bile |   | nord- |   |   | esot- |   |
| 5 |   |   | -oso |   |   |   |   |   |
| 6 | -ale |   |   |   | -ivo | log- |   |   |
| 7 |   | -ario |   |   |   |   |   | cost- |
| 8 | -ico |   |   | -oso |   | responsa- |   |   |

### studente B:

|   | a | b | c | d | e | f | g | h |
|---|---|---|---|---|---|---|---|---|
| 1 | -ico |   | -bile |   | -ico |   |   | terri- |
| 2 |   | comprens- |   |   |   |   | contr- |   |
| 3 |   |   | -bile |   |   |   |   |   |
| 4 | estet- |   |   |   |   | norm- |   |   |
| 5 |   | -ivo | spirit- |   |   |   |   | proba- |
| 6 |   |   |   |   | -ario |   |   |   |
| 7 |   |   | -ale |   |   |   | nerv- |   |
| 8 | -oso |   |   | -ico |   | fantast- |   |   |

# Unità 6
## contatti

### 9  ANALISI GRAMMATICALE  Esprimere opinioni

**9.a** *Seleziona l'opzione corretta. Poi riascolta il dialogo del punto 5 e verifica.*

1. Io penso che  [a.] sarebbe  [b.] sia  [c.] è  opportuno andarlo a svegliare, eh?
2. Però ha già riposato abbastanza. Secondo me  [a.] debba  [b.] dovrà  [c.] dovrebbe  alzarsi adesso...
3. Eh, del resto sono le stesse cose che fa Anita, ma non mi sembra che lei [a.] passa  [b.] passi  [c.] ha passato  il sabato e la domenica mattina...
4. Ho capito Niccolò, secondo me  [a.] sia  [b.] sei  [c.] sarai  troppo permissivo.
5. Io credo che tu...  [a.] sei  [b.] sarai  [c.] sia  troppo permissivo, Niccolò.
6. ... penso che questo tuo atteggiamento non  [a.] sia  [b.] è  [c.] sarebbe  costruttivo per nostro figlio...
7. Per me non  [a.] ci sia  [b.] c'era  [c.] c'è  niente di male a dormire un po' di più il sabato mattina.
8. Comunque, secondo me tu  [a.] dovresti  [b.] dovrai  [c.] debba  salire e andarlo a svegliare...
9. Se tu credi che  [a.] è  [b.] sarebbe  [c.] sia  più opportuno fare così, andrò a svegliarlo.
10. ... credo che  [a.] è  [b.] sia  [c.] sarebbe  buono per lui, ecco.

**9.b** *Completa la regola con gli esempi del punto 9.a e con i modi verbali della lista.*

( il congiuntivo )   ( l'indicativo )   ( il condizionale )

**a.** ❶ Con le espressioni che indicano opinione come *per me*, *secondo me*, *a mio parere*, ecc. si possono usare _____ e _____ .

**Esempi** (numero delle frasi del punto **9.a**):
_____
_____

**b.** ❷ Dopo una frase principale che contiene un verbo di opinione (*credo*, *penso*, *mi sembra*, *mi pare*, *ritengo*, *trovo*, ecc.), o che esprime una preferenza (*mi piace*, *preferisco*, ecc.) o un desiderio (*voglio*, *desidero*, ecc.) si usa _____ .

**Esempi** (numero delle frasi del punto **9.a**):
_____
_____

**c.** ❸ Si usa _____ quando si vuole esprimere un'opinione o dare un consiglio con maggiore gentilezza.

**Esempi** (numero delle frasi del punto **9.a**):
_____
_____

# Generazioni a confronto

## Ti ricordi?

**Il *ne* partitivo**
Inserisci negli spazi il "ne" partitivo, combinandolo con il pronome tra parentesi. Coniuga anche i verbi tra parentesi al passato prossimo, accordando participio passato e pronome.

**Mia madre continua a dirmi** che non mi comporto in maniera matura come dovrei. Ma cosa vuol dire? La gente mi dà sempre più anni di quelli che ho - ho 16 anni ma molte persone (*mi + ne*) _____ danno 18-19 e la cosa non mi dispiace - anche perché io sono già molto responsabile per la mia età! Di sicuro sono più matura delle mie amiche che non sanno neppure cucinarsi un uovo sodo! Io so badare a me stessa: spesso mi preparo il pranzo da sola quando torno da scuola, la camera me la pulisco da sola e, quando posso, do una mano in casa e lo faccio senza problemi. Anzi, mi piace! Ma a mia madre non basta che io vada bene a scuola e aiuti in casa. Continua a chiedermi: "Ma di tuo fratello, non (*ti + ne*) _____ occupi? Perché non l'aiuti a fare i compiti qualche volta?". Faccio presente che mio fratello ha solo due anni meno di me! Perché lo dovrei aiutare? Quando io avevo la sua età nessuno mi aiutava a fare i compiti! Mia madre e mio padre non (*si + ne*) _____ sono mai occupati! Un altro esempio: quando vado a fare la spesa, mia madre mi prepara una lista delle cose che servono. Quando torno puntualmente mi chiede: "Ma pomodori ne (*tu - comprare*) _____? Frutta ne (*tu - prendere*) _____? Scatolette di tonno (*tu - comprare*) _____?". E se le faccio notare che nella lista queste cose non c'erano, mi risponde: "Sì, ma te l'ho detto a voce, e poi sai che sono cose che servono sempre e (*ti + ne*) _____ dimentichi tutte le volte!!".
Uffa! Che dura convivenza!!!

Emma, 16

## 10 ANALISI LESSICALE Connettivi testuali

**10.a** *Completa il testo del punto 2 con le frasi della lista.*

> **a.** La cosa difficile di questo tipo di tema è **appunto** quella di non cadere nel ridicolo.

> **b. Ma** non è così.

> **c.** ed **è per questo che** molte persone in un tema del genere scrivono cose ovvie e date per certe,

> **d. Insomma** le persone maturano, in qualche modo crescono.

> **e. ma perché** non lo vogliono fare.

> **f. C'è da dire inoltre** che il rapporto genitori-figli cambia inevitabilmente in base all'età, ma soprattutto alla maturità che una persona possiede.

> **g.** giudicare da una persona che **nonostante tutto** non conosci a fondo, che **nonostante tutto** non può capire il perché di quello che scrivi, per il semplice fatto che non sa.

*Rapporto genitori-figli*, ecco una delle tracce preferite da tutti i professori del mondo, o almeno da me conosciuti. Può sembrare una traccia semplice, ripetitiva. Si potrebbe sperare in un buon voto. **1.** ☐

Nonostante abbia sviluppato questo tema almeno cinque o sei volte durante la mia carriera scolastica, non c'è stata una volta in cui sia riuscita a fare un tema soddisfacente. Non parlo di valutazione: sto parlando di una cosa personale, non sono mai riuscita a descrivere a pieno quello che provavo o volevo esprimere. In un tema del genere non si può scrivere "Sì, con mia mamma litigo, ma poi ci faccio pace": è una cosa, scontata, inutile da dire, noiosa. **2.** ☐
Un ragazzo è influenzato da così tanti fattori esterni che non riuscirebbe a descrivere la propria situazione personale, appunto perché personale, neanche se volesse. Partiamo dal presupposto che si sta parlando di te... e attenzione: non di quale sia il colore o la pietanza preferita, si sta cercando di parlare veramente di te, di quello che sei, dei rapporti che hai, di metterti completamente a nudo, di farti giudicare dagli altri; **3.** ☐

Non si può pretendere che qualcuno parli di se stesso in una maniera così intima, **4.** ☐ non perché non siano capaci di esprimersi in maniera vera, **5.** ☐ (...)

**6.** ☐ È impossibile che un bambino di dieci anni riesca a vedere le cose dallo stesso punto di vista di un ragazzo di venti. Cambiano le esigenze, le esperienze, le conoscenze, cambiano le persone. **7.** ☐

# Generazioni a confronto

**10.b** *Completa lo schema: inserisci i connettivi **evidenziati** al punto **10.a** accanto alla funzione corrispondente, come nell'esempio.*

### Connettivi

I. _____ rafforza / conferma un'affermazione precedente

II. *ma* introduce un'affermazione che contrasta / nega quella precedente

III. _____ aggiunge un'altra informazione

IV. _____ significa *in conclusione / in sintesi*

V. _____ introduce una conseguenza dell'affermazione precedente

VI. _____ introduce una causa diversa da quella detta prima

VII. _____ significa *considerati / malgrado tutti gli aspetti positivi*

### Come funziona?

**Il futuro per esprimere ipotesi**

In italiano il futuro non si usa solo per fare una previsione o per parlare di progetti futuri. Si può usare anche al posto del presente per fare un'ipotesi su qualcosa che non si conosce con certezza.

Osserva:

- Rossella: Ecco, eh, lo sapevo. Che ore *saranno*?
- Niccolò: Ma, eh, *saranno* le dieci e mezzo.
(= probabilmente sono le dieci e mezzo)

**86** ottantasei

# Unità 6
## contatti

 **11**  PROGETTO FINALE  **Ricerca sulle relazioni genitori-figli**

Dividetevi in gruppi di tre o quattro studenti. Seguite le istruzioni e fate una ricerca sul tipo di relazione che hanno con i genitori gli studenti di uno o più corsi diversi dal vostro.

### Istruzioni

a. Decidete quale aspetto approfondire del rapporto fra genitori e figli. Potete scegliere fra i temi seguenti oppure usarne un altro: impegno scolastico, libertà di decidere come impiegare il proprio tempo libero, obblighi domestici, vita sentimentale. Verificate che nessun altro gruppo abbia scelto lo stesso tema!

b. Cercate in rete, con l'aiuto dell'insegnante, se ci sono materiali, relazioni o altro su questo aspetto nel vostro paese, poi riassumete in italiano le conclusioni principali (se siete di paesi diversi, mettete a confronto solo gli aspetti più importanti e diffusi che emergono dalle ricerche).

c. Preparate un questionario con 5-6 domande riguardanti il tema scelto da fare a un campione di studenti della vostra scuola.

d. Andate in giro per la scuola e fate le domande, registrando le interviste con uno smart phone o una videocamera.

e. Elaborate una statistica sulle risposte ricevute dagli intervistati.

f. Preparate una presentazione della vostra ricerca da fare in classe (o coinvolgendo tutta la scuola), mostrando il vostro video e i dati ottenuti (per esempio mediante PowerPoint).

## Scheda culturale

### La famiglia in evoluzione

**1** Secondo te quale foto raffigura la tipica famiglia italiana di oggi? Discutine con un compagno.

**2** Leggi gli articoli e completa la tabella con le informazioni contenute nei testi.

# La nuova famiglia italiana

Uno o due nonni. Due genitori e tanti figli. Questa era la famiglia italiana cinquanta anni fa. Oggi la situazione si è rovesciata: quattro nonni, due genitori e un bambino. Ecco la "famiglia verticale". È la famiglia del "figlio unico". Oggi, secondo l'Istat, le coppie con un figlio e basta sono il 46,5% contro il 43,0% delle unioni con due figli, e il 10,5% di quelle dove i fratellini sono tre o anche di più. Secondo i più recenti studi sociologici e demografici, le coppie italiane desiderano 2 o 3 figli, ma spesso si fermano al primo. Certo, c'è una carenza dei servizi per l'infanzia in Italia che non favorisce la maternità. Ma c'è anche un problema culturale che si sta diffondendo in maniera sempre più evidente tra i giovani sposi: la necessità di "dare di più" al proprio figlio. Così, diventa necessario il corso di nuoto e quello di pianoforte. E alla fine del mese i soldi non sono mai sufficienti.

Adattato da www.vitachenasce.org

# La famiglia tradizionale italiana sopravvivrà?

La famiglia di una volta, con papà e mamma che restavano insieme per tutta la vita, figli che crescevano e si sposavano per formare altre famiglie simili, non esiste più. Oggi molti si separano e poi convivono.

Adattato da www.formaeorienta.it

## Single, coppie di fatto, libere unioni: come cambia la famiglia italiana

Lo stereotipo della famiglia come la coppia coniugata con figli, statisticamente, sta perdendo il suo significato. Crescono progressivamente nuove forme di nuclei familiari: coppie senza figli, famiglie monogenitoriali e, sopratutto, single.

Adattato da *http://opendatablog.ilsole24ore.com*

## Famiglia, com'è cambiata in 20 anni

I matrimoni misti tra cittadini italiani e stranieri risultano più che raddoppiati negli ultimi vent'anni e equivalgono all'11,5% di tutte le celebrazioni. In aumento anche le separazioni: ogni dieci matrimoni quasi tre finiscono in separazione, una proporzione raddoppiata in 15 anni.

Adattato da *www.famigliacristiana.it*

| Caratteristiche della famiglia italiana tradizionale | Caratteristiche della famiglia italiana di oggi |
|---|---|
|  |  |

 Vai su internet, raccogli articoli che parlano dei cambiamenti della famiglia nel tuo paese e componi una tabella simile a quella qui sopra. Poi illustrala a un compagno.

# Una storia da brividi

episodio **6**

Unità **7**

# Che cominci lo spettacolo!

arti

### Lessico
Generi teatrali

Espressioni con *dare, fare, chiudere, parlare, girare, prendere*

*il prossimo*

Animali e modi di dire

Segnali discorsivi per cercare una parola

### Grammatica
Il congiuntivo imperfetto e passato: forme e usi

Il congiuntivo imperfetto irregolare di *dare, dire, essere, fare*

Il congiuntivo dipendente da verbi di opinione, verbi che indicano desiderio, volontà, sentimento, *essere* + aggettivo, *il fatto che*

Il gerundio con funzione modale o temporale

## Cosa imparo

### Comunicazione
Leggere un testo teatrale

Parlare di arti performative

Descrivere personalità attraverso metafore

Attuare strategie per suggerire una parola

Esprimersi sui diritti degli animali

Immaginare la trama di un'opera teatrale

Realizzare un radiodramma

**1** INTRODUZIONE **Indovina cos'è!**

**1.a** *Leggi i tre slogan e indica con una "X" qual è il loro tema. Poi confrontati con un compagno.*

1. È il luogo dei pensieri.

2. È la possibilità di evocare la vita, la sua imprevedibilità, i suoi rischi.

3. Salva la vita… È vita… È un'altra possibilità.

**Il tema è:**

 a. la musica

 b. il teatro

c. il circo

 d. la letteratura

**1.b** *Lavora con alcuni compagni. Verificate la risposta del punto **1.a** (qui sotto) e indicate se siete d'accordo con i tre slogan. Avete delle esperienze a riguardo?*

Il teatro. Definizioni tratte da www.corrieredellospettacolo.com.

# Che cominci lo spettacolo!

**2** **LEGGERE** Quando si parla di spettacolo...

**2.a** *Lavorate in gruppo. Leggete le descrizioni dei generi scenici: avete mai visto o sentito parlare di questo tipo di spettacoli?*

**Teatro ludico:** genere in cui è previsto un gioco nell'azione scenica e la partecipazione del pubblico.

**Teatro canzone:** genere teatrale ispirato al musical.

**Radiodramma:** breve pezzo teatrale scritto per la radio.

**Teatrodanza:** mescola danza moderna, danza libera, mimo e cabaret.

**Opera lirica:** genere teatrale e musicale in cui l'azione scenica è abbinata alla musica e al canto.

**2.b** *Rileggi le definizioni del punto 2.a e l'inizio di quest'opera teatrale: a quale genere appartiene secondo te?*

Il ronzio di una mosca dentro una stanza. In primo piano il respiro di un uomo che dorme. Il ronzio si avvicina, la mosca fa dei voletti brevi intorno alla faccia dell'uomo che dorme. Il ronzio cessa. La mosca si è posata sulla faccia dell'uomo che ora sbuffa, si agita nel letto facendo cigolare le molle e, sempre dormendo, si dà uno schiaffo sulla faccia. La mosca vola via, si sente di nuovo il ronzio nella stanza per qualche istante e poi la mosca si posa di nuovo sulla faccia dell'uomo. Un altro schiaffo e una imprecazione confusa.

**2.c** *Dopo l'incipit del punto 2.b il testo continua. Leggi il seguito dell'opera alla pagina successiva e completalo con le parti della lista, come nell'esempio.*

**a**
UOMO (*sottovoce*) Un uomo sta sognando... Una mosca lo sveglia... L'uomo... uccide... la... mo...

*Si sente una gran manata contro la parete e subito dopo di nuovo il ronzio della mosca.*

**b**
Una mosca è niente, meno che niente, una nullità assoluta. Eppure eccola lì che vola come fosse lei la padrona dell'aria... Brutta sporcacciona!

**c**
MARTA Hai detto qualcosa?
UOMO Non dicevo a te.

**d**
UOMO Allora è stato uno di noi due.
MARTA Io no, stavo in cucina.
UOMO Allora sono stato io.

**e**
UOMO Altrimenti scappa.
MARTA Chi scappa?
UOMO La mosca.
MARTA Ah!

# Unità 7
## arti

1  **UOMO** (*borbotta*) Ma por… gliacca mi… ffaf… ffa… ffa…
*L'uomo fa un lungo sbadiglio mentre la mosca continua a ronzare per la stanza. Finalmente l'uomo si sveglia di soprassalto.*
**UOMO** Chi mi ha dato uno schiaffo?
*L'uomo balza a sedere sul letto.*
**UOMO** Martaa! Martaa!
10 *Si sentono dei passi nel corridoio, si apre la porta e si affaccia Marta, la moglie.*
**UOMO** Qualcuno mi ha dato uno schiaffo!
**MARTA** Uno schiaffo? Non c'è nessuno in
15 casa, ci siamo solo noi due.

**1.** ☐
**MARTA** Ecco, dev'essere proprio così.
**UOMO** Fff… Vattene, va'.
20 *La porta si richiude, la moglie si allontana per il corridoio mentre nella stanza si sente sempre il ronzio della mosca che si avvicina in primo piano, poi si allontana, poi si avvicina di nuovo.*
25 *L'uomo si alza e, ancora sbadigliando, va alla porta e la chiude a chiave. Poi si mette a parlare alla mosca.*
**UOMO** Così sei riuscita a svegliarmi. Adesso sarai contenta!
30 *La mosca fa due o tre voletti intorno alla testa dell'uomo. Da lontano, dalla cucina, si sente la voce della moglie.*

**2.** c
35 *Mentre si continua a sentire il ronzio nella stanza, l'uomo si infila le scarpe, si accende una sigaretta, sbadiglia e parla, continua a parlare alla mosca.*
**UOMO** Non si può nemmeno sognare in pace
40 in questa casa! Stavo sognando e, se non sbaglio, doveva essere un sogno mica male… La spiaggia, il sole, i piedi dentro l'acqua fresca, una medusa sulla sabbia… e una ragazza che viene fuori dall'acqua
45 senza costume, senza niente addosso… nuda! Un sogno così è piuttosto raro, se fossi riuscito ad arrivarci in fondo avrei potuto raccontarlo in ufficio, certi sogni sono come dei romanzi… Poi ecco che arriva
50 una mosca e ti guasta tutto!
*La mosca si è posata da qualche parte perché è cessato improvvisamente il ronzio. L'uomo si alza, cammina lentamente, in punta di piedi, parlando sottovoce.*

**3.** ☐
55 **UOMO** Brava! Sei stata proprio brava!… Bella forza, hai le ali! Se avessi le ali sarei bravo anch'io…
**MOSCA** (*irritata*) Zzz zzzzz! Zz zzz, zz
60 zzzzz zzz.
**UOMO** (*fra sé*) Perché una bestia ignobile come una mosca deve avere le ali per volare e l'uomo no, questo è uno di quei controsensi della natura che io non riesco
65 a capire… Che cos'è una mosca? Fa ridere a pensarci.

**4.** ☐
*Si sentono nel corridoio i passi svelti della moglie che si avvicina e poi si
70 sente girare la maniglia della porta, ma la porta è chiusa a chiave.*
**MARTA** A chi brutta sporcacciona?
**UOMO** Alla mosca.
**MARTA** Che mosca?
75 **UOMO** Dicevo alla mosca qui…
**MARTA** Ah!
*La moglie si allontana di qualche passo, poi torna indietro e di nuovo gira la maniglia della porta che non si apre.*
80 **MARTA** Hai chiuso a chiave la porta.

**5.** ☐
*La moglie si allontana di nuovo mentre l'uomo si mette a rincorrere la mosca intorno alla stanza.*
85 **UOMO** Non ti vuoi fermare, no? Non ti basta di avermi svegliato? Mi vuoi anche prendere in giro!
**MOSCA** Zz!
89

**Soluzione:** 1. ☐  2. c  3. ☐  4. ☐  5. ☐

Ridotto da Luigi Malerba, *La moglie e la mosca*

# Che cominci lo spettacolo!

**2.d** *Rileggi il testo precedente e indica quale delle tre recensioni ti sembra più adatta.*

**a** *La mosca* è un'opera esilarante. L'obiettivo dell'autore è far ridere lo spettatore in modo spensierato. Sia l'insetto che la moglie dicono delle cose ridicole e assurde, mentre l'uomo rappresenta un povero stupido che crede che un insetto possa comunicare con le persone. Questo radiodramma vi farà dimenticare i problemi quotidiani e vi regalerà un po' di completo relax.

**b** Il radiodramma *La mosca* è fatto per gli ascoltatori che si sono stancati di parlare di diritti degli animali e hanno deciso di proclamare la superiorità dell'uomo. Meno evidente, ma ugualmente presente, c'è anche una critica al ruolo della donna moderna, che dovrebbe tornare a interessarsi della casa e della famiglia.

**c** Comico e tragico allo stesso tempo, *La mosca* è un'opera grottesca in cui tutta l'atmosfera è creata dal linguaggio. La comicità delle scene in cui appare la moglie è in realtà il riflesso di una verità più tragica: impossibilità di comunicazione tra gli uomini, sostituita da una comunicazione senza risposta tra l'uomo e la mosca.

## 3 ANALISI LESSICALE  *Dare, fare, girare...*

**3.a** *Abbina i verbi della colonna di sinistra con le parole della colonna di destra, come nell'esempio. Poi rileggi il testo al punto 2.b e 2.c e verifica.*

1. dare
2. fare
3. svegliarsi
4. balzare
5. chiudere
6. infilarsi
7. camminare
8. parlare
9. girare
10. prendere

a. di soprassalto
b. uno sbadiglio
c. le scarpe
d. in punta di piedi
e. uno schiaffo
f. la maniglia
g. a chiave
h. a sedere
i. in giro
l. sottovoce

**3.b** *Lavora con alcuni compagni. I verbi del punto 3.a si usano anche con altre espressioni. Abbinateli all'insieme corrispondente. Verificate le vostre ipotesi consultando il dizionario cartaceo o on line, o con l'aiuto dell'insegnante.*

**1**
sul serio
qualcuno per un altro
per il naso

**2**
un film
il mondo
la chiave

**3**
a testa alta
a quattro zampe
di buon passo

**4**
una mano
un consiglio
un esame

**5**
a chiave
a doppia mandata
con qualcuno

**6**
amicizia
un'espressione
un affare

**7**
i guanti
in un pasticcio
l'anello

**8**
a quattr'occhi
ad alta voce
in fretta

**9**
addosso
già dal letto
agli occhi

**10**
di soprassalto
con la luna di traverso
di buon umore

94 • novantaquattro

# Unità 7 — arti

## Ti ricordi?

**Indicativo, congiuntivo e condizionale**
*Coniuga i verbi tra parentesi al congiuntivo, all'indicativo o al condizionale presente. In alcuni casi è possibile utilizzare sia l'indicativo che il condizionale.*

## Pubblicità contro la crudeltà

Io credo che questa pubblicità *(essere)* _____ molto bella perché vuole scoraggiare le persone che *(abbandonare)* _____ il proprio cane specialmente prima di partire per le vacanze. Adesso la maggior parte degli alberghi, dei campeggi e dei villaggi *(accettare)* _____ gli animali e quindi, in teoria, non *(esserci)* _____ nessun motivo di sbarazzarsene. Io penso che le persone che compiono simili azioni *(essere)* _____ insensibili e secondo me *(potere)* _____ far del male anche al loro prossimo. L'anno scorso d'estate mentre viaggiavo, la mia mamma ha visto sull'autostrada un uomo che faceva scendere dalla macchina il suo cagnolino e ha messo poi in moto, lasciando il cane lì…

Anche alla televisione *(sentire)* _____ sempre episodi simili e sto male se penso che questi poveri cani *(trovarsi)* _____ all'improvviso soli, senza acqua e senza cibo. È una vera crudeltà!!!!

Secondo me le punizioni contro chi abbandona un cane *(dovere)* _____ essere pesanti: non solo queste persone *(dovere)* _____ pagare una multa salata, ma *(potere)* _____ andare anche in carcere; forse esagero, ma spero che, in questo modo, queste crudeltà finiscano.

Adattato da *www.montessorionline.it*

## Parole, parole, parole

**il prossimo** = gli altri, la gente che ci circonda

Osserva:
**Possono far del male anche *al prossimo*.** = Possono far del male anche *agli altri*.

# Che cominci lo spettacolo!

### 4  ESERCIZIO Animali e modi di dire

Abbina le immagini degli animali ai modi di dire e al significato corrispondente, come nell'esempio.

| | Modo di dire | Si dice di una persona... |
|---|---|---|
| a (falena) | 1. essere una talpa | poco socievole |
| b (orso) | 2. essere un asino | ignorante |
| c (talpa) | 3. essere una mosca bianca | che vede malissimo |
| d (asino) | 4. fare l'orso | molto rara |
| e (serpe) | 5. essere una volpe | traditrice |
| f (pappagallo) | 6. essere una formica | che ripete tutto ossessivamente |
| g (volpe) | 7. essere una serpe | molto furba |
| h (cicala) | 8. fare la cicala | pigra |
| i (formica) | 9. fare il pappagallo | che lavora molto |

(esempio: 3 — molto rara)

### 5  GIOCO Sei proprio una volpe!

Dividetevi in gruppi di 4 (2 coppie) e osservate le caratteristiche corrispondenti agli animali del punto **4**. Una coppia a turno sceglie un animale. L'altra coppia ha 3 minuti di tempo per realizzare una conversazione che deve finire con l'esclamazione "Sei veramente... (+ nome dell'animale)!". ___ conversazione è accettata, la coppia ottiene un punto e si camb___ ___no. Vince chi conquista più punti.

96 • novantasei

## Unità 7 arti

### 6 ASCOLTARE Un artista speciale

**6.a** Ascolta e rispondi alla domanda.
cd 11

**Che suoni senti?**
a. Il rumore di oggetti che sbattono.
b. Il suono di uno strumento orientale.
c. Il rumore delle mani che battono sul corpo.
d. Effetti speciali fatti al computer.
e. Suoni prodotti con la bocca.

**6.b** Ascolta il dialogo completo e verifica la risposta del punto **6.a**. Sei ancora della stessa opinione?
cd 12

**6.c** Riascolta e completa il testo selezionando le informazioni corrette della lista, come nell'esempio.
cd 12

a. uno sport / un'attività musicale
b. di puro divertimento / educativa
c. suonare anche con il corpo / suonare solo con il corpo
d. non è per tutti / è per tutti
e. molti si sorprendono / a molti non piace
f. si vergognano / si divertono
g. soprattutto l'aspetto sonoro e ritmico / anche l'aspetto visivo

Salvo Russo si occupa di *body percussion*, **a.** _un'attività musicale_ che esercita con adulti e bambini, dai cinque anni in su. Per il musicista la *body percussion* è un'attività **b.** _____, un modo per **c.** _____ e per riscoprirlo come un vero e proprio strumento musicale. La *body percussion* **d.** _____: bisogna solo diventare più consapevoli delle proprie capacità. Tutti abbiamo le caratteristiche necessarie per fare *body percussion*, anche se **e.** _____ perché non sono abituati a questo tipo di musicalità. Salvo lavora anche con gli adolescenti che, in genere, **f.** _____ molto e cominciano a scoprire anche la collaborazione con i compagni. La *body percussion* è un vero e proprio teatro del ritmo, in cui conta **g.** _____.

### 7 ASCOLTO ANALITICO Congiuntivi

**7.a** Completa le frasi con i verbi della lista, poi riascolta il dialogo del punto **6.b** e verifica.
cd 12

rimangano | avesse | sia | esistesse | dica | abbia assistito | studi | sia

1. **Carlo:** Salvo, mi sembra che _____ questo quello che fai, no?
2. **Carlo:** Senti, quando ti ho visto fare queste cose la prima volta sono rimasto a bocca aperta, proprio, non pensavo _____ una cosa così...
3. **Carlo:** Cioè è normale che uno non _____ mai _____ ad una performance del genere.
4. **Salvo:** E il fatto che loro _____ sorprese... mi sorprende di conseguenza!
5. **Carlo:** Senti, pensi quindi che _____ educativo...
6. **Carlo:** Ah, non credevo che anche l'aspetto visivo _____ un ruolo!
7. **Carlo:** Voglio che tu mi _____ sinceramente...
8. **Carlo:** ... mi pare di capire che si _____ il corpo, in un certo senso, no?

# Che cominci lo spettacolo!

**7.b** Completa la tabella con i verbi del punto **7.a**.

| Congiuntivo presente | Congiuntivo passato | Congiuntivo imperfetto |
|---|---|---|
| | | |

**7.c** Osserva la tabella al punto **7.b** e completa le regole sulla formazione del congiuntivo passato e imperfetto.

### Congiuntivo passato

Si forma con l'ausiliare *essere* o _____ al congiuntivo presente + il _____ passato.

Generalmente si usa quando la frase principale è al _____ .

### Congiuntivo imperfetto

Si forma eliminando *-re* dall'infinito del verbo e aggiungendo le desinenze:

- -ssi      -ssimo
- -ssi      -ste
- -___      -ssero

Generalmente il congiuntivo imperfetto si usa quando la frase principale è all'_____

**7.d** Completa la tabella con le frasi del punto **7.a**, come nell'esempio

| Si usa il congiuntivo perché: | Esempio |
|---|---|
| | … mi sembra che sia questo quello che fai, no? |
| **1.** la frase principale contiene un verbo di opinione | |
| **2.** la frase principale contiene un verbo che indica desiderio, volontà, sentimento | |
| **3.** la frase principale è formata dal verbo *essere* alla terza persona singolare + aggettivo | |
| **4.** il verbo si trova dopo *il fatto che* | |

## Unità 7 arti

### Come funziona?

**Le forme del congiuntivo passato e del congiuntivo imperfetto**

Il congiuntivo passato si comporta come il passato prossimo.

Quando ha l'ausiliare *essere* il participio passato concorda con il soggetto:
Mi pare che Lisa *sia uscita*.
Credo che i tuoi amici *siano arrivati*.

Quando ha l'ausiliare *avere* il participio passato concorda con l'oggetto diretto se quest'ultimo precede il verbo:
Veronica? Non penso che tu *l'abbia conosciuta*.
I calzini credo che la mamma *li abbia messi* nel cassetto.

Il congiuntivo imperfetto ha le stesse desinenze per tutte le coniugazioni.

Alcuni irregolari molto comuni sono:
**dare** → dessi, dessi, desse, dessimo deste, dessero
**dire** → dicessi, dicessi, dicesse, dicessimo, diceste, dicessero
**essere** → fossi, fossi, fosse, fossimo, foste, fossero
**fare** → facessi, facessi, facesse, facessimo, faceste, facessero

### 8 ANALISI GRAMMATICALE Il gerundio

*Il gerundio si può utilizzare anche come tempo autonomo (non preceduto da "stare"). Nel testo al punto **2.b** e **2.c** questa forma verbale ha valore modale (indica **come** si fa una cosa) o temporale (indica un'azione **contemporanea** a un'altra). Osserva la frase sotto e trova nel testo altri due esempi di gerundio. Poi indicane la funzione nella tabella, come negli esempi. Alla fine confrontati con il resto della classe.*

... l'uomo (...) sbuffa, si agita nel letto **facendo** cigolare le molle e, sempre **dormendo**, si dà uno schiaffo sulla faccia.

| Verbo | Funzione modale (indica come si fa qualcosa) | Funzione temporale (indica un'azione contemporanea a un'altra) |
|---|---|---|
| facendo | X | ☐ |
| dormendo | ☐ | X |
| _____ | ☐ | ☐ |
| _____ | ☐ | ☐ |

### 9 ANALISI DELLA CONVERSAZIONE Trovare una parola

**9.a** *Inseriscile espressioni della lista nella trascrizione tratta dal dialogo del punto **6.b**. Poi ascolta e verifica.*

cd 13

ecco · ecco · sì · esatto · in pratica · sì

1. ○ **Salvo:** Esatto. Eh... In realtà cerco di, di... collegare attraverso la *body percussion*, cerco di, _____, arricchire le attività musicali, eh... che sono molto, molto, eh... divertenti, molto...

2. ○ **Carlo:** Coinvolgenti.

3. ○ **Salvo:** Coinvolgenti, _____. E quindi... _____, è un modo, _____, per... per arricchire _____, _____.

# Che cominci lo spettacolo!

**9.b** Osserva la frase 3 del punto **9.**: Salvo sta cercando un verbo per definire l'obiettivo della propria attività. Di quale verbo si tratta?

**9.c** In che modo Salvo indica che sta cercando una parola in particolare?

- **a.** Ripete diversi sinonimi della parola che cerca. ☐
- **b.** Accompagna la parola con delle espressioni di conferma (*infatti, esatto, giusto*, ecc.). ☐
- **c.** Chiede aiuto a Carlo. ☐

**9.d** Carlo aiuta Salvo a trovare una parola precisa. Quale parola e in che modo?

La parola è _____

- **a.** Interrompe Salvo dicendo immediatamente la parola che manca. ☐
- **b.** Aspetta che Salvo faccia una breve pausa e indichi la propria difficoltà. ☐
- **c.** Aspetta che Salvo sia in completo silenzio. ☐
- **d.** Non dice niente fino a quando Salvo non chiede aiuto. ☐

**9.e** Lavora con alcuni compagni. Confrontatevi sulle risposte date ai punti precedenti. Anche nella vostra cultura funziona così?

## 10 SCRIVERE I diritti degli animali

Scegli una delle due affermazioni e scrivi un testo a favore dell'opinione espressa.

**a** Gli animali non sono membri della comunità morale, non hanno né diritti e doveri, né responsabilità.

**b** Si deve attribuire personalità morale a tutti gli animali non umani autocoscienti in quanto sono "soggetti di vita" esattamente come gli esseri umani.

## 11 PARLARE Chiedi all'esperto!

Gioca con un compagno. Dividetevi i ruoli (studente A e B) e leggete le vostre istruzioni.

### Istruzioni studente A

- **a.** Vai a pagina 144 e leggi la parte finale del radiodramma del punto **2**.
- **b.** Sei un conduttore di un programma radiofonico sul teatro. Hai letto la fine di un'opera di Luigi Malerba ("La moglie e la mosca"), di cui è andata persa la parte centrale. Hai trovato un super esperto che dice di sapere tutto sulle opere di Malerba e sul loro significato. Lo inviti e cerchi di capire in dettaglio perché "La moglie e la mosca" finisce così.

### Istruzioni studente B

Sei un grande esperto delle opere teatrali di Luigi Malerba. L'unica che non conosci è "La moglie e la mosca". Ti hanno finalmente invitato a un programma radiofonico sul teatro per parlare proprio di quest'opera ed è la tua unica occasione per diventare famoso. Decidi di andare lo stesso e di far finta di conoscere tutte le risposte!

## 12 PROGETTO FINALE — Radiodramma per i tempi moderni

*Dividetevi in gruppi di tre e seguite le istruzioni.*

### Istruzioni

a. Andate sul sito *www.radiodrammi.it* e cliccate su "Radiodrammi in tre minuti e mezzo".
b. Ascoltate uno o più radiodrammi per farvi un'idea di come sono realizzati.
c. Fate una riduzione del radiodramma "La moglie e la mosca" di tre minuti e mezzo.
d. Distribuite i ruoli: attori (voci), tecnici del suono, regista, e realizzate il vostro radiodramma.
e. Registrate e poi fate ascoltare il vostro radiodramma alla classe!

## Scheda culturale

## I migliori amici degli italiani

**1** Secondo te quali sono le caratteristiche principali che gli italiani attribuiscono agli animali da compagnia? La soluzione è in fondo alla pagina.

- Danno molto senza chiedere nulla in cambio. ☐
- Aiutano a stare meglio. ☐
- Tengono davvero compagnia. ☐
- Sono di grande aiuto nei momenti difficili. ☐
- Sono veri e propri componenti della famiglia. ☐

**2** Leggi l'articolo. Cosa pensi dei risultati della ricerca?

# Lo stile di vita "animale"

Quanto contano gli animali nella vita degli italiani? Una ricerca effettuata da Gfk Eurisko rileva una plebiscitaria condivisione del valore degli animali da compagnia, da parte non solo di chi ne possiede, ma anche della totalità dell'opinione pubblica italiana. Cani e gatti sono ritenuti presenze importanti, una fonte di "benessere" che influisce positivamente sulla qualità della vita dei proprietari e delle loro famiglie. In questo senso, i *pet* e le spese a loro collegate vengono vissute come un'area di spesa-investimento, verso la quale si è poco disposti a rinunce, nonostante i climi freddi di consumo. Si risparmia su tutto ma ai consumi legati al "benessere", animali da compagnia inclusi, gli italiani non rinunciano. Il 55% degli italiani e il 75% dei proprietari è convinto che i cani e gatti "contribuiscono a tenere unita la famiglia". Gli animali da compagnia sono vissuti come un supporto affettivo e una fonte di serenità e consolazione nei momenti difficili. Si fa strada un vero e proprio stile di vita specifico correlato alla presenza in famiglia dell'animale da compagnia, uno stile di vita piacevole, divertente, che aiuta a stare bene, e che aiuta anche la famiglia a crescere meglio i figli, e l'individuo a stare in forma.

Adattato da http://qn.quotidiano.net

**3** Vai sul sito www.lacoscienzadeglianimali.it e leggi il manifesto del movimento. Cosa ne pensi? Discutine con alcuni compagni.

---

(I cani e i gatti) aiutano a stare meglio: 84%; Danno molto, senza chiedere nulla in cambio: 81%; Tengono davvero compagnia: 80%; Sono veri e propri componenti della famiglia: 70%; Sono di grande aiuto nei momenti difficili: 65%; fonte: www.caniegattitvchannel.tv

# Una storia da brividi

episodio 7

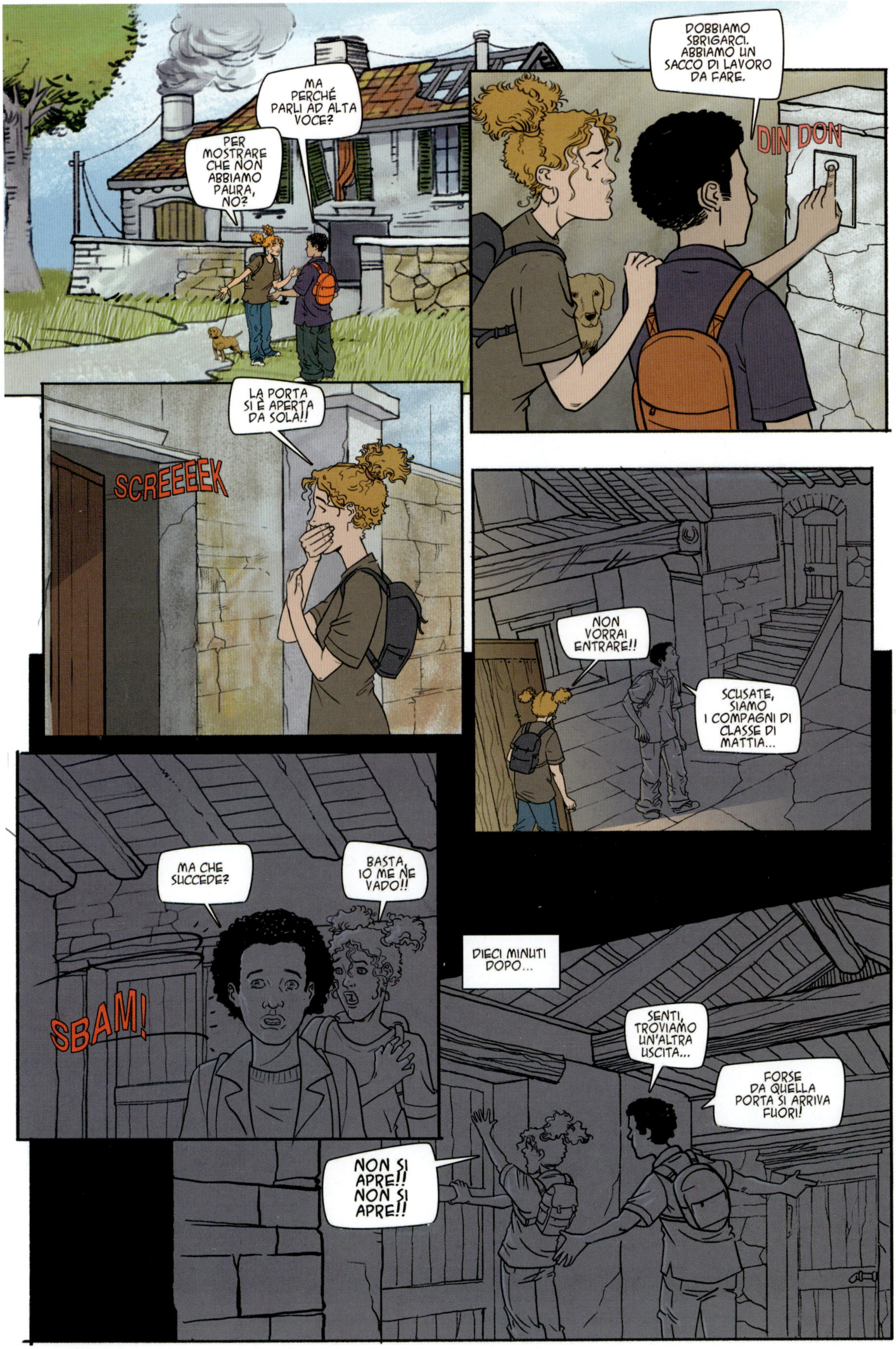

## Unità 8
# Cerco lavoro!

**Cosa imparo**

### Lessico
Lavori adatti a studenti
L'Informagiovani
Le voci del curriculum vitae
Le diverse tipologie di contratti
*Se fossi in te...*

### Grammatica
Il periodo ipotetico di secondo tipo
La forma passiva con *venire*
Il *si* passivante

### Comunicazione
Parlare di lavoro, dei propri progetti professionali e delle proprie esperienze lavorative
Compilare il proprio CV
Esprimere ipotesi realizzabili
Dare consigli
Prepararsi per e sostenere un colloquio di lavoro
Selezionare annunci di lavoro
Realizzare una videoguida su come redigere un CV e una lettera di presentazione

### 1 INTRODUZIONE Lavoro a misura di studenti

*Ecco alcuni lavori proposti sul sito www.studenti.it. Abbinali al testo corrispondente nella pagina accanto, come nell'esempio. Secondo te qual è il lavoro migliore per uno studente? Quali preferisci tu? Hai avuto esperienze di lavori di questo tipo, o di altro genere? Parlane con due compagni.*

hostess e promoter

volantinaggio

portapizze a domicilio

dogsitter

babysitter

arbitro

# Unità 8
## contatti

**a.** Se ti piacciono i bambini, puoi proporti come _baby sitter_ o come animatore / animatrice di feste di compleanno.

**b.** Se guidi il motorino e conosci bene la tua città, puoi proporti come _____ .

**c.** Con il lavoro di _____ dovrai distribuire volantini tra i passanti, o lasciarli nelle cassette della posta, o sulle auto parcheggiate.

**d.** Ti piace comunicare con gli altri? Potresti cercare un lavoro come _____ nei centri commerciali o durante le fiere.

**e.** Ti piacciono i cani? Diventa _____ ! Molte persone hanno uno o più cani a casa, ma spesso poco tempo per dedicarsi a loro.

**f.** Ami le regole e lo sport? Diventa _____ ! I corsi di formazione sono gratuiti.

### 2 ASCOLTARE Il mio primo lavoro

**2.a** *Leggi alcune delle domande che un'impiegata dell'Informagiovani fa a un ragazzo e immagina quali lavori gli propone. Poi ascolta e verifica.*

- Hai dei cani, gatti?
- Tu hai degli orari in particolare, perché questo è un lavoro che viene richiesto a volte la sera, anche tardi...
- Tu hai un motorino...?
- Ci sono materie che alle medie potresti seguire?
- Con le lingue come... come te la cavi?
- Tu hai avuto esperienze di... giochi di gruppo, ehm... Cose, campi estivi...?

**2.b** *Riascolta il dialogo del punto precedente e inserisci tutte le informazioni utili per il curriculum vitae del ragazzo.*

| Curriculum Vitae | |
|---|---|
| Istruzione e formazione | _iscritto alla 3ª classe del liceo linguistico_ |
| Materie con migliori risultati | |
| Lingue conosciute | |
| Competenze informatiche | |
| Altre esperienze | |
| Mezzo per spostarsi | |

### Parole, parole, parole

**Informagiovani**

I centri Informagiovani sono distribuiti su tutto il territorio nazionale e offrono informazioni e servizi su vari argomenti di interesse per i giovani (studio, lavoro, eventi culturali e attività legate al tempo libero). In particolare permettono di: consultare dossier tematici, guide, libri, riviste, giornali; leggere e inserire annunci in bacheche e on line; prendere depliant, opuscoli e programmi distribuiti all'ingresso dei centri.

centocinque • 105

# Cerco lavoro!

### 3 ANALISI LESSICALE Contratti di lavoro e di formazione

Forma delle espressioni con gli elementi della prima e della seconda colonna. Poi associale alla definizione corrispondente, come nell'esempio. Attenzione: una parola della prima colonna non si abbina a niente.

| | | |
|---|---|---|
| *contratto* | indeterminato | **a.** contratto come lavoratore autonomo, in cui il lavoratore si impegna a realizzare un progetto per un committente |
| tirocinio | time | **b.** contratto di lavoro subordinato per un periodo di tempo limitato |
| part | | **c.** contratto di lavoro subordinato che prevede un orario settimanale ridotto |
| contratto | *di assunzione* | **d.** *contratto di lavoro subordinato* |
| contratto a tempo | determinato | **e.** periodo di formazione in un'azienda (stage) per conoscere il mondo del lavoro e imparare un mestiere o una professione |
| contratto a tempo | a progetto | **f.** contratto di lavoro subordinato che prevede un orario settimanale pieno |
| full | time | **g.** contratto di lavoro subordinato per un periodo di tempo illimitato |

### 4 ANALISI GRAMMATICALE Il periodo ipotetico di secondo tipo

**4.a** *Sottolinea* l'opzione corretta nella frase dell'impiegata. Poi ascolta e verifica.

cd 15

> Ok, quindi, eventualmente se **a.** ci sono **b.** ci fossero **c.** ci sarebbero **d.** c'erano richieste di dog sitter, cat sitter, ti **1.** vanno **2.** andavano **3.** andassero **4.** andrebbero bene?

**4.b** Rileggi la frase del punto **4.a** e indica con una "X" la funzione giusta.

> La frase esprime:
>
> **1.** un'ipotesi presentata come possibile: indica la possibilità che una cosa si realizzi (l'ipotesi potrebbe o non potrebbe realizzarsi) ☐
>
> **2.** un'ipotesi impossibile: la cosa presentata non può più realizzarsi ☐

**4.c** Rileggi il punto **4.a** e **4.b** e completa la regola sul periodo ipotetico.

> **Il periodo ipotetico**
>
> Il periodo ipotetico si usa per esprimere ipotesi.
> Generalmente si forma così: se + frase che esprime la condizione + frase che esprime la conseguenza.
>
> Il periodo ipotetico di secondo tipo (che esprime la possibilità) si forma con:
> se + _____ + condizionale semplice

106 • centosei

# Unità 8
# contatti

## 5. GIOCO Che imbarazzo!

*La classe si divide in due squadre (A e B). Ogni squadra legge le proprie istruzioni. Le istruzioni per la squadra B sono a pagina 144.*

### Istruzioni squadra A

La squadra B sceglie una situazione dalla propria lista. Avete 4 minuti per formulare almeno tre consigli con la costruzione: *se fossi in te* (= al tuo posto) + condizionale presente. Se la squadra B accetta le frasi, si ottiene un numero di punti pari alle frasi corrette. Poi il turno passa alla squadra avversaria. Vince la squadra che ottiene più punti.

### Situazioni imbarazzanti

1. Mi hanno comprato un biglietto per un concerto hip hop, ma odio il genere!
2. Il professore mi vuole interrogare, ma non ho studiato!
3. Un amico mi ha prestato la bicicletta e l'ho rotta.
4. Mio padre mi ha dato i soldi per comprare un libro, invece ho comprato un paio di sneakers.
5. Un'amica mi ha chiesto di tenerle il cane per un pomeriggio, ma io ho paura dei cani!
6. Alla / Al ragazza/o che mi piace ho detto che so pattinare, così mi ha invitato ad andare con lei / lui, ma ho mentito!

### Esempio

**Situazione:**
Un amico mi ha invitato a cena a casa sua e ha cucinato lui. Ma cucina malissimo!

**Consigli:**
Se fossi in te gli **direi** che sono stato male e non posso mangiare niente.
Se fossi in te **suggerirei** di andare a prendere delle pizze!

## Ti ricordi?

**Congiuntivi**
*Coniuga i verbi tra parentesi al congiuntivo presente, passato o imperfetto.*

**Che aspettative hanno i ragazzi che si sono iscritti alla nostra scuola? Ecco alcune testimonianze.**

**a)** **Maria Teresa (16 anni)** - Io credo che la scuola (*essere*) _____ molto importante, perché al giorno d'oggi se non si studia non si ha niente in mano. È molto difficile che si (*potere*) _____ trovare un lavoro stabile senza un diploma. Al massimo i lavori che si possono trovare sono i lavori manuali. So bene che a scuola non si studiano solamente materie che servono per il lavoro che vorresti fare, ma un po' di tutto. Alcune materie sono molto interessanti, e altre noiose, ma credo che, nonostante tutto, anche queste ultime (*potere*) _____ servire ad ampliare la cultura generale di una persona. Questo è importante anche per la socializzazione, perché penso che un individuo ignorante (*avere*) _____ sempre molte difficoltà nei rapporti con le altre persone. Riguardo a me, fino a due anni fa, pensavo che il lavoro che volevo (*essere*) _____ fare la maestra alle elementari, poi ho capito che mi piaceva lavorare con i bambini di età inferiore ai tre anni, per questo ho scelto questa scuola. Quest'anno faremo il tirocinio negli asili nido, così avrò l'occasione per capire se la scelta che ho fatto è veramente ciò che desideravo.

**b)** **Angela (18 anni)** - Il mio sogno, fin da bambina, era quello di diventare maestra. Così quando è arrivato il momento di decidere, ho scelto il liceo pedagogico. Forse non mi sono impegnata abbastanza, forse non ero portata per quella scuola, fatto sta che mi è andata male, sono stata bocciata due volte. Ma credo che la responsabilità (*essere*) _____ solo mia. Nella vita mi piacerebbe comunque lavorare con i bambini, così ho voluto iscrivermi a una scuola il più vicina possibile al liceo pedagogico. Per questo una scuola di indirizzo sociale mi sembrava che (*essere*) _____ l'ideale. Infatti l'anno scorso sono andata benissimo e sono stata finalmente promossa.

Adattato da www.emoscuola.org

# Cerco lavoro!

**6 LEGGERE** Affrontare un colloquio di lavoro

**6.a** *Ordina i paragrafi del testo, come negli esempi.*

## CERCO LAVORO
TI AIUTA A TROVARE IL TUO LAVORO ON LINE    HOME PAGE    COLLOCAMENTO    AGENZIE INTERINALI    CURRICULUM VITAE    BLOG    PUBBLICITÀ

# Come comportarsi al colloquio di lavoro

☐ Accomodati solo dopo che le altre persone si sono sedute, o comunque aspetta che siano loro a invitarti a sedere.

☐ Saluta e tendi la mano per primo quando arriva l'esaminatore. Dai una bella stretta di mano, vitale (ma non troppo energica!).

☐ Porta una copia del tuo curriculum (anche se molto probabilmente ci sarà già una copia stampata in ufficio) e assicurati di avere con te tutti i documenti necessari.

[3] Evita di farti accompagnare al colloquio da amici o parenti: è decisamente poco professionale.

☐ Arriva all'appuntamento con almeno 5 minuti di anticipo, mettiti comodo e aspetta.

[1] Vestiti in modo appropriato. Non significa per forza che devi metterti in giacca e cravatta (o in tailleur per le donne). Non apparire trasandato, ma nemmeno troppo elegante.

☐ Subito prima del colloquio spegni il telefonino. Se hai bisogno di tenerlo acceso per forza (per motivi particolari), avvisa subito le altre persone e spiega loro il perché.

☐ Non giocherellare con capelli, vestiti e oggetti vari, e non agitarti troppo sulla sedia. Guarda negli occhi il tuo interlocutore (ma senza fissarlo). Se ci sono più persone, guarda quella che sta parlando in quel momento, e quando stai parlando tu, guardali un po' per uno.

[9] Stai seduto in maniera composta, senza accavallare le gambe, le mani fuori dalle tasche, le braccia non incrociate. Meglio se ti inclini un po' verso l'esaminatore.

☐ In sala di attesa: spesso l'esame di selezione comincia da qui, pensaci! Attenzione a come sei seduto e a quante volte guardi l'orologio. Rilassati ma non metterti troppo comodo, leggi qualcosa di non troppo "leggero", meglio ancora se trovi qualche rivista o pubblicazione legata al settore in cui lavora l'azienda.

[11] Fai cenni di assenso o di diniego, mostra con le espressioni del viso che stai seguendo con attenzione il discorso.

☐ Prima di andare via, ringrazia il tuo interlocutore per averti dedicato il suo tempo.

Adattato da *www.cerco-lavoro.info*

# Unità 8
## contatti

**6.b** *Lavora con un compagno. Osservate i due candidati e trovate gli errori che fanno.*

**6.c** *Abbina le domande ai consigli per i candidati.*

Riportiamo alcune domande che potrebbero farti a un colloquio di lavoro.
1. Mi parli di lei. Si può descrivere?
2. Quali sono i suoi punti di forza e di debolezza? Quali sono i suoi migliori pregi e i suoi maggiori difetti?
3. Dove si vede tra 5-10 anni?
4. Quali sono stati i suoi migliori successi? Quali sono stati i suoi maggiori fallimenti?
5. In quali occasioni litiga con le persone e perché?

☐ **a.** Prepara un elenco di cinque punti "forti" e cinque punti "deboli" in ambito professionale.
Indica i "difetti" del tuo carattere cercando di evidenziarli come qualità, per esempio: "Sono testardo e questo mi permette di essere determinato e di raggiungere i miei obiettivi"; sottolinea la tua volontà di migliorare costantemente. Dire che non si hanno difetti è una pessima risposta!

☐ **b.** Parla degli obiettivi che vorresti raggiungere coerentemente con il lavoro richiesto.

☐ **c.** Questa domanda viene fatta per avere informazioni sul tuo carattere e la tua capacità di gestire i rapporti interpersonali e tollerare lo stress.

☐ **d.** Riporta situazioni lavorative di successo e insuccesso.

☐ **e.** In genere questa domanda viene posta all'inizio del colloquio. È bene non dilungarsi sulla propria vita privata: ciò che interessa al selezionatore sono i tuoi studi, le tue esperienze lavorative, le tue qualità. Fa' emergere le tue caratteristiche personali che coincidono con i requisiti richiesti. Parlandone evidenzia gli interessi personali in relazione a quelli professionali. Se sei alla tua prima esperienza di lavoro, parla dei tuoi studi e motiva la scelta; descrivi eventuali esperienze di stage, di lavoretti e di volontariato evidenziando le mansioni svolte. È consigliabile parlare degli hobby solo se hanno relazione con il ruolo per cui si è presentato il CV.

Adattato da *http://trovalavoro.piemonte.it*

# Cerco lavoro!

**6.d** *Indica con una "X" le informazioni presenti nel testo del punto 6.c.*

1. All'inizio del colloquio è meglio parlare apertamente della propria vita, non solo di quella professionale. ☐
2. Non sempre bisogna parlare dei propri hobby. ☐
3. È meglio parlare solo delle esperienze importanti di lavoro. ☐
4. All'esaminatore non interessa sapere che tipo di carattere ha il candidato. ☐
5. L'esaminatore vuole capire se è il candidato è in grado di lavorare da solo o con altri colleghi. ☐
6. Bisogna ammettere di avere difetti, ma è meglio evidenziarli come qualità. ☐
7. Non bisogna mai parlare di insuccessi passati. ☐
8. Bisogna far capire che si hanno obiettivi precisi nel lavoro. ☐

## 7 ANALISI GRAMMATICALE La forma passiva con il verbo *venire*

**7.a** *Osserva la frase sotto (tratta dal testo al punto 6.c) e indica con una "X" le due frasi che possono sostituirla.*

> Questa domanda viene posta all'inizio del colloquio.

1. Questa domanda è stata posta all'inizio del colloquio. ☐
2. Questa domanda è posta all'inizio del colloquio. ☐
3. L'esaminatore pone questa domanda all'inizio del colloquio. ☐
4. L'esaminatore ha posto questa domanda all'inizio del colloquio. ☐

**7.b** *Riscrivi la frase sotto (tratta dal punto 6.a) nella forma passiva con il verbo "essere" (a.) e nella forma attiva (b.).*

> Questa domanda viene fatta per avere informazioni sul tuo carattere e la tua capacità di gestire i rapporti interpersonali e tollerare lo stress.

a. _____
b. _____

**7.c** *Ricostruisci la regola della forma passiva. Attenzione: una delle opzioni della terza colonna è falsa.*

Per fare una frase passiva si usa l'ausiliare

**essere**
a. solo con i tempi composti (passato prossimo, trapassato prossimo, ecc.).

**venire**
b. con i tempi semplici e con i tempi composti (passato prossimo, trapassato prossimo, ecc.).
c. solo con i tempi semplici.

Unità 8
contatti

### 8 PARLARE Cerco e offro lavoro

*La classe si divide in studenti A e studenti B. Leggete le vostre istruzioni.*

#### ○ Istruzioni studente A

Lavora con un altro studente A. Vi siete appena diplomati e state cercando un lavoro. Preparatevi a sostenere il colloquio. Rileggete i consigli e le domande che possono farvi al punto **6.c**, poi girate per la classe e leggete gli annunci delle varie aziende. Quando avete scelto l'annuncio più interessante, trovate il modo per valorizzare tutte le vostre esperienze utili, immaginando quali altre domande potrebbero farvi. Attenzione: se due coppie di studenti A sono interessati allo stesso annuncio, prevale quella che lo ha scelto per prima.
Alla fine i due candidati si presentano all'azienda. I due esaminatori vi chiameranno uno alla volta. In bocca al lupo!

#### ○ Istruzioni studente B

Lavora in coppia con un altro studente B. Entrate nel sito *www.jobrapido.it* o in *www.careerjet.it* (o in siti analoghi suggeriti dall'insegnante). Scegliete una figura professionale per cui è necessario il diploma di maturità e selezionate un annuncio di lavoro per quel tipo di impiego. Immaginate di essere i responsabili del personale dell'azienda che ha pubblicato l'annuncio, stampate l'annuncio e lasciatelo sul banco. Poi preparate otto domande da fare ai primi due candidati che si presentano per il colloquio di selezione. Potete usare al massimo quattro delle domande indicate al punto **6.c**. Aspettate che arrivino i candidati, poi iniziate il colloquio, chiamandoli uno alla volta. Fate attenzione a come si comportano e a quello che dicono per giudicare se sono le persone giuste!
Alla fine decidete chi dei due assumere.

### 9 SCRIVERE Curriculum vitae

Entra nel sito http://europass.cedefop.europa.eu. Clicca su "Scarica il CV (modello e istruzioni)" e scarica il curriculum europeo in italiano, poi clicca su "Esempi" e osserva con attenzione l'esempio di CV in italiano.
Alla fine compila il tuo CV personale con le informazioni utili per il lavoro per cui ti sei presentato al punto **8**.

# Cerco lavoro!

## 10 ANALISI GRAMMATICALE Il *si* passivante

**10.a** *Leggi le frasi e indica con una "X" se il "si" è riflessivo oppure no, come nell'esempio.*

|  | il *si* è riflessivo | il *si* non è riflessivo |
|---|:---:|:---:|
| 1. Come preparar**si** per un colloquio di lavoro? | X | ☐ |
| 2. Quali domande **si** fanno nei colloqui? | ☐ | ☐ |
| 3. Dove **si** vede tra 5-10 anni? | ☐ | ☐ |
| 4. Dire che non **si** hanno difetti è una pessima risposta! | ☐ | ☐ |
| 5. È bene non dilungar**si** sulla propria vita privata. | ☐ | ☐ |
| 6. È consigliabile parlare degli hobby solo se hanno relazione con il ruolo per cui **si** è presentato il CV. | ☐ | ☐ |

**10.b** *Rileggi le frasi del punto 10.a in cui il "si" non è riflessivo e rispondi alle domande.*

**Qual è il soggetto del verbo che segue il *si*?**

**Qual è l'ausiliare del verbo nei tempi composti?**

**10.c** *Completa la regola sottolineando le opzioni giuste tra quelle evidenziate.*

La particella *si* + verbo + **oggetto diretto / oggetto indiretto** si chiama "*si* passivante" e indica un soggetto impersonale.
Il verbo che segue concorda con **il *si* / l'oggetto diretto**.
Nei composti si usa l'ausiliare **avere / essere.**

## 11 PROGETTO FINALE

**Guida per compilare il CV e presentarsi a un colloquio di lavoro**

*Formate dei gruppi di quattro studenti e seguite le istruzioni.*

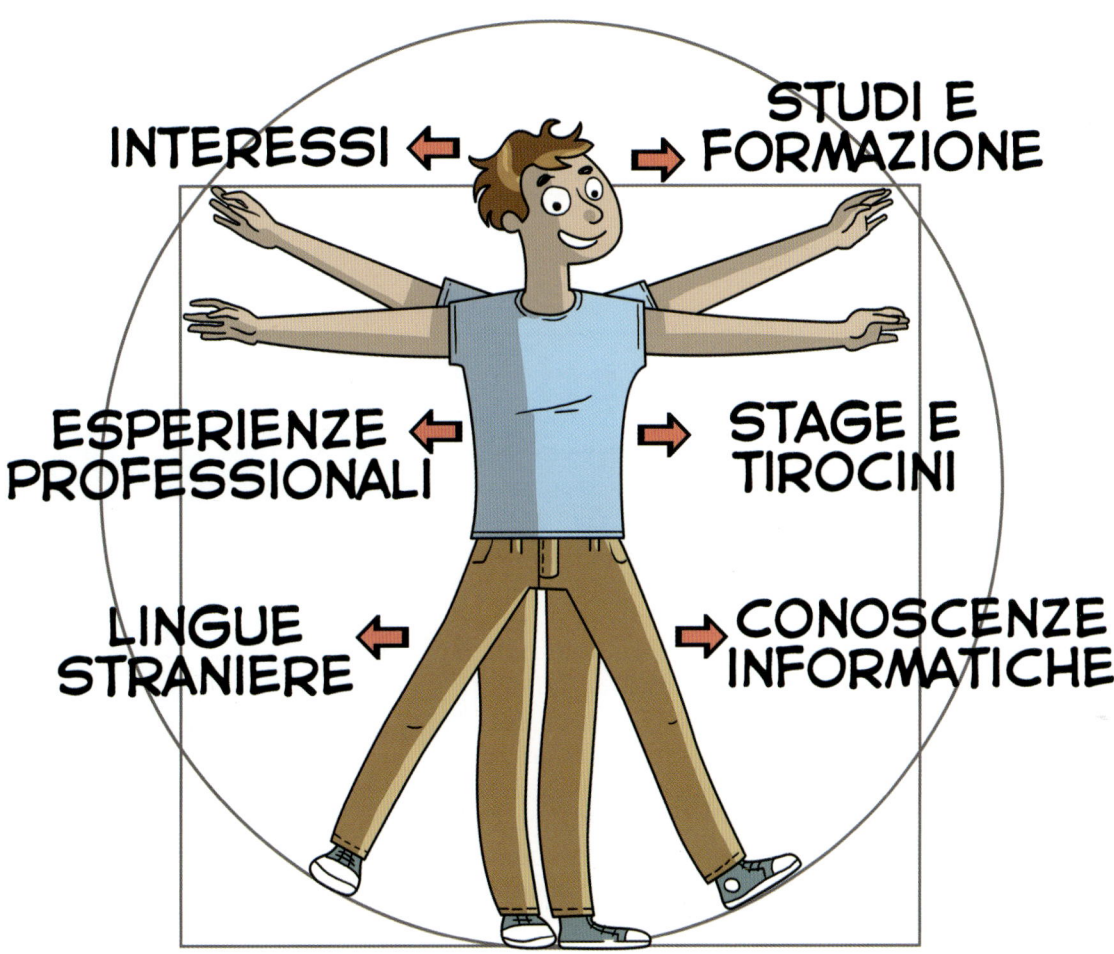

### Istruzioni

**a.** Dividetevi in due coppie. Andate su YouTube: una coppia guarda il video "Le faremo sapere. Il curricolo perfetto", l'altra coppia "Le faremo sapere. La lettera di presentazione". Ascoltate i vari consigli e preparate una presentazione con le principali informazioni da dare ai ragazzi che si presentano a un centro Informagiovani. Utilizzate testi e immagini per renderla il più efficace possibile.

**b.** Tornate a lavorare in quattro. Rileggete i consigli dati nei testi letti in questa unità su come presentarsi e cosa dire durante un colloquio di lavoro. Poi dividetevi i ruoli: un regista, uno speaker e due attori. Infine realizzate un video di 4-5 minuti con le spiegazioni utili (integrando le presentazioni del punto precedente).

**c.** Mostrate il vostro video agli altri compagni. La classe voterà il gruppo più creativo.

## Scheda culturale

### Cercasi laurea

**1** *Completa la frase con l'opzione che preferisci. Poi spiega la tua scelta a un compagno.*

> Finita la scuola è meglio:
> **a.** scegliere il corso universitario che ti piace di più.
> **b.** trovare immediatamente un lavoro.
> **c.** scegliere un corso universitario che dà maggiori possibilità di lavoro.

**2** *Leggi il testo e rispondi alle due domande.*

**skuola.net** — *il paradiso dello studente*
Invia i tuoi appunti · Entra nel Forum · Scopri chi c'è · Mi piace

### I laureati più richiesti

Quali sono i corsi universitari più affollati? E quelli in cui i laureati sono già tanti, e forse troppi? E poi, quali sono le professioni più ricercate dalle aziende? Ecco alcuni dati che possono aiutarvi a dare delle risposte a questi interrogativi.

Negli ultimi anni, le facoltà che hanno registrato un maggior numero di iscritti e, di conseguenza, di laureati, sono state quelle dell'area umanistica, in particolare i corsi di indirizzo letterario. La seconda area disciplinare più popolata è quella di tipo economico-sociale che vede più frequentato il gruppo delle facoltà di indirizzo economico-statistico, seguito da quello delle facoltà di indirizzo politico-sociale. Ma a volte succede che il lavoro che si trova non corrisponda esattamente al tipo di studi fatti: allora è bene sapere quali sono gli indirizzi di studio che offrono le maggiori e le minori possibilità di trovare un lavoro coerente con ciò che si è studiato. I laureati dell'area economico-sociale si attestano come il gruppo con maggiore possibilità di occupazione. Tra questi laureati, quelli effettivamente più ricercati sono gli economisti e gli statistici. Le aziende richiedono invece soprattutto ingegneri industriali ed elettronici, mentre, sempre nell'ambito dell'area scientifica, diminuisce l'impiego di ingegneri civili e ambientali. Seguono le facoltà umanistiche, che superano i laureati dell'area sanitaria.

*Adattato da www.skuola.net*

**a.** Quali sono le aree di studio nominate nel testo?

1. _____  2. _____
3. _____  4. _____

**b.** Quali aree e specializzazioni danno più possibilità di lavoro?

| area | specializzazione |
|---|---|
|  |  |

**3** *Visita il sito http://cercauniversita.cineca.it. Entra nella sezione "Offerta formativa" e scopri tutti i corsi di laurea (triennali/di primo livello e specialistici/di secondo livello) di ciascuna area (in Italia o in singole città). Questi indirizzi esistono anche nel tuo paese? Confrontati con un compagno.*

# Una storia da brividi

episodio **8**

# Unità 9
# Diventare grandi

### Lessico
*Bamboccione*

*Darsi da fare, a dir poco, fare un "passaparola"*

**Formule della corrispondenza formale:** *Gentile, Sig., Sig.ra, Cordialmente, Cordiali saluti, Distinti saluti*

### Grammatica
*Sapere* e *conoscere* (al presente e al passato prossimo)

I verbi modali all'imperfetto e al passato prossimo

I prefissi *il-, im-, in-, ir-, s-*

Discorso diretto e discorso indiretto

### Cosa imparo

### Comunicazione
Confrontare le informazioni tratte da due testi diversi sullo stesso tema

Parlare di condizione giovanile

Mettere a confronto vita adolescente e vita adulta

Scrivere una mail di protesta

Realizzare un video di denuncia sulle differenze di comportamento tra adulti e adolescenti

## 1 INTRODUZIONE Cose da grandi
*Quale dei seguenti concetti assoceresti alla parola "adulto"? Discutine con un compagno.*

responsabilità • serietà • fatica • libertà • indipendenza • noia • forza • felicità

## 2 ASCOLTARE Una proposta particolare
### 2.a
*Ascolta la conversazione e scegli la sequenza di disegni corretta.*

1

2

3

4

**2.b** *Riascolta la conversazione del punto precedente e prendi appunti. Poi rispondi alle domande.*

| Quale proposta fa il ragazzo alla madre? | Quale risposta dà la madre e perché? |

**3** **ANALISI GRAMMATICALE** *Sapere* e *conoscere*

**3.a** *Completa gli estratti della conversazione del punto 2 con i verbi "sapere" o "conoscere" al presente o al passato prossimo. Poi ascolta e verifica.*

**1**
- **Fabiano:** _____ che mi ha invitato... Marco, eh, due settimane in Grecia con lui?
- **Madre:** E chi è Marco?
- **Fabiano:** Eh, un amico mio.
- **Madre:** Ma io non lo _____.
- **Fabiano:** Eh, sì, *(tu)* l'_____ quest'estate, allo stabilimento davanti casa di nonna.
- **Madre:** Hm, non me lo ricordo proprio, Fabiano. I genitori? Li _____?
- **Fabiano:** Sì.

**2**
- **Madre:** ... Non in Grecia, non se ne parla neanche.
- **Fabiano:** Eh, ma la Grecia è bella.
- **Madre:** Lo _____, è bella. Avrai tempo per andarla a visitare...

**3**
- **Madre:** Fabiano, no, io invece _____ che è pericolosissimo per due ragazzi da soli partire, andare all'estero. E come poi raggiungereste la Grecia?

**3.b** *Osserva i tre estratti completi del punto 3.a e indica con una "X" le funzioni dei verbi "sapere" e "conoscere".*

| Funzione | sapere | conoscere |
|---|---|---|
| a. Si usa se l'oggetto diretto è una persona. | ☐ | ☐ |
| b. Al passato prossimo è sinonimo di *ho incontrato*. | ☐ | ☐ |
| c. Al passato prossimo è sinonimo di *ho sentito*. | ☐ | ☐ |
| d. Si usa prima della congiunzione *che*. | ☐ | ☐ |
| e. Non si può usare prima della congiunzione *che*. | ☐ | ☐ |

centodiciassette • **117**

# Diventare grandi

## 4 LEGGERE Adulti di ieri e di oggi

Dividetevi in studente A e studente B e leggete il vostro testo. Cercate di memorizzare più informazioni possibile. Alla fine confrontatevi e trovate le differenze tra i due articoli.

### Testo studente A

di Lidia Fasso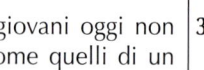

## Figli bamboccioni e timorosi di crescere

Un tempo c'erano tappe ben precise che scandivano le fasi della vita dei ragazzi: la giovinezza si caratterizzava con i primi amori e con la possibilità di poter uscire di casa per studiare. Per chi non studiava l'unica alternativa era il lavoro. Certo non tutti quelli che lo desideravano hanno potuto studiare: la possibilità di studiare apparteneva a pochi e, per gli altri, era impossibile bighellonare o trascorrere il tempo in casa senza fare nulla, bisognava impegnarsi e contribuire. Nessuna famiglia poteva permettersi di avere un figlio senza nulla da fare, tutti dovevano prendersi qualche responsabilità: anche gli studenti, durante le vacanze scolastiche, dovevano andare a lavorare o aiutare i genitori in casa. L'idea di "darsi da fare" era molto chiara per tutti, così come lo era quella di non poter vivere mantenuti dai genitori.

Tutte le generazioni passate hanno dovuto crescere in fretta: l'esame di maturità era il traguardo per chi voleva continuare a studiare; chi non voleva fare l'università generalmente andava a lavorare a 14 anni (prima era illegale), oppure immediatamente dopo la maturità. Oggi le cose sono molto diverse: le migliorate possibilità economiche consentono ai figli di non crescere mai e di restare a casa per un tempo illimitato prolungando l'adolescenza e la giovinezza non fino ai 20-21 anni, ma ai 30 e, a volte, anche oltre. Sicuramente questo dipende dal fatto che oggi non ci sono più necessità così impellenti, almeno in molte famiglie italiane, ma la conseguenza più evidente è che i ragazzi di questa generazione sono degli irresponsabili per gran parte della loro vita…

C'è anche da dire che i giovani oggi non sanno accontentarsi più come quelli di un tempo e con loro è impensabile parlare di "sacrificio": oggi vogliono tutto e questo rende il processo di indipendenza sempre più lontano. In modo del tutto irrazionale oggi i giovani hanno tutto quanto si può considerare "superfluo", vestiti, computer, automobili e ogni altra diavoleria elettronica e materiale, ma mancano di ciò che più gli sarebbe necessario, ovvero responsabilità e possibilità di mantenersi.

Adattato da www.astrologiainlinea.it

### Testo studente B

## Noi siamo il futuro?

Definirci bamboccioni e immaturi è a dir poco ingiusto… soprattutto detto da persone che non hanno idea di quanto sia difficile per noi giovani trovare un lavoro. Speriamo che l'università possa offrirci buone opportunità, ma se ci guardiamo in giro ci sono migliaia di laureati costretti a lasciare il proprio paese per provare a costruirsi un futuro migliore. Sfortunatamente quelli che trovano qualcosa sono pochi, sempre costretti a fronteggiare i diversi problemi del mondo del lavoro: pagare un affitto, vivere lontani dagli affetti, sopravvivere! Si inviano milioni di curricula alle agenzie interinali, si cercano sul web posti di lavoro, si cerca di fare un "passaparola" con tanta gente per ritrovarsi alla fine un misero lavoro occasionale di tre giorni… Non parliamo poi di concorsi pubblici… Sono davvero pochi quelli che riescono a passare le prove senza raccomandazione, ma d'altronde il 50% dei lavori oggi si può avere solo provando a superare questi concorsi: test psicoattitudinali, test psicologici, colloqui con esperti, prove mediche, ecc… Non vi sembra troppo? Tutto questo spegne il futuro di noi giovani, che a 20 anni facciamo già enormi sacrifici per conciliare lavoro, studio e preoccupazioni varie, per provare a costruirci un futuro migliore, per non rinunciare più a una pizza con amici, o alla palestra, o a qualsiasi altro svago per mancanza di soldi. È davvero triste: i giovani che vorrebbero essere indipendenti o costruirsi una famiglia come possono realizzare sogni tanto comuni se guadagnano 600 euro al mese (i più fortunati) e se bisogna pagare anche le rate e l'assicurazione di una macchina che serve solo per raggiungere il posto di lavoro?

Adattato da http://bamboccioni.wordpress.com

## Unità 9 — tendenze

### Come funziona?

**Verbi modali all'imperfetto e al passato prossimo**

In italiano i verbi modali (*dovere, potere, volere*) usati al passato prossimo indicano un'azione accaduta realmente; all'imperfetto indicano un'incertezza (non si sa se l'azione è realmente avvenuta).

Osserva:
**Tutte le generazioni passate *sono dovute* crescere in fretta.** = sono effettivamente cresciute in fretta
**Non tutti quelli che lo desideravano *hanno potuto* studiare.** = non hanno realmente avuto la possibilità di studiare
**Rita è *voluta* venire a piedi.** = è effettivamente venuta a piedi

**... tutti *dovevano* prendersi qualche responsabilità...** = avevano il dovere di farlo, ma forse non l'hanno fatto (o forse sì)
**... l'esame di maturità era il traguardo per chi *voleva* studiare...** = per chi ne aveva intenzione (ma forse non l'ha fatto)

Nei tempi composti l'ausiliare dei verbi modali seguiti da infinito corrisponde a quello dell'infinito stesso (***sono*** dovute **crescere, *hanno*** potuto **studiare, *è* voluta venire**).

### 5  ANALISI LESSICALE  Parole ed espressioni

*Rileggi i due testi al punto 4 e indica con una "X" il significato delle espressioni della terza colonna.*

| Testo | Riga | Espressione | Significato a. | Significato b. |
|---|---|---|---|---|
| A / B | titolo / 1 | bamboccioni | a. ☐ giovani immaturi che non sanno affrontare le responsabilità della vita adulta | b. ☐ giovani disoccupati che si impegnano a cercare lavoro |
| A | 1 | scandivano | a. ☐ concludevano | b. ☐ ritmavano |
| A | 8 | bighellonare | a. ☐ perdere tempo senza far niente | b. ☐ fare qualcosa di importante |
| A | 10 | impegnarsi | a. ☐ mettere tutta la volontà per raggiungere un obiettivo | b. ☐ vendere un oggetto in cambio di denaro |
| A | 16 | darsi da fare | a. ☐ prendere un appuntamento | b. ☐ trovare una soluzione per raggiungere un obiettivo |
| A | 18 | mantenuti | a. ☐ aiutati economicamente | b. ☐ lontani da |
| A | 20 | traguardo | a. ☐ ostacolo | b. ☐ obiettivo |
| A | 30 | impellenti | a. ☐ urgenti | b. ☐ stupide |
| A | 36 | accontentarsi | a. ☐ essere soddisfatti di quello che si ha | b. ☐ divertirsi sempre e comunque |
| B | 1 | a dir poco | a. ☐ senza esagerare | b. ☐ purtroppo |
| B | 8/9 | fronteggiare | a. ☐ lamentarsi di | b. ☐ affrontare |
| B | 12 | fare un "passaparola" | a. ☐ trasmettere un messaggio oralmente | b. ☐ inviare un messaggio scritto |
| B | 24 | conciliare | a. ☐ mettere insieme, coordinare | b. ☐ aumentare |
| B | 27 | svago | a. ☐ studio | b. ☐ divertimento |

centodiciannove • 119

# Diventare grandi

### 6 PARLARE Questioni giovanili

Nel tuo paese la condizione giovanile è più simile a quella descritta nel testo A o nel testo B del punto **4**?
Discutine con un compagno.

### 7 ANALISI GRAMMATICALE Prefissi

**7.a** Cerca nei due testi al punto **4** i contrari delle parole nella terza colonna, come nell'esempio. Attenzione: le parole non sono in ordine.

| Testo | Parola nel testo | Contrario |
|---|---|---|
| A | a. _____ | responsabile |
| A | b. _____ | pensabile |
| A | c. _____ | dipendenza |
| A | d. _impossibile_ | possibile |
| A | e. _____ | legale |
| A | f. _____ | limitato |
| A | g. _____ | razionale |
| B | h. _____ | giusto |
| B | i. _____ | maturi |
| B | l. _____ | dipendenti |
| B | m. _____ | fortunatamente |

**7.b** Completa la regola con i prefissi della lista e con le parole della seconda colonna del punto **7.a**, come nell'esempio.

( im- )  ( il- )  ( ir- )  ( in- )  ( s- )

### Prefissi

In italiano esistono dei prefissi che trasformano alcuni aggettivi, avverbi e sostantivi nel loro contrario.
In particolare:

• si usa _il-_ con aggettivi, avverbi e sostantivi che cominciano con la lettera *l* (per esempio: _legale_ → _illegale_, _____ → _____);

• si usa _____ con aggettivi, avverbi e sostantivi che iniziano con la lettera *r* (per esempio: _____ → _____, _____ → _____);

• per le altre parole si usa il prefisso _____, come negli esempi: _____ → _____, _____ → _____, _____ → _____; questo prefisso diventa _____ davanti alle parole che cominciano per *b, p, m* (per esempio: _____ → _____, _____ → _____, _____ → _____);

• esiste anche il prefisso _____ che si usa con parole che cominciano con altre consonanti: _____ → _____.

## Unità 9 — tendenze

### 8 GIOCO Indovina la parola e il suo contrario!

Dividetevi in due squadre. Ogni squadra cerca il significato delle parole della lista e il loro contrario. A turno una squadra sceglie una parola. Un membro della squadra avversaria deve farla indovinare ai propri compagni parlando: non può mimare o disegnare; non è neanche possibile usare derivati, diminutivi o composti della parola stessa: ad esempio, se la parola da indovinare è "possibile", il giocatore può dire "che si può fare", ma non "possibilità", "possibilmente", "impossibilitato", ecc. La sua squadra deve trovare la parola e formare il contrario in 3 minuti. Solo se entrambe le risposte sono corrette guadagna un punto. Il turno passa poi all'altra squadra. Vince quella che ottiene più punti.

possibile · credibile · felice · razionale · blocco · probabile · pensabile · preparato · popolare · accettabile · limitato · fortunato · esperienza · caricare · finito · logico · reale · prevedibile · responsabilità

### Ti ricordi?

**La forma passiva**
Trasforma le strutture passive **evidenziate** in strutture attive utilizzando i verbi della lista, come nell'esempio. I verbi sono in ordine.

includere · realizzare · partecipare · mettere · apprendere · cominciare · comporre · mettere · intervenire · lavorare · occuparsi

Il laboratorio "Scrivere con gusto" è un percorso nella scrittura e dentro l'esperienza della cucina. Passo dopo passo **ai corsisti verranno insegnate** → _i corsisti apprenderanno_ le tecniche di base per scrivere un racconto: l'idea, lo sviluppo di una trama, l'incipit, i personaggi, i dialoghi e le descrizioni. Contemporaneamente **sarà messo** → _____ su carta il loro rapporto con il cibo, con il cucinare e con i sapori, attraverso una serie di esercizi e di "giochi", fino a quando **verrà composta** → _____ una loro personalissima storia in cui **sarà messo** → _____ dentro tutto ciò che più amano e vogliono raccontare della loro passione per la cucina.

Le iscrizioni **sono state aperte** → _____ il 10 gennaio. Il corso **è suddiviso in** → _____ otto lezioni settimanali, ogni domenica dalle 15 alle 17 circa.

Francesco Forlani, scrittore, poeta, performer, conduttore radiofonico del programma Cocina Clandestina (in onda ogni lunedì dalle 21 alle 23 su Radio G.r.P.), **sarà ospitato** → _____ in una trasmissione di chiacchiere e curiosità in compagnia degli scrittori: due fortunati partecipanti al laboratorio "Scrivere con Gusto" saranno scelti → _____ come ospiti per la trasmissione radiofonica!

La docente
Claudia Colucci, classe 1983, dopo una specializzazione in cinema e sceneggiatura ha frequentato il Master in Tecniche della Narrazione della Scuola Holden di Torino, nel biennio 2006-2008. **È stata assunta** → _____ come food blogger e **le sono stati affidati** → _____ articoli e racconti per blog a tema culinario. Tra le altre esperienze **che sono state fatte da** → _____ Claudia anche quelle come copywriter, sceneggiatrice per alcuni cortometraggi e giornalista pubblicista.

Adattato da www.wikieventi.it

# Diventare grandi

**9** **ANALISI GRAMMATICALE Al ristorante**

**9.a** *Leggi la regola, osserva la trascrizione e indica con una "X" se il discorso è diretto o indiretto in ciascuna situazione.*

> Se qualcuno riferisce le parole di un'altra persona, il discorso è **diretto** (D).
> Se le parole dell'altra persona sono introdotte da *che*, il discorso è **indiretto** (I).

### Situazione 1

- **Fabiano:** Ah, dici sempre: "Ormai sei grande, ormai sei grande"!    D   I
- **Madre:** Dico che sei grande, ma non per fare questo tipo di esperienze, Fabiano.    D   I

### Situazione 2

- **Fabiano:** Papà ha detto che potevo andare in vacanza da solo, però.    D   I
- **Madre:** No, papà ha detto: "Puoi andare una settimana in campeggio" e non da solo.    D   I

**9.b** *Rileggi la trascrizione al punto 9.a, poi seleziona la regola corretta sul passaggio al discorso indiretto.*

|   | Tempo del verbo principale | Tempo del discorso diretto | Tempo del discorso indiretto |
|---|---|---|---|
| **1.** | presente (es. *dico che*) | presente | presente |
| ☐ | passato prossimo (es. *ho detto che*) | presente | condizionale |
| **2.** | presente (es. *dico che*) | presente | presente |
| ☐ | passato prossimo (es. *ho detto che*) | presente | passato prossimo |
| **3.** | presente (es. *dico che*) | presente | presente |
| ☐ | passato prossimo (es. *ho detto che*) | presente | imperfetto |
| **4.** | presente (es. *dico che*) | presente | condizionale |
| ☐ | passato prossimo (es. *ho detto che*) | presente | imperfetto |

## Unità 9 — tendenze

### 10 SCRIVERE — Macché bamboccioni!

Non sei d'accordo con il testo A del punto **4**. Scrivi una mail di protesta all'autrice. Comincia e finisci con le parole fornite.

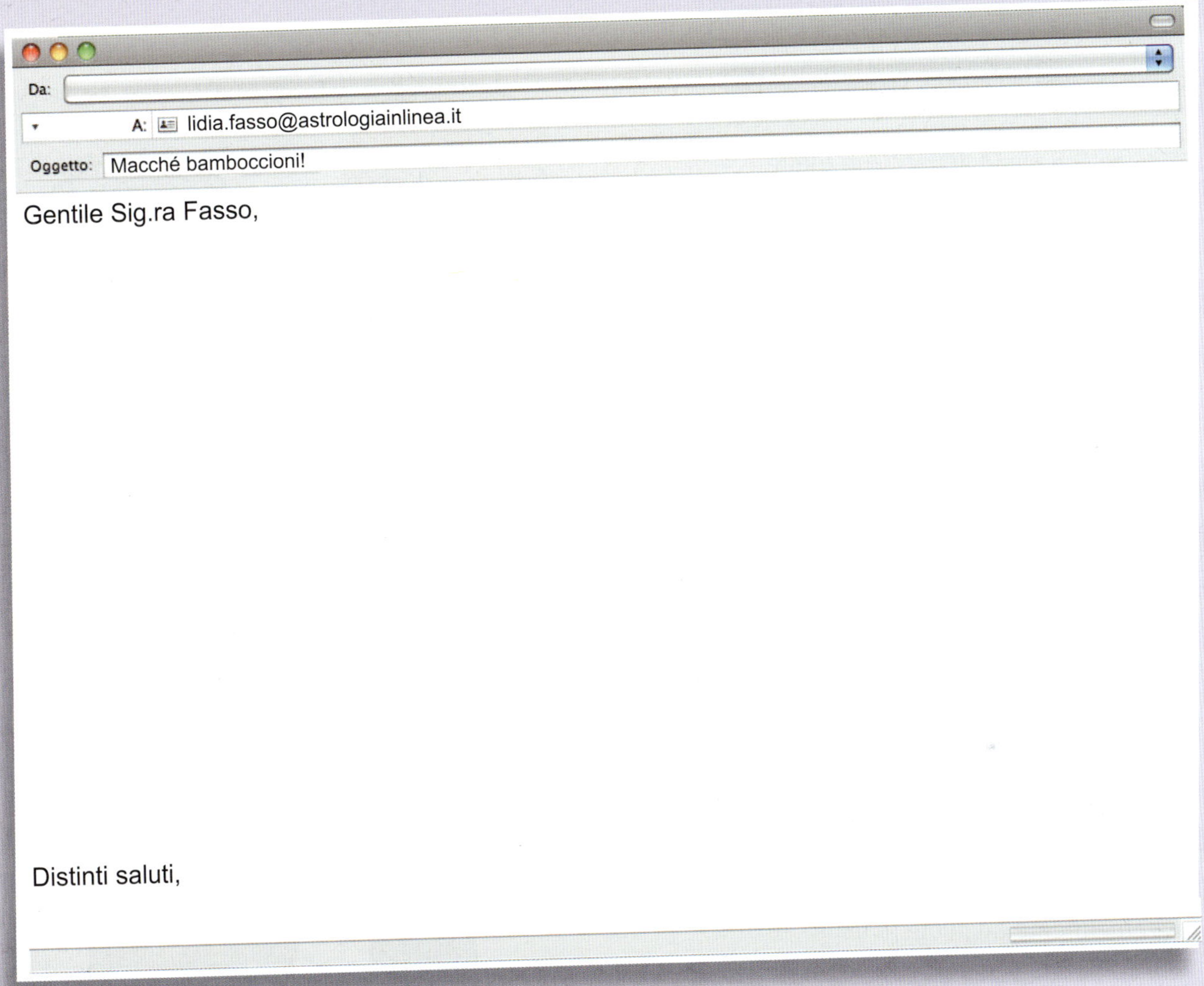

---

**Da:**
**A:** lidia.fasso@astrologiainlinea.it
**Oggetto:** Macché bamboccioni!

Gentile Sig.ra Fasso,




Distinti saluti,

---

### Parole, parole, parole

Nella corrispondenza formale si usano le seguenti abbreviazioni (+ cognome del destinatario):

**Sig.** = Signor ... **Sig.ra** = Signora ...

Queste formule sono generalmente precedute dall'aggettivo *gentile* (mentre nella corrispondenza informale si utilizza *caro/a*, o normali formule di saluto come *ciao*).
Le lettere formali si concludono con le seguenti espressioni (+ firma del mittente):

**Cordialmente,**
**Cordiali saluti,**
**Distinti saluti,**

# Diventare grandi

 **PROGETTO FINALE** — *I maturi siamo noi!*

*Dividetevi in gruppi e seguite le istruzioni.*

### Istruzioni

a. Pensate che gli adulti facciano molte cose che non dovrebbero fare e volete dimostrare di essere più maturi di loro.

b. Andate in giro intorno alla scuola osservando gli adulti: prendete appunti su ciò che fanno di sbagliato e che voi non fareste mai.

c. Andate su internet e guardate il video del 1999 di Bruno Bozzetto "Europe VS Italy".

d. Create un video divertente con un'impostazione simile, intitolato: "Adolescenti VS Adulti". Alcuni membri del vostro gruppo riproducono gli atteggiamenti sbagliati degli adulti, altri quelli corretti degli adolescenti (se volete, potete realizzare in alternativa un video di animazione). Potete eventualmente aggiungere delle brevi didascalie.

## Scheda culturale

## Giovani: *choosy* o semplicemente precari?

**1** Leggi l'articolo e associa le parole della lista al significato corrispondente.

# I bamboccioni

TECNICHE DI AVVIAMENTO E PREPARAZIONE AL LAVORO FLESSIBILE

Il copyright è saldamente nelle mani di Tommaso Padoa-Schioppa. Nel 2007, l'ex ministro dell'Economia del secondo governo Prodi ha definito "bamboccioni" quei giovani che, sulla soglia dei trent'anni, continuavano a vivere in casa con i genitori. Benché duramente contestata, quell'espressione era destinata ad aprire la strada a un vero florilegio di definizioni, analoghe nel contenuto, anche se differenti nella forma. Nel giro di pochi anni, malgrado l'avvicendarsi dei governi, i giovani sono stati chiamati "mammoni" (Brunetta, ministro del governo Berlusconi), "sfigati" (Martone, viceministro del governo Monti), "monotoni" (Monti, ex presidente del Consiglio), "choosy" (più o meno: schizzinosi - Fornero, ministro del governo Monti), solo perché non avevano ancora conseguito la laurea, o perché aspiravano a un posto fisso, in un mercato del lavoro in cui si parla di flessibilità e i giovani trovano solo lavori precari.

Adattato da *www.lettura.corriere.it*

1. sfigato
2. monotono
3. mammone
4. schizzinoso
5. bamboccione

a. chi è molto attaccato alla mamma
b. perdente
c. sempre uguale, ripetitivo, noioso
d. chi non sa affrontare le difficoltà della vita
e. chi ha gusti troppo difficili

**2** Osserva la vignetta e cerca di capirne l'ironia, poi confronta la tua opinione con quella di un compagno.

**3** Chi sono i politici citati nell'articolo del punto **1** e in quali occasioni ufficiali si sono pronunciati sui giovani? Digita "i giovani italiani secondo i politici" in un motore di ricerca, poi clicca sull'articolo del sito *www.studenti.it* e leggi le schede.

# Una storia da brividi

episodio 9

\* La dinastia dei Borboni è stata la casa reale del Regno di Napoli e del Regno di Sicilia (poi unificati nel Regno delle Due Sicilie) dal 1734 al 1861.

# Unità 10
# Lingua parlata, lingua scritta

**arti**

### Lessico
I tre grandi autori del Trecento

**Segnali discorsivi e connettivi:** *no, in realtà, certo, anche se, giusto?, poi, forse, un po', appunto, addirittura, mah, soprattutto, quindi, allora, insomma*

### Grammatica
L'alternanza tra passato prossimo, imperfetto e trapassato prossimo

Il passato remoto: forme regolari e irregolari (*avere, dire, essere, fare*) e usi regionali

### Cosa imparo

### Comunicazione
Indicare le difficoltà e gli errori diffusi della lingua italiana e della propria lingua materna

Parlare della storia dell'italiano e della propria lingua materna

Descrivere i dialetti del proprio paese

Esprimere il proprio parere su un racconto

Scrivere un racconto su traccia

Ideare un radiodramma

---

**1 INTRODUZIONE L'italiano: facile o difficile?**

**1.a** *Quali sono le caratteristiche più difficili della lingua italiana secondo te? Fai una classifica, poi discutine con un compagno, infine con tutta la classe.*

**1.b** *Insieme digitate in un motore di ricerca "errori comuni della lingua italiana" e scoprite quali sono le forme linguistiche scorrette più diffuse. E nella vostra lingua quali sono gli errori più comuni? Parlatene insieme.*

**2 ASCOLTARE Una lingua illustre**

**2.a** *Ascolta e indica qual è il tema di cui parlano il giornalista e la linguista Valeria della Valle.*

a. ☐ I grandi autori della letteratura italiana.
b. ☐ Come cambia l'italiano nelle diverse regioni.
c. ☐ Come nasce e si diffonde la lingua italiana.
d. ☐ La lingua italiana del Trecento.

**Parole, parole, parole**

**I tre grandi autori del Trecento**
Con "i tre grandi autori del Trecento" ci si riferisce a: Dante Alighieri, Francesco Petrarca e Giovanni Boccaccio. Tutti e tre sono vissuti a Firenze nel XIV secolo e vengono considerati i padri della lingua italiana.
L'opera principale in lingua italiana di Dante è il poema "La Divina Commedia", quella di Petrarca la raccolta di poesie intitolata "Il Canzoniere", quella di Boccaccio la raccolta di novelle intitolata "Il Decamerone".

centoventisette • 127

# Lingua parlata, lingua scritta

**2.b** *Riascolta e rispondi alle domande.*

1. Come nasce la lingua italiana?
2. Quali altri fattori hanno contribuito alla diffusione della lingua italiana?
3. Quali sono stati i principali centri di diffusione della lingua italiana?
4. Qual è oggi l'italiano regionale considerato il principale modello dai parlanti di lingua italiana?

**2.c** *Riascolta e seleziona il riassunto corrispondente alle informazioni date.*

**a**
L'italiano è parlato nel XIV secolo solo in tre grandi centri: Firenze, Milano e Roma. Nel tempo si diffonde in tutta Italia grazie ai tre grandi autori della letteratura italiana.
Anche la televisione e il servizio militare hanno però contribuito a diffondere la lingua italiana.
Oggi per i parlanti italiani la lingua lombarda è un modello più importante della lingua fiorentina. I dialetti locali stanno invece scomparendo.

**b**
L'italiano nasce come lingua letteraria grazie ai tre grandi autori della letteratura italiana del Trecento. Poi con la nascita della scuola questa lingua si diffonde velocemente in tutte le regioni d'Italia e finalmente si inizia a parlare una lingua comune. La lingua fiorentina resta anche oggi il modello per tutti gli italiani, per merito anche della televisione. Ma i dialetti locali sono ancora vivi.

**c**
L'italiano nasce come una lingua letteraria, grazie ai tre grandi autori fiorentini. Altri fattori che hanno diffuso l'italiano sono stati il servizio militare e, recentemente, la televisione. Oggi gli italiani parlano una lingua comune anche se restano alcune caratteristiche regionali. Oggi però il modello di lingua più importante per gli italiani è quello lombardo. I dialetti locali sono ancora vivi.

**3** **PARLARE** **La mia lingua**

*Sai come nasce la tua lingua? Ci sono delle opere scritte fondamentali? Ci sono delle differenze regionali? Esistono dei dialetti? Parlane con un compagno.*

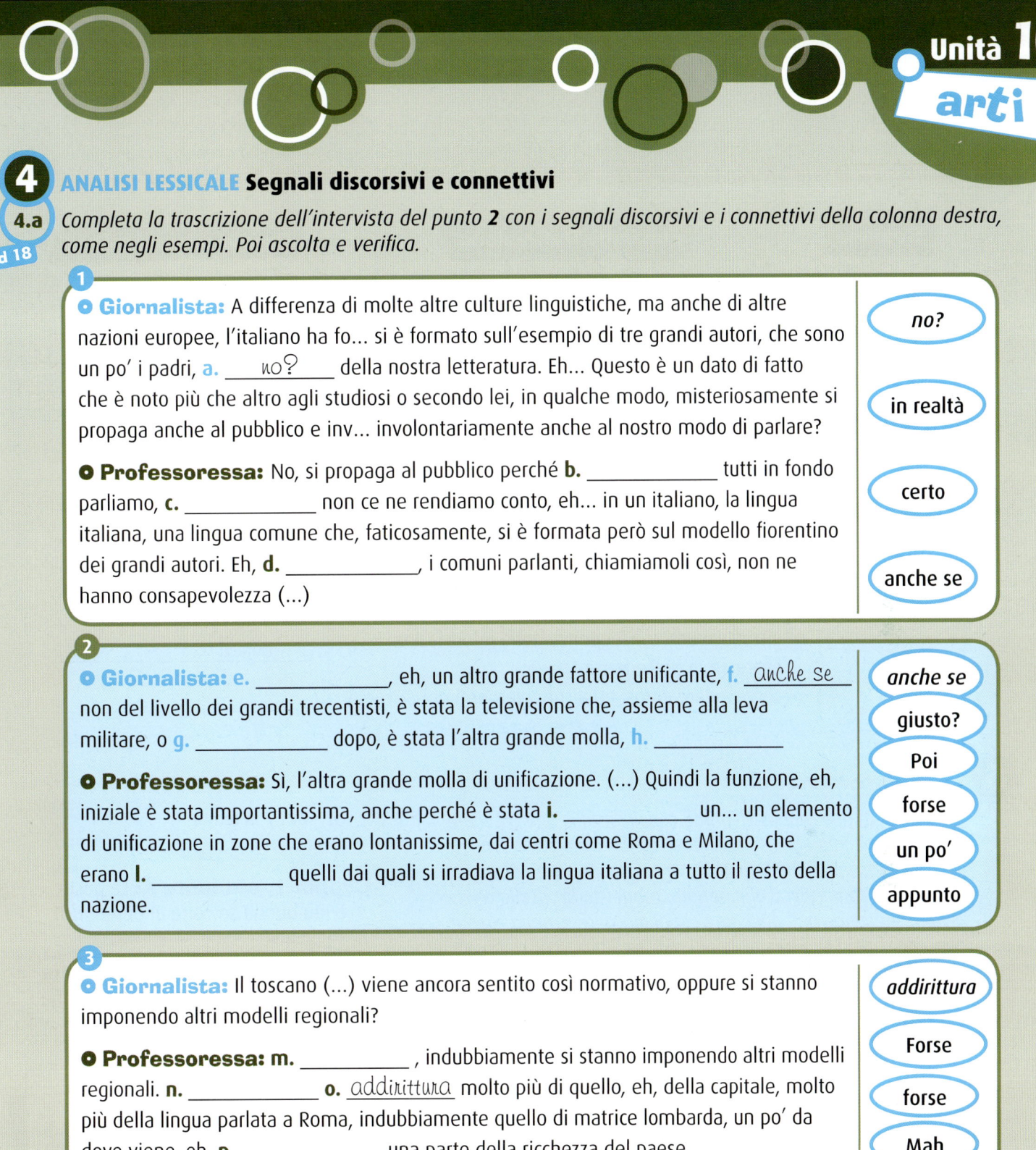

# Lingua parlata, lingua scritta

**4.b** Completa le definizioni con le parole e le espressioni che hai inserito al punto **4.a**, come negli esempi.

| Sezione | Funzione/Definizione | Parola o espressione |
|---|---|---|
| 1 + 2 | a. serve a chiedere consenso, conferma | no? |
| 1 | b. indica una concessione | |
| 1 + 2 | c. significa *nonostante* (x2) | |
| 1 | d. introduce una precisazione | |
| 2 | e. aggiunge un'altra informazione | poi |
| 2 | f. indica la ripetizione di un concetto già espresso in precedenza | |
| 2 + 3 | g. indica probabilità (x3) | |
| 2 | h. significa *grosso modo, più o meno* | |
| 3 | i. sottolinea l'eccezionalità di un fatto | addirittura |
| 3 | l. serve a prendere tempo prima di rispondere | |
| 4 | m. serve a sintetizzare | |
| 4 | n. introduce una conseguenza delle informazioni espresse in precedenza | quindi |
| 4 | o. serve a dare enfasi ad alcuni elementi del discorso | |

**5** **GIOCO** *Dite la vostra!*

Dividetevi in due coppie. La prima coppia sceglie una casella e forma un minidialogo usando i due segnali discorsivi / connettivi, come nell'esempio. Ha un minuto di tempo. Se l'uso dei segnali discorsivi / connettivi è appropriato, conquista la casella e va avanti seguendo una delle frecce. Poi gioca la seconda coppia. Vince la coppia che conquista più caselle. Attenzione: è possibile ripassare su una casella già conquistata. Se è vostra, potete usarla come passaggio per arrivare a una casella libera; se è degli avversari, dovete prima costruire il minidialogo corrispondente.

**Esempio:** no? / in realtà

**Coppia 1, studente A:** La pasta è più buona se cotta al dente, **no?**

**Coppia 1, studente B: In realtà** fuori dall'Italia a molti piace anche non al dente.

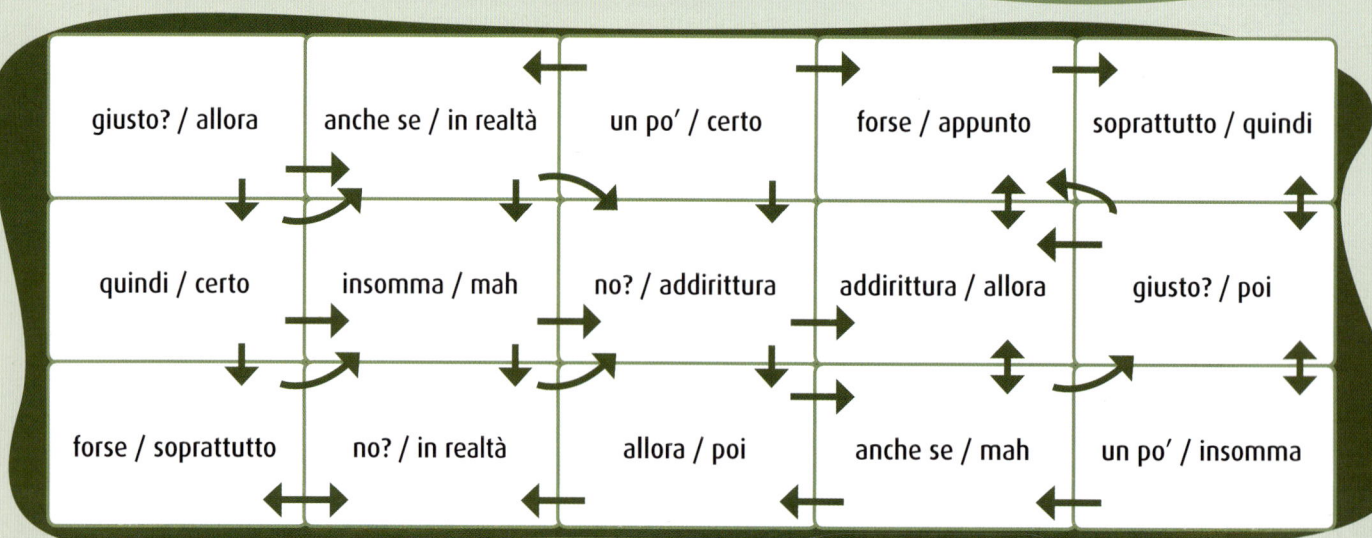

## 6 LEGGERE Due vecchi amici

**6.a** Completa il racconto con le parole della lista.

# Io e lui di Giuseppe Culicchia

amici · merenda · vacanze · ritrovarci · storia · scuola · prima · parole · baciarla · cose

1  È andata così. È andata che quando l'ho incontrato per la prima volta avevo circa dodici anni. Era estate. Scuola finita. _____ lunghe. Su tre mesi saremo stati assieme appena un paio
5  di giorni. Ma in quelle quarantotto ore, tra noi è scattato qualcosa. Tra una _____ a base di Nutella e una corsa in bicicletta, mi ha raccontato tutto. Lui era più grande di me. Stava a Parigi. E rispetto a me aveva già fatto un mucchio
10 di _____. Per dire: era perfino andato in vacanza con una tipa. In Spagna. Per la verità non loro due da soli, ma con un paio di altri giovanotti. Anche per dividere le spese, credo. Lui di lei era presissimo. Lei di lui abbastanza, però anche
15 dei due altri giovanotti. Sia come sia, una sera lui e lei si erano baciati. Per me, che a luglio andavo giusto al mare a Noli in Liguria con i miei, l'idea di prendere e partire con Giulia, la ragazzina dai capelli rossi di seconda B che mi piaceva, e di fare
20 un viaggio con lei chissò, fino a Parigi o Madrid o anche solo Varigotti, e _____, era un sogno. Comunque: lui in quei due giorni mi ha raccontato tutto. E lo ha fatto così bene che a un certo punto a me sembrava di essere stato
25 in Spagna con lui e lei e gli altri due. Tant'è che dopo, nei mesi successivi e quando è ricominciata la _____, dentro di me ho continuato a pensarci. Nessuno mi aveva mai confidato tante cose, senza nemmeno sapere chi fossi. Io di Giulia non avevo mai detto nulla nemmeno a Sergio,
30 il mio compagno di banco. Ad ogni modo: l'estate successiva, io e lui ci siamo di nuovo incontrati. E benché fosse passato un anno, sembrava che ci fossimo visti il giorno _____. Di nuovo lui mi ha raccontato tutto. Era di nuovo andato in
35 vacanza con la tipa. Di nuovo in Spagna. Di nuovo con quegli altri due. E di nuovo lui e lei si erano baciati. La stessa _____, insomma. Però, mentre me la raccontava, era come se lo facesse per la prima volta. Insomma: come l'esta-
40 te precedente, grazie alle sue _____ mi sono ancora ritrovato a sognare a occhi aperti. E ancora, è stato come se in Spagna con loro ci fossi andato pure io. Per farla breve, da allora io e lui passiamo assieme un paio di giorni ogni
45 estate, felici di _____ come succede solo ai veri _____. E ogni estate lui mi racconta più o meno la stessa storia. Dico "più o meno" perché, nonostante la storia sia proprio sempre quella, io nel frattempo sono cresciuto e
50 cambiato. E nelle sue parole scopro sempre qualcosa di nuovo.

Adattato da www.smemoranda.it

**6.b** Rileggi il racconto al punto **6.a** e rispondi alla domanda, confrontandoti con un compagno. Poi leggi il finale a pagina 132.

Nel finale l'autore rivela chi è il misterioso amico e perché gli racconta sempre la stessa storia. Secondo te chi è? Parlane con un compagno.

# Lingua parlata, lingua scritta

**Finale**

Sta di fatto che ogni estate è come se andassi anch'io in Spagna con lui, lei e quegli altri due. E mi diverto un mondo. Comunque: rivista su Facebook dopo tutti questi anni, Giulia è cambiata parecchio. Per quel che ne so, il mio compagno di banco Sergio sta molto lontano, ma spesso lo penso ancora con grande affetto. Quanto a lui, l'amico con cui condivido un paio di giorni d'estate da quando avevo dodici anni, si chiama Jake. Jake Barnes. E la sua storia ha un titolo. Fiesta*.

*"Fiesta - Il sole sorgerà ancora" è un romanzo dello scrittore statunitense Ernest Hemingway, pubblicato per la prima volta nel 1926.

**6.c** Le seguenti affermazioni sono tutte false. Trova nel testo al punto **6.a** e al punto **6.b** le parti che lo dimostrano.

1. A dodici anni Giuseppe, il protagonista, legge il romanzo "Fiesta" in tre mesi.
2. Giuseppe è attratto da Jake perché ha fatto le sue stesse esperienze.
3. Jake ha una grande storia d'amore con una ragazza spagnola.
4. Giuseppe è andato al mare con la sua amica Giulia.
5. Giuseppe e Jake si incontrano un anno dopo a scuola.
6. Giuseppe ha contatti con Sergio attraverso Facebook.
7. Anche se Giuseppe è cresciuto la sua interpretazione della storia "Fiesta" è sempre la stessa.

**6.d** Ti è piaciuto il racconto? Perché? Parlane con un compagno.

## 7 ANALISI GRAMMATICALE Tempi passati

**7.a** <u>Sottolinea</u> nel racconto al punto **6.a** i verbi ai tempi passati e inseriscili nella tabella, come nell'esempio.

| Passato prossimo | Imperfetto | Trapassato prossimo |
|---|---|---|
| è andata | | |

132 • centotrentadue

# Unità 10
## arti

**7.b** Abbina la funzione del tempo verbale a ognuno dei verbi del punto **7.a**.

| Funzione del tempo verbale | Verbo |
|---|---|
| 1. descrive la persona nel passato | |
| 2. indica un'abitudine nel passato | |
| 3. indica un'azione conclusa accaduta una sola volta, o una serie di azioni concluse accadute una dopo l'altra | |
| 4. descrive uno stato psicologico, una sensazione nel passato | |
| 5. indica un'azione che precede un'altra azione passata | |
| 6. descrive una situazione nel passato | |
| 7. racconta un'azione mentre si sta sviluppando | |

**8** SCRIVERE **Lui ed io**

*Immagina che Jake non sia il protagonista del romanzo letto da Giuseppe, ma un suo amico reale. Scrivi la storia raccontata da Giuseppe dal punto di vista di Jake. Puoi usare l'inizio suggerito sotto, o un altro a tuo piacere.*

> La prima volta che ho incontrato Giuseppe avevo quindici anni ed ero appena arrivato in Italia da Parigi...

### Ti ricordi?

**Tempi e modi**
*Inserisci i verbi tra parentesi al passato prossimo, all'imperfetto o al trapassato prossimo, come negli esempi. Attenzione: due verbi devono essere coniugati al congiuntivo imperfetto.*

In III media, il mio migliore amico *(essere)* __era__ Bomba. Non *(noi - essere)* _____ molto bravi a scuola. Non *(noi - essere)* _____ cattivi e non *(noi - disturbare)* _____ più di tanto le lezioni; più che altro, *(noi - restare)* _____ in classe a prendere polvere. Durante le lezioni, Bomba *(passare)* _____ la maggior parte del tempo a disegnare sommergibili sul suo quadernone. I grandi gli *(dire)* _____: "Sei matto, Bomba". Preso dai suoi disegni, Bomba *(passare)* _____ l'esame con uno striminzito "sufficiente". I professori gli *(consigliare)* _____ di smettere di studiare e di andare a lavorare. Fortunatamente, Bomba e sua mamma non *(essere)* _____ d'accordo, così *(lui - iscriversi)* _____ all'istituto professionale, al corso di elettronica. "Sei matto, Bomba", gli *(noi - dire)* _____. Incredibilmente, *(lui - finire)* __ha finito__ i tre anni con una media altissima. *(Noi - essere)* _____ tutti contenti per lui. Pensavamo che *(lui - potere)* _____ trovarsi un lavoro decente, e invece lui *(annunciare)* _____ che, visto che c'era, voleva prendere pure il diploma. "Non ti montare la testa", gli *(noi - dire)* __dicevamo__, "Sei sempre il matto che *(disegnare)* _____ sul quadernone!" Credeteci o no, *(lui - diplomarsi)* _____ con il massimo dei voti. *(Noi - essere)* _____ tutti fieri di lui. Il nostro grande Bomba! Adesso sì che poteva trovarsi un ottimo lavoro. A un certo punto, però, Bomba *(scomparire)* _____. Pensavamo che *(lui - fare)* _____ uno stage in qualche fabbrica. Macché. Lo *(noi - rivedere)* _____ a settembre. Ci *(lui - dire)* _____ che *(lui - studiare)* _____ tutta l'estate perché *(lui - iscriversi)* _____ all'università!

*Adattato da www.smemoranda.it*

centotrentatré ● 133

# Lingua parlata, lingua scritta

**9** **ANALISI GRAMMATICALE** Il passato remoto

**9.a** *Presentando il suo libro intitolato "Sicilia, o cara", lo scrittore Culicchia racconta della propria famiglia. Il testo sotto contiene un nuovo tempo verbale: il passato remoto. Leggilo e completa la tabella con le forme coniugate al passato remoto dei verbi all'infinito, come nell'esempio.*

*"Sicilia, o cara"* ha come sottotitolo un viaggio sentimentale perché questo è. È un ritorno alle mie radici paterne perché mio padre <u>arrivò</u> a Torino dalla Sicilia nel 1946, non per lavorare in Fiat ma per un motivo misterioso che a noi figli non volle mai raccontare. La Sicilia era per me innanzitutto una terra di favole a partire dai racconti che faceva mio padre riguardo alla storia della sua famiglia, molto complessa in realtà, perché si trattava di una famiglia con più rami, nel senso che sia mio nonno, sia mia nonna erano vedovi quando si sposarono. Avevano dei figli dei precedenti matrimoni, quindi era una famiglia con un'infinità di zii e cugini. Poi il fatto che mio padre avesse vissuto lì l'adolescenza durante il fascismo e la guerra (...) erano esperienze che ai miei occhi di bambino erano favole terrificanti. Nel senso che il bombardamento degli angloamericani distrusse gran parte della città e mio padre si ritrovò anche sepolto vivo nei sotterranei di una chiesa.

*www.feltrinelli.it*

| Infinito | Passato remoto | Persona |
|---|---|---|
| 1. arrivare | arrivò | terza singolare |
| 2. volere | | |
| 3. sposarsi | | |
| 4. distruggere | | |
| 6. ritrovarsi | | |

**Come funziona?**

**Il passato remoto dei verbi regolari**

|  | arriv*are* | cred*ere* | fin*ire* |
|---|---|---|---|
| io | arriv*ai* | cred*ei*/*etti* | fin*ii* |
| tu | arriv*asti* | cred*esti* | fin*isti* |
| lui/lei | arriv*ò* | cred*è*/*ette* | fin*ì* |
| noi | arriv*ammo* | cred*emmo* | fin*immo* |
| voi | arriv*aste* | cred*este* | fin*iste* |
| loro | arriv*arono* | cred*erono*/*ettero* | fin*irono* |

**9.b** *Osserva la tabella dei verbi regolari. Quali somiglianze e differenze noti tra le forme delle tre coniugazioni?*

**9.c** Come "volere" e "distruggere", molti altri verbi hanno un passato remoto irregolare. Sotto ce ne sono alcuni. Lavora con un compagno: trovate i verbi nel serpentone e inseriteli nella tabella. Vince la coppia che per prima riesce a completarla correttamente.

fostefostifacestifuebbifuronoavemmofummodissedicestefacemmofecedicemmofecerodisserofacesteebberoavestedicesti

| | essere | dire | avere | fare |
|---|---|---|---|---|
| io | fui | | dissi | feci |
| tu | | avesti | | |
| lui/lei | | ebbe | | |
| noi | | | | |
| voi | | | | |
| loro | | | dissero | |

**9.d** Completa la regola sull'uso del passato remoto sottolineando l'opzione giusta tra quelle **evidenziate**.

### Passato remoto

Il passato remoto può sostituire **il passato prossimo / l'imperfetto / il trapassato prossimo**. Generalmente si sceglie di usare il passato remoto per indicare che l'azione è accaduta in un tempo **lontano / vicino**, senza rapporti con il presente.

Osserva:
Mio padre *arrivò* a Torino dalla Sicilia nel 1946.
... sia mio nonno, sia mia nonna erano vedovi quando *si sposarono*.

Il passato remoto appartiene soprattutto alla lingua scritta. Nella lingua parlata non è usato quasi per niente nel nord, poco nel centro (eccetto che in Toscana) e di frequente nel sud.

**9.e** Rileggi i testi ai punti **6.a** e **9.a**. Perché l'autore sceglie di usare il passato prossimo come tempo base per il primo testo e il passato remoto per il secondo?

 **10 PROGETTO FINALE**  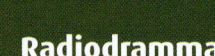 **Radiodramma**

*Lavorate in gruppi di quattro e seguite le istruzioni.*

### Istruzioni

**a.** Il racconto "Io e lui" è tratto dall'edizione del 2013 (dedicata al tema dell'amicizia) di un'agenda storica, la Smemoranda. Andate sul *www.smemoranda.it*, e seguite il percorso: agenda → correva l'anno (scegliete un anno in particolare) → racconti. Osservate i temi proposti di anno in anno.

**b.** Scegliete un racconto ed esercitatevi a leggerlo a voce alta curando la pronuncia, il ritmo e l'intonazione. Poi trasformatelo in una sceneggiatura per la radio (solo dialoghi).

**c.** Decidete quali rumori e suoni vi servono per creare l'ambientazione e procuratevi i materiali utili per creare il sottofondo sonoro!

**d.** Dividetevi i ruoli: tre attori e un regista. Gli attori provano le rispettive parti. Il regista fa anche la voce fuori campo, se è necessaria. Alla fine registrate il vostro lavoro e fatelo ascoltare alla classe, oppure, in alternativa, preparate un grande cartellone con scritto il nome della vostra radio, nascondetevi dietro il cartellone e recitate il radiodramma.

# Scheda culturale

## A ogni regione il suo dialetto

**1** *Completa la cartina dell'Italia con i dialetti e le lingue mancanti, come nell'esempio.*

- abruzzese
- lombardo
- siciliano
- pugliese
- campano
- molisano
- ligure
- veneto
- emiliano-romagnolo
- umbro

Etichette sulla cartina:
- francoprovenzale
- tedesco
- ladino
- ladino friulano
- trentino
- sloveno
- piemontese
- toscano
- marchigiano settentrionale
- marchigiano meridionale
- abruzzese
- sardo settentrionale
- laziale
- salentino
- lucano
- sardo meridionale
- calabrese

## Scheda culturale

**2** Leggi il testo e indica con una "X" se le affermazioni sotto sono vere o false.

### Atlante Linguistico Italiano

# I dialetti italiani

La teoria classica sostiene che con la conquista romana il latino si è diffuso in mezza Europa e soprattutto nel bacino del Mediterraneo sovrapponendosi alle lingue parlate in precedenza dalle altre popolazioni. Dalla mescolanza di questi elementi e da quelli derivanti dalle successive invasioni barbariche, si sono generati i vari dialetti d'Italia. Ma non tutti i dialetti italiani hanno il latino tra gli antenati: per esempio hanno padre diverso i dialetti sloveni del Friuli Venezia Giulia, quelli croati del Molise, quelli grecanici (o grichi) del Salento e dell'estremità meridionale della Calabria e quelli albanesi diffusi in gran parte dell'Italia centromeridionale e in Sicilia. Oggi sono pochissimi (appena il 7%) gli italiani che parlano esclusivamente il dialetto. Ma l'uso del dialetto è tuttora largamente diffuso, seppure in alcune regioni più che in altre: al nord, per esempio, Valle d'Aosta, Trentino, Veneto e Friuli; al sud, in Sicilia, Calabria e Basilicata. In Toscana e a Roma non c'è una vera competenza dialettale: qui, più che dialetti, si parlano varietà regionali d'italiano. Chi parla e intende il dialetto oggi usa e capisce anche l'italiano, e spesso usa il dialetto solo in particolari situazioni, per esempio in famiglia o ironicamente con gli amici, mentre parla italiano in altre situazioni comunicative.

Adattato da www.atlantelinguistico.it

| | Vero | Falso |
|---|---|---|
| 1. Molti dialetti nascono dall'incontro del latino antico con le lingue precedenti e con le lingue delle popolazioni barbare. | ☐ | ☐ |
| 2. I dialetti che non hanno origini latine si trovano solo al sud. | ☐ | ☐ |
| 3. Ci sono ancora italiani che non sanno parlare la lingua italiana. | ☐ | ☐ |
| 4. Oggi molti italiani parlano il dialetto. | ☐ | ☐ |
| 5. Chi parla il dialetto generalmente lo usa in tutte le situazioni. | ☐ | ☐ |

**3** Abbina i proverbi dialettali (tratti dall'archivio on line www.dialettando.com) alla traduzione in italiano.

| Proverbio in dialetto | Traduzione in italiano |
|---|---|
| 1. Cu bedda voli pariri peni e guai iavi suffriri. | a. L'uomo onesto parla in faccia. (Sardegna) |
| 2. Quann'e trona in quarghi postu piòe. | b. Loda il mare, ma stai a casa. (Liguria) |
| 3. Amore senze barufe e fas le muffè. | c. Quando tuona in qualche posto piove. (Umbria) |
| 4. Loda ö mà, ma stanni a cà. | d. L'amore senza litigi fa la muffa. (Friuli Venezia Giulia) |
| 5. S'homine bonu fredda in cara. | e. Per pagare e morire c'è sempre tempo. (Piemonte) |
| 6. Par paghè e mori j'è sempar temp. | f. Chi bella vuole apparire, pene e guai deve soffrire. (Sicilia) |

# Una storia da brividi

episodio 10

# Appendici

## Unità 1

### 4 ESERCIZIO L'indiziato

**Istruzioni studente B**

**Parte 1** - Sei un ispettore della polizia. Ieri c'è stato un omicidio davanti all'Hotel Venezia. Un testimone ha visto un uomo sul luogo del delitto. Decidi di interrogare quell'uomo. Se l'indiziato dà una risposta non appropriata alla domanda o coniuga i verbi in modo scorretto, deve ricominciare dalla prima domanda (per ogni frase deve coniugare un verbo al passato prossimo e uno al trapassato prossimo). Alla fine dell'interrogatorio invertite i ruoli (Parte 2).

### Domande da fare all'indiziato

1. Perché domenica scorsa, alle 10 di sera, si trovava davanti all'Hotel Venezia?
2. Ma sappiamo che Lei non stava guidando la sua macchina.
3. Perché tornava dall'ospedale?
4. E ci è rimasto fino a sera?
5. E dove ha lasciato la sua macchina?

### Risposte corrette

d. Perché **ero andato** al distributore accanto all'hotel per fare benzina ma poi ho sentito degli spari e **sono corso** subito all'hotel.

a. Sì, sabato **avevo ritirato** la mia macchina dal meccanico, ma domenica, tornando dall'ospedale, si è fermata di nuovo e allora **ho chiesto** in prestito la macchina a un'amica che lavora all'ospedale.

c. Sabato notte mia moglie **si era sentita** poco bene, così domenica mattina l'**ho portata** all'ospedale e l'hanno ricoverata.

e. No, sono venuto via nel pomeriggio, ma poi mi sono accorto che **avevo dimenticato** il cellulare in ospedale e **sono tornato** indietro.

b. L'**avevo lasciata** davanti a un garage di Via Petrarca, ma poi il proprietario del garage **ha chiamato** il carro attrezzi e me l'hanno portata via.

**Parte 2** - Ieri sera c'è stato un omicidio davanti al bar dei Portici. Un testimone ti ha visto sul luogo del delitto, quindi sei tu il principale indiziato. La polizia ti interroga: devi rispondere in modo appropriato alla domanda usando le frasi accanto (le risposte non sono in ordine; devi coniugare in ogni frase un verbo al passato prossimo e un verbo al trapassato prossimo). Ogni volta che sbagli risposta o coniughi male un verbo, devi ricominciare (dalla prima risposta). Alla fine invertite i ruoli.

### Risposte dell'indiziato

a. A Trieste. *(Lui - venire)* _____ a Bologna per fare un colloquio di lavoro, ma stamattina *(ripartire)* _____.

b. Sono andato da un amico che abita dietro al bar per riportargli un libro che mi *(lui - prestare)* _____ per un esame, ma il mio amico non c'era e *(io - tornare)* _____ indietro.

c. Infatti, andando a casa del mio amico, *(io - incontrare)* _____ Mirco, un vecchio amico che non *(io - vedere)* _____ più _____ dai tempi del liceo e abbiamo fatto un po' di strada insieme.

d. Sì, ma il mio amico mi *(chiamare)* _____ il giorno prima per dirmi che gli serviva assolutamente il libro e ieri *(io - lavorare)* _____ fino alle undici e mezza al ristorante, non potevo andarci prima.

e. Mirco mi *(invitare)* _____ ad andare a bere qualcosa al Roxy Bar, ma era chiuso e allora siamo andati in piazza Grande e *(noi - rimanere)* _____ lì, a chiacchierare su una panchina.

# Appendici

## Unità 1

### 8 GIOCO Forma la parola!

A turno, ognuno associa una casella **viola** a una casella **verde** e forma una parola composta, abbinandola poi alla figura corrispondente. Il compagno controlla se l'abbinamento è giusto (le soluzioni di A sono sotto). Se la parola composta e il disegno sono giusti, lo studente conquista le tre caselle. Vince chi occupa per primo tutte le caselle.

**Studente B**

| auto | porta | capelli | apri | palla |
|------|-------|---------|------|-------|
| a. (posacenere) | b. (apribottiglie) | c. (motociclista) | strada | ciclista |
| d. (semaforo) | canestro | Forma la parola! | moto | cenere |
| e. (canestro) | asciuga | f. (asciugacapelli) | salva | segna |
| g. (segnalibro) | libro | gente | h. (salvagente) | bottiglie |

**Soluzioni studente A**
1. cassaforte 2. pianoforte 3. fuoristrada 4. portachiavi
5. pescespada 6. attaccapanni 7. asciugamano 8. passamontagna

### 9 PARLARE Agenti e clienti

**Istruzioni studente B**

Stai cercando casa a Milano, dove ti sei trasferito da poco per lavoro. Hai moglie / marito e un figlio. Hai sentito parlare del Bosco Verticale e sai che ci sono degli appartamenti in vendita. Hai preso appuntamento con un'agenzia immobiliare per vedere il progetto di uno di questi appartamenti (che deve essere ancora completato). Hai ancora tanti dubbi su questo tipo di edificio e vuoi capire meglio se ci sono pericoli e se è vantaggioso abitare in un palazzo così diverso. Ti piace il verde, ma non hai tempo per curare giardini o piante da terrazzo, inoltre preferisci abitare a un piano non troppo alto.

centoquarantuno • **141**

# Appendici

## Unità 4

**10** GIOCO *Indovina il mimo!*

La classe si divide in due squadre (A e B). Ogni squadra legge le proprie istruzioni.

### Istruzioni squadra B

Un membro della squadra legge una situazione della lista a un giocatore della squadra A (o due giocatori, se la frase è per due mimi) senza farsi sentire dagli altri membri della squadra avversaria. Il giocatore deve mimare la frase alla propria squadra, che ha 3 minuti per formulare una frase adatta alla situazione rappresentata, come nell'esempio. La soluzione è accettabile solo se la squadra usa un verbo d'opinione seguito dal congiuntivo. Non si può usare lo stesso verbo d'opinione per due volte di fila. La squadra A può fare più tentativi in 3 minuti: se formula una frase corretta grammaticalmente e adeguata al contesto, prende un punto e il turno passa alla squadra B. Vince la squadra che ottiene più punti.

### Situazioni

1. Suona il campanello, apri la porta.
2. Tu e un'altra persona siete nella sala d'attesa di uno studio medico.
3. Stai spingendo il carrello in un supermercato.
4. Tu e un'altra persona state facendo la fila in aeroporto per il check in.
5. Tu e un amico / un'amica vi state spogliando in spiaggia.

### Esempio

**Situazione:** Stai entrando in uno studio dentistico.

Uno studente della squadra A mima la situazione.

● **Squadra A**
"Mi sembra che lui sia nervoso perché deve andare dal dentista."

● **Squadra B**
Giusto!

# Appendici

## Unità 6

**8** **GIOCO** Battaglia navale

Soluzione studente A

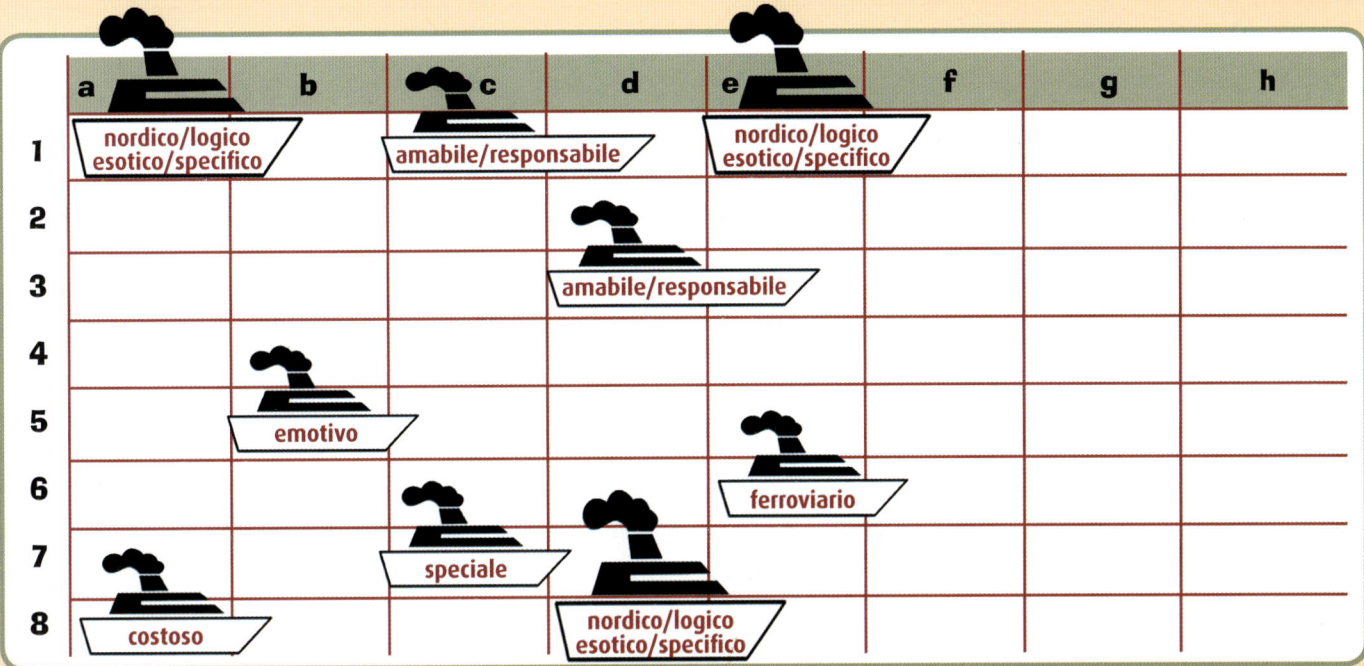

Soluzione studente B

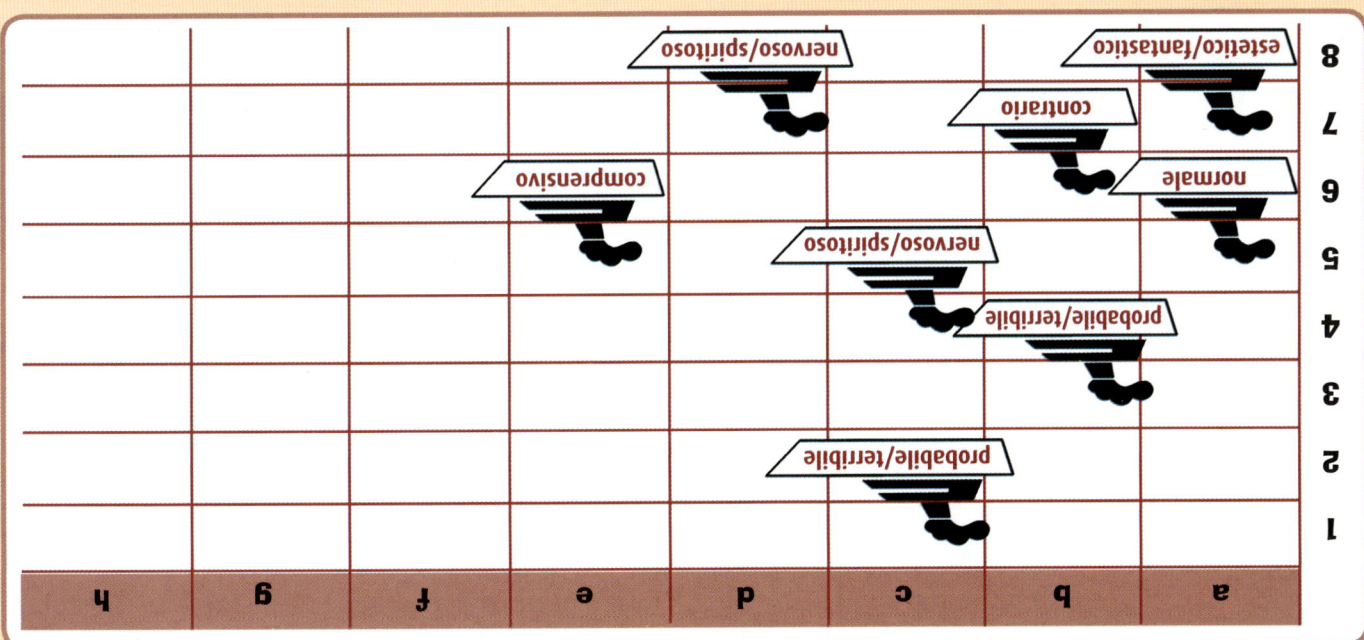

# Appendici

## Unità 7

### 11 PARLARE Chiedi all'esperto!

*La moglie esce dalla cucina, percorre un tratto del corridoio e raggiunge il telefono. Sfoglia l'elenco, poi fa un numero, lentamente.*
**MARTA** Pronto, c'è il commissario?
**VOCE METALLICA** Dica a me.
**MARTA** Dovrei fare una denuncia.
**VOCE METALLICA** Cos'è successo?
**MARTA** Un assassinio.
**VOCE METALLICA** Via?
**MARTA** Via Merulana 480, scala B interno 11.
**VOCE METALLICA** Chi è la vittima?
**MARTA** Sono io.

Parte finale dell'opera teatrale *La moglie e la mosca* di Luigi Malerba

## Unità 8

### 5 GIOCO Che imbarazzo!

#### Istruzioni squadra B

La squadra A sceglie una situazione dalla propria lista. Avete 4 minuti per formulare almeno tre consigli con la costruzione: *se fossi in te* (= al tuo posto) + condizionale presente. Se la squadra A accetta la frasi, si ottiene un numero di punti pari alle frasi corrette. Poi il turno passa alla squadra avversaria. Vince la squadra che ottiene più punti.

#### Esempio

**Situazione:**
Un amico mi ha invitato a cena a casa sua e ha cucinato lui. Ma cucina malissimo!

**Consigli**:
Se fossi in te gli **direi** che sono stato male e non posso mangiare niente.
Se fossi in te **suggerirei** di andare a prendere delle pizze!

#### Situazioni imbarazzanti

1. Un amico mi ha prestato un suo vecchio vinile, ma l'ho perso.
2. Giocando a basket ho rotto il vetro di una finestra di un vicino.
3. Ho una partita importante e ho dimenticato le scarpe.
4. Durante un'interrogazione ho suggerito una risposta sbagliata a un amico.
5. Una / Un ragazza/o che mi piace mi ha invitato in discoteca ma io odio le discoteche!
6. La mattina della gita mi sono svegliato tardi e la classe mi ha dovuto aspettare per un'ora!

# Esercizi

**Unità 1**

**1.** *Leggi le descrizioni: a che tipo di casa si riferiscono? Abbina le definizioni alle varie tipologie di case.*

1. Edificio molto alto che supera i 15 piani.
2. Tipo di edificio con lunghi balconi che collegano i singoli appartamenti.
3. Un'abitazione all'interno di un condominio, molto frequente in città.
4. Una casa indipendente con un piccolo giardino.
5. Un'abitazione indipendente con intorno molta terra per la coltivazione di frutta, verdura o cereali.
6. Una casa composta da due parti indipendenti in cui vivono due famiglie.

a. villetta
b. casa di campagna
c. grattacielo
d. case di ringhiera
e. appartamento
f. casa bifamiliare

**2.** *Completa i testi con le parole della lista. Attenzione: nella lista del punto 1 c'è una parola in più; al punto 2 manca uno spazio vuoto (devi capire tu dove inserire una delle parole proposte).*

( terrazza ) ( orto ) ( appartamento ) ( casa di campagna )

1. Io da bambino abitavo in centro, avevo solo una _____ di cemento e stop, e ho sempre desiderato vivere in una _____, coltivare piante, vedere crescere un alberello, avere un _____ .

Adattato da *http://forum.ilmeteo.it*

( condominio ) ( case ) ( ballatoio ) ( vicini ) ( casa di ringhiera )

2. Da qualche settimana sono andata ad abitare in una _____. Finalmente scopro cosa significa veramente. La casa di ringhiera significa senza dubbio condivisione. La vicinanza delle _____ e l'esistenza di uno "spazio comune" (il ballatoio) crea spesso occasioni di incontro con i propri. Rispetto al _____ "classico" in cui non incontri quasi mai nessuno, sul _____ molto spesso si ha maggiore occasione di vedersi, incrociarsi, magari mentre si stendono i panni o si esce e si entra in casa.

Adattato da *www.milanoinmovimento.com*

# Esercizi

**3** *Ascolta e correggi le informazioni sbagliate.*

> Io mi chiamo Giulio Alsona Bertazzi e nasco a Milano, casualmente, nel 1835, nel periodo del ventennio fascista. E mi succede questo: di nascere al dodicesimo piano dell'orribile... dell'orribile Torre Vittoria di Piazza Castello perché mio papà, quando si è sposato, è andato a stare al 14° piano, e nasco sulla torre. Sennonché mia mamma, perché aveva avuto un'emorragia, è stata portata all'Ospedale Maria Vittoria, subito, nelle ultime ore della mia nascita. Il prefetto di Firenze, in quell'occasione, ha fatto una targa in ottone che ha messo sopra il grattacielo dove c'era scritto "Qui, in questo grattacielo, al 14° piano, è nato il bamb... il primo bambino italiano in un grattacielo". Questa targa, purtroppo, è stata distrutta subito prima della guerra, perché aveva i due fasci littori sopra la targa e quindi non era più adatta.

**4** *Abbina le frasi e coniuga i verbi tra parentesi al trapassato prossimo, come nell'esempio.*

1. Ho chiamato a casa di Lucia, ma non mi ha risposto nessuno.
2. Quando sono arrivato in stazione il treno
3. Sono arrivato a casa e mi sono accorto che
4. Sono tornata nella casa dove
5. Qualcuno ha letto il messaggio che
6. Questo libro è davvero interessante. Ieri, quando mi hai telefonato,
7. Mio nonno abitava in una casa che
8. Interessante questa musica! Non
9. Ieri sull'autobus il controllore non ha creduto
10. Sabato alla festa di Claudio c'erano anche dei ragazzi che

a. (io - abitare) _____ da bambina per qualche anno.

b. (io - lasciare) _____ vicino al telefono prima di uscire?

c. Probabilmente (lei - uscire) <u>era già uscita</u>.

d. (lui - costruire) _____ agli inizi degli anni cinquanta.

e. (partire) _____ da cinque minuti.

f. (io - ascoltare) _____ niente di simile prima d'ora.

g. che (io - dimenticare) _____ l'abbonamento a casa e mi ha fatto la multa!

h. già ne (io - leggere) _____ quasi la metà.

i. (lui - conoscere) _____ al mare l'estate scorsa.

l. (io - lasciare) _____ il cellulare a scuola.

# Unità 1

**5** Coniuga i verbi tra parentesi al passato prossimo o al trapassato prossimo. Fai attenzione alla desinenza del participio passato.

## Bologna come esperienza di vita

Una cittadina "fuori sede" racconta la sua esperienza.
Maria, 23 anni, proveniente dal paese di Acquaviva (Marche).

**Maria, quando** *(tu - arrivare)* _____ **a Bologna e perché?**
*(Io - arrivare)* _____ a Bologna nel '99 per motivi di studio. Molto tempo prima del diploma *(io - decidere)* _____ di frequentare l'università lontano da casa per fare un'esperienza diversa. In realtà *(io - scegliere)* _____ prima la città e poi l'università che volevo frequentare. Mio padre da giovane *(stare)* _____ a Bologna e me ne *(parlare)* _____ sempre bene. Mi incuriosiva vedere in prima persona come si vivesse qui e come fosse veramente questa città, così *(io - decidere)* _____ di partire.

**(Tu - incontrare)** _____ **delle difficoltà al tuo arrivo?**
All'inizio sì, *(io - dovere)* _____ cercare casa e non è stato semplice. Nei primi mesi *(io - viaggiare)* _____ , *(io - vivere)* _____ a casa di parenti in un paesino vicino Bologna, ma è stata dura, passavo le giornate tra una lezione e un appartamento da vedere, non mi fermavo mai, *(io - camminare)* _____ veramente tanto in quel periodo. Inoltre nei primi tempi *(io - sentirsi)* _____ piuttosto sola, anche perché dovendo cercare casa non avevo tempo di intrattenere rapporti di amicizia con nessuno. Direi che le difficoltà maggiori le *(io - incontrare)* _____ per trovare casa e durante la mia prima esperienza di convivenza con altre studentesse. Vivevo con ragazze più grandi di me che *(iniziare)* _____ già _____ a lavorare. Avevano ritmi diversi dal mio e la loro attenzione era proiettata sul lavoro e sul tempo libero. Trovavo difficoltà a vivere con loro. Poi *(io - riuscire)* _____ a trovare un altro appartamento.

*Adattato da www.professionecittadino.it*

**6** Completa i tre testi coniugando i verbi della colonna destra all'imperfetto, al passato prossimo o al trapassato prossimo e seguendo le istruzioni **evidenziate**. I verbi sono in ordine.

### Dov'eri cinque anni fa?

**①** Cinque anni fa noi _____ (appena) _____ e _____ su e giù per l'autostrada _____ per completare il nostro trasferimento da L'Aquila a Bologna. Era solo il terzo trasloco che *(noi)* _____ da quando _____ , ma io ormai _____ allenata... *(Io)* _____ casa già sette volte, dalla mia città natale (Napoli) a Siena e a Londra. Eleonora

| sposarsi | andare |
| fare | sposarsi |
| essere | cambiare |

**C'è uno spazio in più!**

**②** Cinque anni fa *(io)* _____ (appena) _____ dall'Erasmus a Granada per annunciare ai miei genitori che aspettavo un bambino. Poco dopo *(noi)* _____ a Schio e siamo ancora qui. Maria

tornare / finire
partire / trasferirsi

**Seleziona il verbo corretto!**

**③** Cinque anni fa mi stavo per laureare in archeologia, *(io)* _____ appena _____ il servizio civile e cercando di chiudere una relazione senza futuro. Agnese

iniziare
stare

**Decidi dove inserire il verbo *stare* e coniugalo al tempo e modo opportuno!**

# Esercizi

**7** Cerca nel testo al punto **5.b** dell'unità 1 le parole necessarie per completare il cruciverba.

**Orizzontali →**
2. Rispettoso dell'ambiente (plurale).
5. Cattiva qualità dell'aria e dell'acqua.
7. Aggettivo relativo a *primavera* (plurale).
9. Sinonimo di *palazzo*.
11. Aggettivo relativo ad *autunno* (plurale).
12. Aggettivo relativo ad *ambiente* (plurale).
14. Si dice di piante che non perdono mai le foglie.

**Verticali ↓**
1. Abitanti degli appartamenti di un condominio.
3. Effetti positivi.
4. La varietà delle piante e degli animali che popolano la terra.
6. Insieme di piante che vive in un territorio.
8. Aggettivo relativo a *clima* (femminile plurale).
10. Sinonimo di *cittadino*.
13. Un colore usato come sinonimo di *vegetazione*.

**8** Completa il testo con gli aggettivi della lista. Attenzione: gli aggettivi devono concordare con il sostantivo a cui si riferiscono.

sostenibile · ambientale · sempreverde · verticale · acustico · verticale · energetico · energetico · vegetale

## A Rozzano il giardino verticale più grande del mondo

A Rozzano sorge un giardino _____ da record: è il più grande del mondo.
Il centro commerciale Fiordaliso, alla periferia di Milano, è entrato nel Guinness World Record.
Il giardino ricopre parte del muro che circonda il centro commerciale e ha una superficie di oltre mille metri quadrati. Al suo interno crescono oltre 44mila piante e oltre 200 specie _____. La parete _____ copre per buona parte la facciata principale e, come spiegano i curatori, "è un esempio di architettura _____" che "unisce bellezza e risparmio _____ e detta le basi per l'ecologia del futuro".
Frutto dell'inventiva dell'architetto Francesco Bollani, il giardino è un perfetto esempio di biodiversità. La particolarità dell'opera è legata a un'attenta associazione di piante _____ e piante a fioritura. In questo modo, i visitatori del centro commerciale potranno ammirare uno spettacolo in continuo cambiamento in base alle stagioni. Una festa non solo per gli occhi, ma anche per il tatto e l'olfatto.
I benefici _____ del giardino sono soprattutto l'ottimizzazione dei consumi _____ (ripara dal calore in estate ed evita le dispersioni in inverno) e il miglioramento generale della qualità della vita per i residenti nella zona, poiché le piante offrono un utile strumento contro l'inquinamento grazie alla produzione di ossigeno, al filtraggio delle polveri sottili e all'isolamento _____.

Adattato da www.greenme.it

# Unità 1

**9** *I seguenti oggetti hanno un nome formato da parole composte. Trovale nella griglia (in orizzontale →, verticale ↓ o in diagonale ↘↙).*

**1** devi prenderla se vuoi andare veloce in macchina

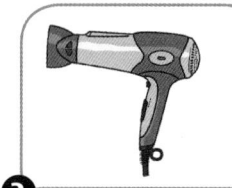
**2** ne hai bisogno se hai i capelli bagnati

**3** è utile in casa per appendere cappotti e giacche

**10** è bravo sulle due ruote

```
A S C I U G A C A P E L L I
P Q E R T U I A O O S M P A
R F E C G T U S A R E O R S
I G R V O Z E S C T G T G D
B A S C I U G A M A N O I F
O U T R G I A F R C A C O G
T T F T R E D O T H L I L H
T O U U A F F R N I I C S L
I S N N O C C T A A B L A Z
G T S O C R C E Z V R I E C
L R I T O N I A U I O S T V
I A D A E T T S P R G T O B
E D E G N L E U T A R A P N
T A G T R U O P E R N G L Q
F E T A T I M T N T A N E R
U N T R A C T O L P U D I T
S C I F L E O R P E R T A O
```

**4** anello di metallo in cui si inseriscono le chiavi

**5** veicolo che può andare su terreni difficili

**9** ne hai bisogno se vuoi aprire una bottiglia di vino

**8** serve dopo il bagno o la doccia

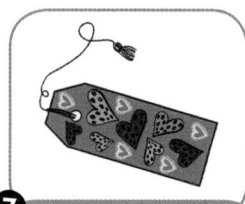
**7** ti aiuta a ritrovare la pagina del libro che stavi leggendo

**6** contenitore per custodire oggetti preziosi o importanti

# Esercizi

 **10** Leggi il testo e riordina la seconda parte (**evidenziata**) delle parole composte.

## Un bosco sui grattacieli? A Milano è possibile

Lo studio di architettura Boeri ha ideato la costruzione di due torri residenziali all'interno del quartiere Isola del **1. capoclima** lombardo, un vero e proprio esempio di riforestazione urbana.
Una superficie verde di circa 10.000 mq sarà sviluppata in orizzontale, per un totale di 2100 piante. Un mix di **2. semprecieli**, foglianti ed essenze aromatiche ricopriranno i due **3. grattaverdi**.
I vantaggi? Grazie a questo giardino verticale, si creerà un **4. microrumore** a misura d'uomo. La presenza delle piante consentirà di avere un temperatura più bassa d'estate, (2-2,5 gradi in meno), e fungerà da barriera **5. antiluogo** e **6. antisostenibile.** Grazie a questo particolare bosco ci saranno anche altri benefici, come un maggiore assorbimento di $CO^2$ e la riduzione delle polveri sottili.
Il progetto Bosco Verde a Milano fa parte di una più ampia riqualificazione urbana **7. ecosmog** denominata Porta Nuova che verrà presentata in occasione dell'Expo del 2015.

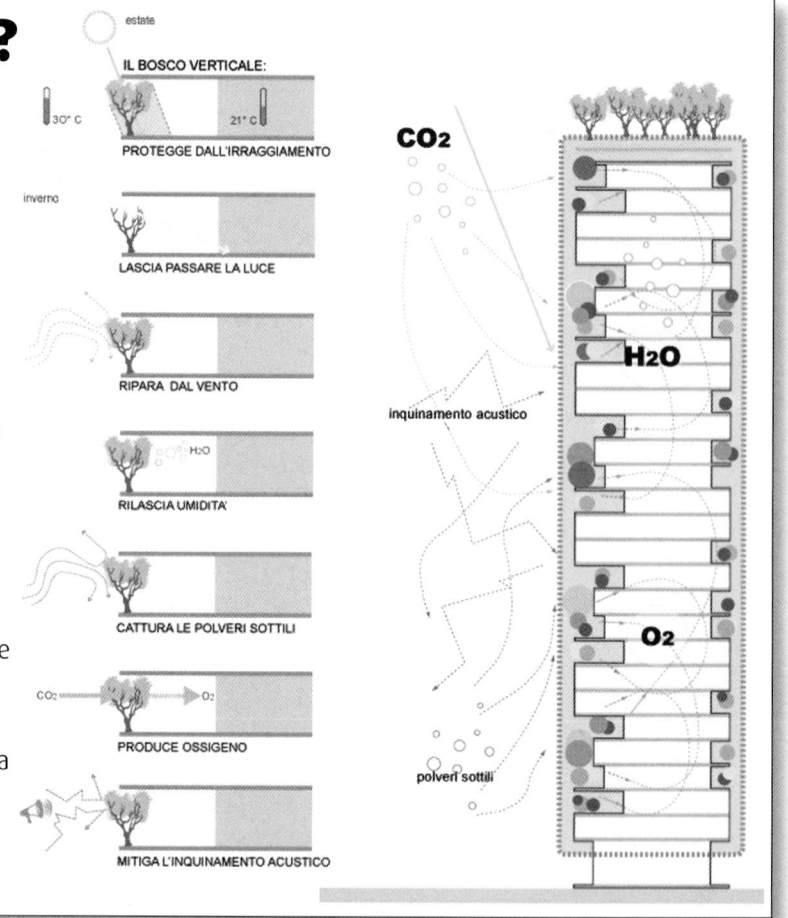

Adattato da www.cityfactor.it

**Parole composte corrette:** 1.____  2.____  3.____  4.____  5.____  6.____  7.____

 **11** Forma delle frasi coerenti abbinando le parti di sinistra a quelle di destra, come nell'esempio.

1. Non puoi continuare ad ascoltare musica
2. Io vado spesso in palestra,
3. Non distrarti
4. Mi ha comprato un regalo
5. A scuola io ho studiato il francese
6. È vietato utilizzare il cellulare
7. Può capitare di incontrare persone conosciute
8. Non capisci mai
9. Pensi sempre di avere ragione
10. Fai bene a insistere nella tua idea
11. Noi vogliamo prendere l'aereo
12. I miei genitori si sono conosciuti

a. quando ti spiego qualcosa!
b. mentre tutti gli altri l'inglese.
c. quando ti parlo!
d. *mentre studi.*
e. invece lui è molto pigro.
f. mentre tutti la pensano diversamente.
g. durante la proiezione del film.
h. mentre si fa una passeggiata in centro.
i. invece loro insistono per andare in treno.
l. mentre era in vacanza.
m. durante una vacanza a Taormina.
n. invece questa volta ti sbagli.

# Esercizi

## Unità 2

**1** Abbina le parole della lista alle parti del corpo.

braccio, spalla, collo, capelli, gomito, gamba, mano, ginocchio, piede, coscia, petto

1. _____
2. _____
3. _____
4. _____
5. _____
6. _____
7. _____
8. _____
9. _____
10. _____
11. _____

**2** Completa le espressioni con le parole della lista.

naso, braccia, capello, occhio, testa, piedi, bocca, viso

1. Rimanere a _____ aperta significa: rimanere sorpreso, senza parole.
2. Avere un diavolo per _____ significa: essere molto irritati.
3. Avere la _____ tra le nuvole significa: essere distratto, poco attento.
4. Non chiudere _____ significa: non riuscire a dormire.
5. Parlare a _____ aperto significa: essere sincero, parlare in modo chiaro.
6. Sentirsi mancare la terra sotto i _____ significa: perdere la forza e il coraggio.
7. A _____ aperte significa: in modo accogliente, affettuoso.
8. Mettere il _____ negli affari altrui significa: occuparsi inopportunamente degli affari degli altri.

**3** Unisci la colonna di sinistra alla colonna di destra selezionando il verbo adatto tra "riuscire" e "sapere" e coniuga il verbo, come nell'esempio. Attenzione: un verbo va al passato prossimo e uno al futuro.

1. A Giulia non piace fare sport, ma
2. Giulio si è fatto male alla gamba,
3. Ho provato a sciare, ma non è proprio il mio sport!
4. Ci piace la pallacanestro e
5. Il pattinaggio è uno sport che mi piace tantissimo e
6. Hanno imparato a nuotare molto bene e quest'anno
7. Quando faccio yoga
8. Claudia è molto sportiva: corre, va in palestra, ma non
9. Prova a fare uno sport,

riuscire / sapere

a. ___sa___ ballare molto bene.
b. non _____ a camminare bene.
c. non _____ a impararlo.
d. in cui _____ a dare il meglio di me stessa.
e. _____ a vincere abbastanza spesso.
f. _____ finalmente a rilassarmi.
g. _____ giocare a tennis.
h. o non _____ mai a perdere peso!
i. _____ a ottenere ottimi risultati.

# Esercizi

**4.a** Completa il testo con i verbi "sapere" e "riuscire".

Caro Simplicio, ho un problema: la mia autostima. Non ho nessuna considerazione di me stessa, mi vedo sbagliata, non _____ e non _____ a fare niente come vorrei. _____ che per aumentare la mia autostima dovrei essere più costante, ma non _____ a concludere niente, o quasi. Mi consigli un metodo per aumentare la fiducia in se stessi? Mi sento inferiore alle altre persone, ho paura di parlare con chi non conosco bene!!! Davvero non _____ che fare! Romy, 15 anni

**4.b** Ecco la risposta al post del punto precedente. Trova i cinque pronomi relativi sbagliati e correggili, come nell'esempio.

Non sei un caso disperato: sei normalissima!! Devi cominciare dalle piccole cose. Sicuramente ci sono cose in (qui) credi e per cui consideri importanti... Dovresti partire da lì. Devo però dirti una cosa: penso che essenzialmente il tuo sia un problema di pigrizia. Magari sei una persona chi si stanca facilmente, che si annoia subito, che si appassiona alle cose e poi le lascia perché ha perso interesse... Se è così devi veramente attivare la tua volontà. E questo vale per tutto: per un rapporto di amicizia, nella scuola, nello sport, nell'amore. Nel momento che vorresti abbandonare tutto, fai uno sforzo di volontà e vai avanti. E sai che ti dico? Quando ci riesci, senti una gioia cui non credevi possibile!!! A presto!

_cui_

Adattato da http://www.meraweb.it

**5** Ricomponi le frasi che sintetizzano l'intervento della psicologa, come nell'esempio. Poi ascolta e verifica. Attenzione: una delle frasi ricomposte non corrisponde al contenuto dell'audio.

## I consigli della psicologa

1. È importante dare valore
2. Quando non va bene niente e ci si sente a terra, è utile tornare indietro
3. Ci sono situazioni di emergenza che
4. Le risorse che una persona usa in certi momenti possono
5. A scuola è necessario usare risorse e strategie che
6. È importante riconoscere le proprie risorse e ricordare di averle per

a. poterle utilizzare quando servono.
b. essere utili in tanti contesti della vita e in momenti successivi.
c. a quello che si fa e capire che dietro ogni successo ci sono risorse utili.
d. è possibile gestire bene grazie alle singole risorse speciali che tutti possiedono.
e. con la memoria ai buoni risultati ottenuti in passato.
f. sono più utili di altre per riuscire nello studio.

# Unità 2

**6** Leggi il testo e <u>sottolinea</u> il pronome corretto tra quelli **evidenziati**.

## skuola.net
*il paradiso dello studente*

Invia i tuoi appunti | Entra nel Forum | Scopri chi c'è | Mi piace

Home | Appunti | Forum | News | Medie | Superiori | Università | Maturità | Tv | Viaggi | Store

### Sport individuale o gioco di squadra?
Tra lo sport individuale e il gioco di squadra quale preferite? Io gioco momentaneamente a pallavolo (**lo / ci / mi** piace tantissimo!) ma vorrei praticare uno sport individuale, il karatè... Che opinione avete sui diversi modi di fare sport?

Be', se sei da sola magari riesci ad arrivare più in alto... Ma con una squadra, se è una bella squadra, hai l'affetto, l'appoggio, tutto... Stai in compagnia e fai nuove amicizie. Se la pallavolo **ti / mi / ci** piace tanto e **lo / la / gli** fai da tanti anni **te / io / ti** sconsiglio di lasciar**le/ti/la**... Penso che tu **ne / ti ne / te ne** potresti pentire... Esperienza personale!

Preferisco il gioco individuale! Perché altrimenti se vinci la vittoria è solo per metà tua... **Io / La / Mi** pratico arrampicata sportiva ed è individuale, ma in questo sport conta molto la squadra!

Esatto, poi magari nel gruppo qualcuno non **lo / si / ti** impegna per niente e rovina il lavoro di tutti gli altri... Se **la / io / mi** faccio da sola, invece, sono certa che le cose vengono al meglio delle mie capacità.

L'unico punto positivo quando **si / lo / ci** pratica un gioco di squadra, è che **ci si / ti si / si** stimola a fare sempre meglio e **si / ci si / si ci** diverte... Altrimenti poi sono solo giudizi, prese in giro, chiacchiere, ecc.

Adattato da *www.skuola.net*

**7** Inserisci nel testo i pronomi relativi della lista solo dove è necessario.

in cui — che — che — in cui — che — in cui

Il Sole 24 ore ha pubblicato una classifica realizzata in base all'indice di sportività, _____ si calcola attraverso il numero di tesserati, gli sport praticati, i fattori sociali e il peso _____ occupato dallo sport nella storia delle città. Secondo questa classifica, Parma è la città italiana _____ si fa più sport, Genova è la città _____ occupa il secondo posto, mentre il sud e le isole _____ occupano la parte bassa della classifica. Tra le città _____ si pratica meno sport ci sono Napoli e Palermo. Secondo un'altra indagine fatta dal Coni*, l'età _____ l'attività sportiva è più praticata è quella tra i 6 e i 14 anni. Dai 15 anni in su la percentuale delle persone _____ fanno sport diminuisce.

\* Comitato Olimpico Nazionale Italiano

Adattato da *www.sportindustry.com*

# Esercizi

**8** Leggi il testo e sottolinea il pronome relativo corretto tra quelli **evidenziati**.

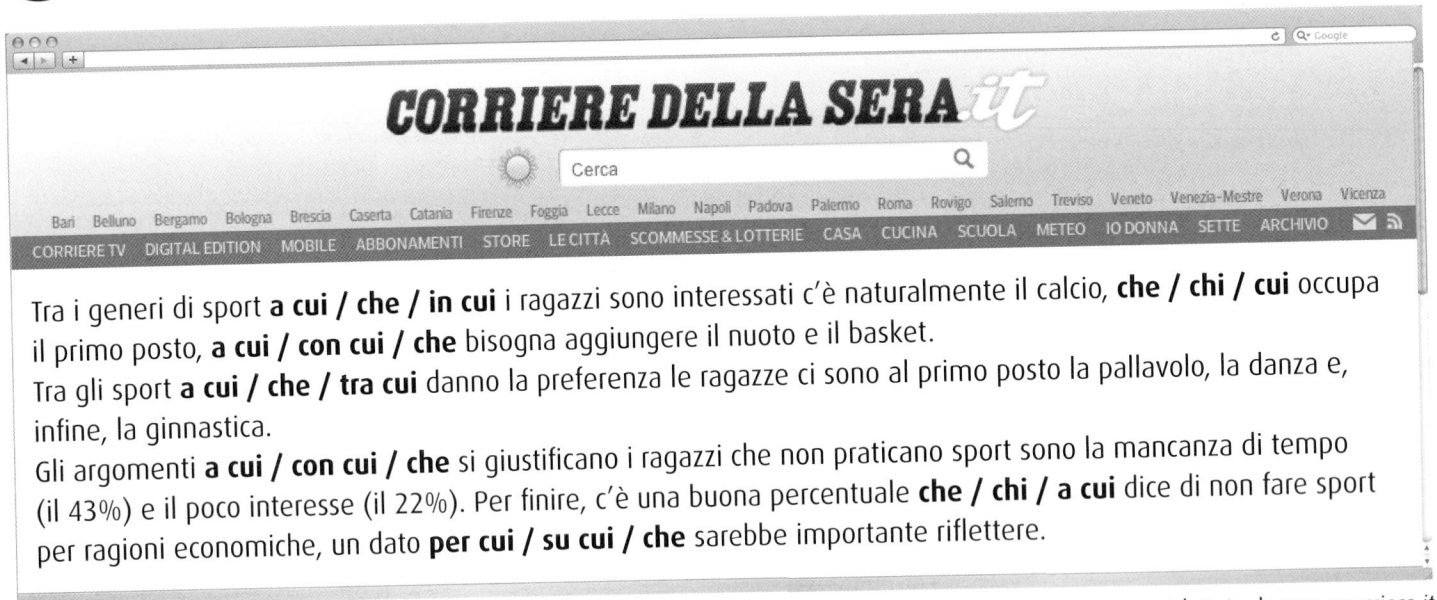

Tra i generi di sport **a cui / che / in cui** i ragazzi sono interessati c'è naturalmente il calcio, **che / chi / cui** occupa il primo posto, **a cui / con cui / che** bisogna aggiungere il nuoto e il basket.
Tra gli sport **a cui / che / tra cui** danno la preferenza le ragazze ci sono al primo posto la pallavolo, la danza e, infine, la ginnastica.
Gli argomenti **a cui / con cui / che** si giustificano i ragazzi che non praticano sport sono la mancanza di tempo (il 43%) e il poco interesse (il 22%). Per finire, c'è una buona percentuale **che / chi / a cui** dice di non fare sport per ragioni economiche, un dato **per cui / su cui / che** sarebbe importante riflettere.

Adattato da *www.corriere.it*

**9** Trasforma i verbi **evidenziati** alla forma impersonale, come nell'esempio. Attenzione: in alcuni casi devi combinare il pronome impersonale "si" con il pronome riflessivo.

Come **facciamo** → _____si fa_____ a sapere se
**siamo** → _____ fuori forma e
**abbiamo** → _____ bisogno di esercizio
fisico? Una buona guida generale è che, dopo l'esercizio fisico,
**ci sentiamo** → _____ meglio e che questa
sensazione di benessere dovrebbe permanere diverse ore...
Se la condizione fisica non è ottimale:
**respiriamo** → _____ male dopo aver salito
una rampa di scale;
**ci stanchiamo** → _____ dopo pochi minuti di riscaldamento;
**abbiamo** → _____ difficoltà a dormire la notte dopo l'allenamento;
**proviamo** _____ una strana stanchezza il giorno dopo l'esercizio;
**ci sentiamo** → _____ senza forze per la maggior parte del tempo.
Ecco alcuni suggerimenti per aumentare l'attività fisica giornaliera:
- scendere alcune fermate dell'autobus prima rispetto al solito, oppure andare a lavoro a piedi o in bicicletta;
- fare le scale invece di prendere l'ascensore o la scala mobile;
- fare una passeggiata quando **ci sentiamo** → _____ annoiati, ansiosi o arrabbiati...
- scegliere alcune attività da fare con gli altri (es. calcio, passeggiate, tennis...).
- evitare intere giornate davanti alla TV;
- muoversi il più possibile.

Adattato da *www.progettobenesserelilly.it*

**10** *Abbina le espressioni al significato corrispondente.*

**Espressione**

1. sentirsi giù
2. sentirsi fuori forma
3. sentirsi un nodo alla gola
4. sentirsi a disagio
5. sentirsi cascare le braccia
6. sentirsi un pesce fuor d'acqua
7. sentirsi mancare la terra sotto i piedi
8. sentirsi in colpa

**Significato**

a. avere una sensazione di angoscia
b. trovarsi in una situazione inusuale, fuori dal proprio contesto abituale
c. essere tristi
d. sentirsi responsabili di un problema
e. scoraggiarsi
f. provare un senso di insicurezza, disorientamento, sconforto
g. non stare bene fisicamente
h. essere in imbarazzo

**11** *Completa i post con quattro delle espressioni dell'esercizio precedente.*

Yahoo! : Mio Yahoo! : Mail : Altro ▼         Fai di Y! la tua home page

**YAHOO!® ANSWERS**
ITALIA

| INIZIO | CATEGORIE | LE MIE ATTIVITÀ | INFORMAZIONI |

**1.** Che significato ha "_____"?

È una sensazione di insicurezza e di vuoto che si ha quando per qualche motivo (di solito un cambiamento importante) le certezze crollano e ci si sente disorientati, senza punti di riferimento stabili.

**2.** È normale avere la sensazione di essere fuori posto, _____ anche quando si esce con i propri amici?

**3.** Una ragazza comune (bella o brutta, non importa) come può riuscire a "mimetizzarsi" in un ambiente un po' particolare: magari a un concerto, un ritrovo, un evento, senza _____?

**4.** Che fare per non _____? È importante capire la ragione di questo sentimento, se è dovuto a qualcosa che ci è successo o solo a un momento di noia o malinconia... Poi è essenziale reagire con dei pensieri positivi, concentrandosi sulle cose che ci fanno piacere.

Adattato da *www.answers.yahoo.com*

# Esercizi

**12** Completa il testo con le espressioni della lista, come nell'esempio.

così, nemmeno, tanto meno, perciò, magari, per questo, perché, magari

Ciao, sono Lilli, una ragazza di primo superiore, sono riccia e mora, occhi grandi, pelle bianca, non molto alta e un po' cicciottella.
Ti scrivo **1.** _perché_ la mia professoressa di educazione fisica oggi è arrivata in palestra con una novità... "Mi muovo di più, guardo meno la tv... e tu?"... È bastato il titolo per rovinarmi la giornata! L'unico momento in cui riesco a rilassarmi è davanti alla tv. Riesco finalmente a non pensare a nulla e a scaricare tutte le tensioni della giornata.

Quando la prof è arrivata con la novità di fare un video sui benefici del movimento, mi sono sentita male e le ho confessato che io non avevo nessuna intenzione di partecipare a quel progetto, **2.** _____ lei mi ha detto di scrivere il perché! Ecco qui il mio perché!
Vengo da una famiglia di sedentari, sia per motivi di lavoro che per natura. Non ho mai visto i miei fare sport e **3.** _____ muoversi a piedi, a parte il giretto domenicale in centro a veder vetrine.
Mio padre non sa **4.** _____ andare in bicicletta e **5.** _____ lo prendiamo in giro. Io sì, uso la bicicletta per andare a scuola, ma quella elettrica... Penso sia l'unico movimento che faccio durante il giorno.
Non sono mai stata abituata a fare movimento neanche da piccola, abbiamo sempre viaggiato, ma facciamo viaggi tranquilli perché i miei lavorano molto durante l'anno, **6.** _____ in vacanza si vogliono riposare. Mi piace la musica, ma non so ballare; mi piace la neve, ma non so sciare... Lo so, dovrei solo cominciare! I miei interessi sono diversi, amo la lettura, il pc, ma soprattutto la tv.
La prof dice che con il movimento si mettono in circolo le sostanze della felicità, ma non penso sia uguale per tutti, lei mi dice di provare... Ok, la prossima settimana parteciperò anch'io alla corsa/camminata settimanale organizzata dalla scuola. **7.** _____ succede qualcosa! **8.** _____ se mi muovo di più mi manca meno la tv!!!
Vieni a provare anche tu?!?
Lilli

# Test - Unità 1 e 2

## 1 Ricostruisci l'articolo.

### Perché iniziare a correre?

1. Questo articolo non è scritto da uno sportivo di professione
2. La corsa è uno sport semplice e pratico. Può essere praticata ovunque: tutti hanno accanto a casa una strada poco frequentata, un parco o un giardino,
3. È uno sport per tutte le stagioni. Scoprirete che è possibile e anche divertente correre d'inverno,
4. La corsa è uno sport economico. L'unica vera spesa sarà l'acquisto di un paio di scarpe. Per il resto niente spese per la palestra
5. È uno sport per chi ama la libertà. Non dovete allenarvi in un orario preciso e

a. magari sotto la pioggia o la neve.
b. e per questo troverete una lista di motivi validi per tutti quelli che non hanno mai fatto sport.
c. perciò correre sarà l'occasione per scoprire vicino a casa degli ambienti naturali.
d. e nemmeno per l'abbigliamento.
e. tantomeno dipendere dall'apertura di palestre, piscine e altri impianti sportivi.

*Adattato da www.podistitaglioleksi.it*

1. ☐  2. ☐  3. ☐  4. ☐  5. ☐

**Punteggio:** ____ /20 (ogni paragrafo ordinato correttamente = 4 punti)

## 2 Coniuga i verbi tra parentesi al presente, al passato prossimo, all'imperfetto o al trapassato prossimo.

CAVRIAGO (Reggio Emilia). Ai carabinieri che lo *(stare)* _____ aspettando sotto casa per il quotidiano controllo, *(lui - rispondere)* _____ che *(lui - andare)* _____ al bar a fare colazione. Questo piccolo piacere, però, non *(essere)* _____ permesso perché l'uomo *(essere)* _____ agli arresti domiciliari e *(avere)* _____ il diritto di uscire solo nei giorni feriali, un'ora al mattino e una al pomeriggio, per andare a prendere il figlio a scuola. Il protagonista di questa "evasione" è un quarantenne residente a Cavriago. Il giorno di Pasquetta l'uomo *(pensare)* _____ di uscire e andarsi a godere un cornetto al bar, ma al suo ritorno *(lui - trovare)* _____ i militari che *(arrivare)* _____ circa venti minuti prima. Ora l'uomo *(trovarsi)* _____ in carcere, in attesa di essere processato.

**Punteggio:** ____ /20 (ogni verbo corretto = 2 punti)

## 3 Completa il testo con i pronomi relativi della lista.

che • che • che • che • in cui • in cui • tra cui

*ViciniDiBanco.it* è il primo sito italiano nato per creare annuari scolastici on line _____, per ogni scuola e per ogni annata, è possibile trovare tutte le immagini degli alunni delle diverse sezioni.
L'idea però non interessava molto, così sono state inserite altre funzioni, _____ le più importanti sono:
- quando un utente dichiara la classe _____ frequenta, si crea una pagina _____ raccoglie i nomi e le foto di tutti gli altri alunni della stessa classe;
- è possibile dichiarare di conoscere gli altri utenti, _____ si possono contattare attraverso messaggi privati o pubblici;
- in ogni sezione è presente una pagina privata _____ gli alunni di quella classe possono ricordare il loro passato scolastico attraverso la pubblicazione di foto, video o ricordi _____ saranno visibili solo per loro.

Adattato da *www.gazzettadireggio.gelocal.it*

**Punteggio:** ____ /14 (ogni pronome corretto = 2 punti)

# Test - Unità 1 e 2

**4** Trasforma i verbi sottolineati alla forma impersonale.

### Come scegliere la casa giusta?

Quando cerchi _____ una casa in periferia, in genere tieni _____ conto dei mezzi di trasporto (metro, autobus, ecc.) per capire di quanto tempo hai _____ bisogno per raggiungere il centro e i servizi.
Se ti vuoi _____ orientare verso una casa in centro, invece, devi _____ fare i conti con prezzi molto più alti, caos e traffico a tutte le ore del giorno, ma hai _____ anche maggiori possibilità di lavoro, studio e divertimento.
Infine, se hai _____ in mente una casa nuova, i prezzi saranno molto più alti, ma spesso, in una casa vecchia ti trovi _____ a dover fare molti cambiamenti e lavori extra.

Adattato da www.marieclaire.it

**Punteggio:** _____ /16 (ogni verbo corretto = 2 punti)

**5** Scrivi i nomi degli oggetti raffigurati.

1. _____
2. _____
3. _____
4. _____
5. _____

**Punteggio:** _____ /15 (ogni oggetto = 3 punti)

**6** Ascolta l'intervento del dirigente scolastico e indica con una "X" se le seguenti affermazioni sono vere o false.

cd 21

|  | Vero | Falso |
|---|---|---|
| **Per scegliere una scuola è importante:** | | |
| 1. seguire quello che si ama fare. | ☐ | ☐ |
| 2. iscriversi dove sono gli amici. | ☐ | ☐ |
| 3. visitare le scuole prima di decidere. | ☐ | ☐ |
| 4. ascoltare i consigli di altre persone. | ☐ | ☐ |
| 5. visitare i siti internet delle scuole. | ☐ | ☐ |

**Punteggio:** _____ /15 (ogni risposta corretta = 3 punti)

# Bilancio - Unità 1 e 2

## Cosa sai fare?

- descrivere il tipo di scuola che frequento, con i suoi aspetti positivi e negativi
- dare un consiglio a un amico sulla scelta di una scuola
- raccontare un evento del mio passato
- descrivere la città e il quartiere in cui abito
- informarmi ed esprimere le mie esigenze su un appartamento in cui abitare
- descrivere le attività che svolgo per mantenermi in forma
- parlare delle mie capacità e delle mie difficoltà

## Cosa conosci?

*Pensa a quello che hai imparato e scrivi:*

- tre tipi di scuola superiore in Italia
- tutti i tipi di abitazione che ricordi
- quattro parole composte
- un breve episodio passato, usando il passato prossimo e il trapassato prossimo
- quattro espressioni con il verbo *sentirsi*
- due sinonimi di *quindi* e un sinonimo di *magari*
- due frasi con il pronome *cui* e due con la forma impersonale *ci si*

## Come... ti presenti a uno studente che ospiterai a casa tua?

*Devi ospitare per tre settimane uno studente di un altro paese / un'altra città per un progetto di scambio tra le vostre scuole. Lo studente verrà in classe con te e frequenterà le tue lezioni. Ti invia un messaggio per chiederti di presentarti e parlare del contesto in cui vivi e studi. Seleziona con una "X" le informazioni che inseriresti nella tua risposta, poi indica in che ordine le scriveresti.*

Ordine

- **a.** Descrivo la mia città e il mio quartiere.
- **b.** Do informazioni sulla storia della mia città.
- **c.** Descrivo la scuola che frequento e i miei insegnanti.
- **d.** Parlo dei miei interessi e delle mie abitudini nel tempo libero.
- **e.** Parlo dei miei successi e delle mie difficoltà scolastiche.
- **f.** Parlo del rapporto che ho con i miei compagni di scuola.
- **g.** Descrivo la mia casa.
- **h.** Spiego cosa vorrei fare insieme a lui nel tempo libero.
- **i.** Parlo della mia famiglia.
- **l.** Altro: _____

## Mettiti alla prova!

*Scrivi una mail allo studente che ospiterai includendo tutte le informazioni che hai scelto sopra.*

# Esercizi

**1.** *Qui sotto trovi alcuni commenti all'articolo del punto 2.a dell'unità 3. Trasforma le frasi evidenziate da passive ad attive, come nell'esempio.*

**1** Ha voluto fare il magnifico... **E la sua ragazza che non lo conosceva sotto un aspetto così colto è stata presa di sorpresa.** *E (lui) ha preso di sorpresa la sua ragazza, che non lo conosceva sotto un aspetto così colto.*

**2** Lui voleva fare il romantico... **È stato visto come un pazzo da tutti!**

**3** Mah... **È stato citato un versetto evidentemente poco adatto**, infatti la ragazza si è spaventata.

**4** **Tempo fa mi è stata inviata da un ragazzo una frase di Alda Merini.** Voleva farla passare come una creazione sua. La frase diceva: "Il cuore non invecchia".

Adattato da http://it.notizie.yahoo.com

**2.a** *Leggi il testo e correggi le tre forme passive sbagliate.*

### SMS con Shakespeare a fidanzata: lei pensa al suicidio e avvisa 113

Shakespeare sarebbe orgoglioso: non solo ha stato citato in un SMS - davvero un inimmaginabile utilizzo dei suoi versi - ma ha anche scatenato una commedia degli equivoci degna del suo migliore teatro. Protagonisti: due fidanzati di cui non sono stato divulgati i nomi, ma dei quali si sa che hanno 23 e 38 anni e che vivono a Milano. O almeno, lei. (...) L'innamorato dunque, arrivato in stazione Centrale a Milano dopo sette ore trascorse su un treno proveniente da Isernia, decide di scrivere alla fidanzata un messaggio con versi che sono tratto da una delle tragedie più note di Shakespeare, *Romeo e Giulietta*, pensando di mandarle un SMS che le farà capire la forza dei suoi sentimenti per lei.

**Forma sbagliata**
1.
2.
3.

**Forma corretta**
1.
2.
3.

**2.b** Completa il testo selezionando le espressioni corrette nello schema sotto.

Ora, non sappiamo quali frasi della tragedia **1.** _____ dal giovane innamorato, ma di certo - se la ragazza **2.** _____ ha letto la sua volontà di uccidersi - forse non ha esattamente quel che si dice azzeccato la citazione. E così lei, dalla gioia di rivedere il fidanzato, **3.** _____ nel panico, e terrorizzata decide di chiamare il 113 e avvisare la polizia delle intenzioni di lui. Risultato: gli agenti arrivano in Centrale e grazie alla descrizione che era stata fornita dalla preoccupata ragazza l'aspirante suicida **4.** _____. Ma tanto aspirante suicida non sembra, dal momento che sta camminando tranquillo e non mostra per nulla segni di voler compiere qualche gesto estremo. E infatti, quando i poliziotti lo avvicinano e gli spiegano l'accaduto, il giovane **5.** _____ e spiega che non era assolutamente un messaggio d'addio, il suo, ma d'amore. E neppure originale. Poi ringrazia gli **6.** _____ agenti e, scusandosi, scappa via, perché deve correre a tranquillizzare la fidanzata. Alla fine è stata tutta colpa di Shakespeare.

Adattato da *http://247.libero.it*

| 1. | a. sono state scelte | b. hanno scelto | c. sono scelte |
|---|---|---|---|
| 2. | a. li | b. - | c. ci |
| 3. | a. precipita | b. arriva | c. si vede |
| 4. | a. ha immediatamente identificato | b. è immediatamente identificato | c. aveva immediatamente identificato |
| 5. | a. cade letteralmente in piedi | b. cade letteralmente dal letto | c. cade letteralmente dalle nuvole |
| 6. | a. allibiti | b. attenti | c. abili |

# Esercizi

**3** *Cambia le frasi evidenziate dalla forma attiva alla forma passiva, come nell'esempio.*

## Si sente solo: ruba la posta

**1. A Modena hanno denunciato un cinquantenne per furto di corrispondenza.** Un ladro insolito che rubava per solitudine e non per necessità. Infatti l'uomo, a cui nessuno scriveva da mesi, si sentiva tanto solo che per rimediare al disagio rubava dalla casella postale della sua zona: lettere, cartoline e fatture destinate alle famiglie e alle aziende, che spesso neanche leggeva.
**2. Alcuni abitanti della cittadina emiliana hanno reso noto il caso.**
**3. I cittadini, preoccupati per il mancato arrivo della posta, hanno denunciato il fatto alla polizia.**
**4.** In seguito a vari controlli, **gli agenti hanno colto sul fatto il bizzarro "ladro di lettere"** mentre faceva il consueto "giro", in cerca di posta da prelevare.
**5. I poliziotti hanno poi trovato nell'abitazione dell'uomo più di cento lettere, quasi tutte ancora chiuse.**

*Adattato da http://notizie.delmondo.info*

1. A Modena un cinquantenne è stato denunciato per furto di corrispondenza.
2. _____
3. _____
4. _____
5. _____

**4** *Coniuga i verbi tra parentesi al passato prossimo passivo. Poi indovina di che tecnologia o strumento tecnologico si tratta.*

**1.** Il primo della storia *(inviare)* _____ il 3 dicembre del 1992, era partito da un computer verso un cellulare e il testo diceva in inglese: "Buon Natale!". Mentre il primo da cellulare a cellulare *(spedire)* _____ all'inizio del 1993 da uno stagista della Nokia.

Sai che cos'è? _____

**2.** Questa tecnologia *(scoprire)* _____ molto tempo fa, ma è solo da pochi decenni che è diventata una realtà accessibile a tutti. (La tecnologia - *inventare*) _____ dall'ingegner Martin Cooper che il 3 aprile 1973 ha fatto la prima chiamata con un prototipo che pesava più di un chilo e aveva solo 30 minuti di autonomia per le conversazioni.

Sai che cos'è? _____

**3.** Questo sistema *(progettare)* _____ originariamente negli anni sessanta, durante la guerra fredda, come strumento militare e di *intelligence*, ma solo nel 1983 il suo uso *(allargare)* _____ a scopi civili. Oggi è così diffuso da aver sostituito l'uso delle cartine e delle mappe stradali.

Sai che cos'è? _____

*Adattato da http://it.wikipedia.org*

## Unità 3

**5** Scrivi nel dialogo il sinonimo delle espressioni **evidenziate** scegliendo tra quelle della lista. Poi ascolta e verifica.

Parole: magari, proprio, proprio, proprio, cioè, certo

- **Donna:** Mah, eh... Questo è l'ultimo modello, sei **1. davvero** _____ sicuro che non funzioni?
- **Ragazzo:** Sì, le dico che son proprio sicuro.
- **Donna: 2. Voglio dire**, _____, ha... hai letto tutte le istruzioni...
- **Ragazzo:** Sì, tutto, tutto.
- **Donna:** Mah! Hm... Posso provare a fare una foto?
- **Ragazzo:** Sì, **3. naturalmente**. _____.
- **Donna:** Ma... Hai **4. davvero** _____ ragione, non funziona. Hm...
  **5. Forse** _____ ti è cascato... Sei **6.** _____ **veramente** sicuro che non ti è cascato?

**6** Dividi i diminutivi dai falsi diminutivi, come negli esempi. Puoi usare il dizionario.

Parole: stellina, manina, *piattino*, bicchierino, scontrino, pizzetta, cioccolatino, ciliegina, mulino, cucina, piccolino, ballerina, vestitino, vicino, gattino, *giardino*, scarpina, cantina, merendina, muretto

**Diminutivi**
- piattino

**Falsi diminutivi**
- giardino

**7** Completa le frasi con i diminutivi delle parole tra parentesi.

1. Che bello questo (vestito) _____! Voglio provarlo!
2. Ho sentito alla radio il racconto di un (ragazzo) _____ di 8 anni: la madre gli chiede di non dire più (merenda) "_____" e (focaccia) "_____" perché ormai è grande e bisogna finirla con i diminutivi. "Mamma", risponde lui dopo un po', "io vado a giocare in giardo."!
3. Ieri sera siamo andati a bere una cosa in un (locale) _____ in centro.
4. C'è un (problema) _____ di cui vorrei parlare con te.
5. Quella (ragazza) _____ è veramente incredibile, non sta ferma un attimo!
6. Ieri al (mercato) _____ dell'usato Marta ha trovato dei (vestiti) _____ veramente economici.
7. Domani è il compleanno di Francesco, gli avete preso un (regalo) _____?
8. Ciao, tesoro, me lo dai, un (bacio) _____?

**8** *Coniuga i verbi tra parentesi al condizionale presente.*

Giovani — CERCA NEL FORUM | CERCA NEL FORUM | Cerca — la community di Studenti — Registrati | Entra

Cerca Amici | Chat | Sesso | Foto Vip | Gallery Utenti | Video Utenti | Gruppi | Blog | Test Divertenti | Forum — Entra con facebook

Home Forum | Messaggi Odierni | FAQ | Calendario | Azioni Del Forum | Link Veloci | Segnala Abuso

#1

# Consigli su come comunicare via messaggio

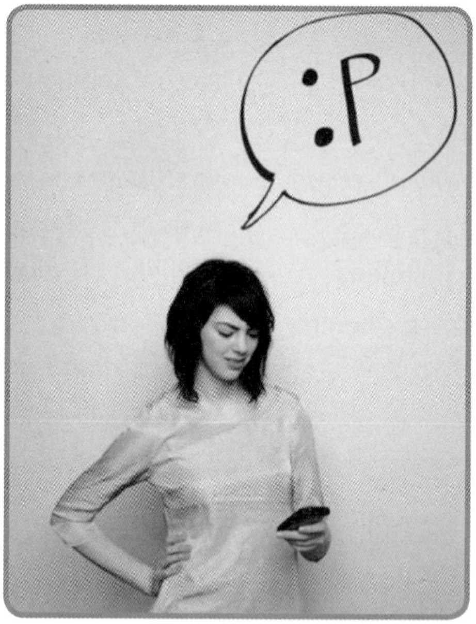


*(Bisognare)* ____________ evitare le citazioni. Prima di fare una citazione, *(tu - dovere)* ____________ assicurarti di conoscerla bene.

*(Tu - potere)* ____________ usare degli emoticon per esprimere le tue emozioni, ma ricorda che *(essere)* ____________ preferibile non esagerare con faccine sorridenti e altri simboli. *(Essere)* ____________ meglio non usare il linguaggio abbreviato per le citazioni: c'è più rischio di equivoci.

Se una persona non risponde al tuo messaggio, *(tu - potere)* ____________ richiamarla per avere notizie.

*(Essere)* ____________ meglio rispondere a un messaggio immediatamente. A nessuno piace aspettare a lungo una risposta.

Quando invii messaggi d'amore, *(tu - dovere)* ____________ assicurarti del nome del destinatario per evitare malintesi.

Ricorda che non *(bisognare)* ____________ fare errori ortografici, perché riducono l'effetto del messaggio inviato.

In molti casi *(essere)* ____________ meglio chiamare invece che mandare un messaggio.

Adattato da *http://forum.giovani.it*

**9** *Coniuga i verbi tra parentesi al condizionale presente.*

① Mi *(voi - dare)* _____ un consiglio su come formulare un messaggio simpatico, originale e sorprendente per chiedere a un ragazzo di uscire a bere qualcosa? Vorrei stupirlo e non sembrare banale.

② Io *(scrivere)* _____ una cosa del tipo: "Ciao! Sai che idea pazza e assurda mi è venuta in mente? Non ci crederai… Sono rimasta anch'io stupita quando ci ho pensato e sono convinta che anche tu lo sarai! Ascolta: usciamo io e te stasera?".

③ *(Tu - potere)* _____ scrivere così: "Ciao, ho un problema… Secondo te è meglio il prosecco o lo spritz? Non so decidere, mi *(tu - aiutare)* _____ a scegliere, magari stasera per un aperitivo?".

④ *(Io - inviare)* _____ un messaggio semplice e diretto: "Usciamo insieme stasera, ti va?".

Adattato da *http://it.answers.yahoo.com*

**10** *Abbina le situazioni ai consigli corrispondenti e completa la colonna di destra coniugando i verbi della lista al condizionale presente.*

potere · dovere · cercare · prendere · potere · continuare · potere

### Situazione

1. Matteo non sa se iscriversi all'università o cercare un lavoro.
2. Sabato è il compleanno di Chiara e non sappiamo proprio che regalo farle.
3. Non so se andare in vacanza con gli amici o con la famiglia.
4. Ho perso l'autobus e ora non so come tornare a casa.
5. I miei amici vogliono fare un viaggio in Italia, ma non hanno deciso dove andare.
6. Giulia ha comprato una macchina fotografica digitale, ma non funziona bene.

### Consiglio

a. Al tuo posto noi _____ un taxi.
b. *(Loro)* _____ andare in Sicilia o in Toscana, sono due regioni molto belle.
c. Davvero? Al suo posto io _____ un lavoro part-time e _____ a studiare.
d. Poverina! *(Lei)* _____ riportarla al negozio e chiedere una riparazione gratuita.
e. Forse *(voi)* _____ regalarle un biglietto per un concerto.
f. Sei grande ormai, *(tu)* _____ partire con i tuoi amici.

# Esercizi

**1** *Completa i post del forum con il verbo "essere" al congiuntivo presente.*

**RIFLESSIONI.IT**
Home | Rubriche | Rubriche d'Autore | Interattività | Utilità | Servizi | Cerca nel sito

1. Che cos'è l'arte? Cosa può essere definito arte e cosa no? Ritengo che l'arte _____ solo ciò che mi piace. Trovate che questo criterio _____ completamente sbagliato o si può accettare?

2. Penso che l'originalità e l'innovazione _____ fondamentali… Ultimamente ho visitato diverse mostre d'arte moderna e contemporanea per cercare di andare oltre i classici commenti come "Questo lo saprei fare anch'io…". Quello che mi colpisce è la genialità con cui alcuni autori riescono a trasmettere un particolare contenuto!

3. Penso che voi _____ nel giusto, di sicuro credo che l'originalità _____ fondamentale, ma non esiste anche il bello e il brutto indipendentemente dai gusti? Perché è considerata arte una tela con tre tagli e non ad esempio un graffito su un muro?

4. Considero arte qualsiasi forma d'espressione di un'emozione… Chi esprime sentimenti veri in qualche forma è un artista. Ritengo che noi tutti _____ potenziali artisti.

5. Chi pensa che anche un graffio sul muro non _____ arte? Lo è eccome! Arte non è il bello o solo l'originale, anche un oggetto qualsiasi può esserlo.

6. Credo che gli artisti _____ persone con senso artistico innato: lo devono coltivare, solo così riescono a suscitare emozioni…

*Adattato da www.riflessioni.it*

**2** *Sostituisci le espressioni evidenziate nel testo con quelle equivalenti della lista, come nell'esempio.*

- **a.** ha deturpato
- **b.** fare di tutta l'erba un fascio
- **c.** non se ne esce più
- **d.** scarabocchio
- **e.** a cielo aperto
- **f.** piaga
- **g.** scarabocchi
- **h.** nottetempo
- **i.** faccio chiarezza
- **l.** ormai

### Writer: artisti o vandali?

Ciao, sono un *writer* che ha deciso di produrre i propri graffiti solo su carta per non "sporcare" i muri altrui. Dire che tutti i *writer* sono dei vandali significa **1. generalizzare** _fare di tutta l'erba un fascio_ e sminuire alcune persone che hanno un vero e proprio talento. **2. Spiego meglio** _____: se vedo su un monumento la scritta "ti voglio bene", be', l'autore è forse un romantico, ma resta comunque un vandalo che **3. ha rovinato** _____ un bene culturale; se invece mi trovo davanti a bel graffito fatto **4. di notte** _____ su un muro o su un'altra superficie pubblica, penso che il *writer* ha mostrato la sua capacità di artista. Rappresentare invece su un muro o un monumento un **5. disegno fatto male** _____ non ha senso. Personalmente non sopporto i graffiti delle *crew*… Invece molti murales sono davvero belli e creativi. Alcuni negozianti nella mia zona di Milano si sono fatti dipingere le saracinesche, devo dire che è proprio una bella "galleria **6. all'aperto** _____". Non sopporto di vivere tra i graffiti, le nostre città sono **7. già** _____ completamente imbrattate di **8. disegni brutti e fatti male** _____, ma la gente ci vive lo stesso senza troppi problemi. In altri paesi il decoro di una città è una cosa importante, mentre in Italia questo **9. fenomeno devastante** _____ non sembra preoccupare nessuno. C'è sempre chi sostiene che è una forma d'arte e rende meno grigie le città. Basta, **10. non si trova una soluzione** _____!!!

*Adattato da http://solferino28.corriere.it*

**Unità 4**

**3** *Cerca nel puzzle le forme del congiuntivo presente dei verbi della lista. I verbi possono essere indicati in orizzontale (→), verticale (↓) o in diagonale (↘↙).*

- guardare (loro)
- vedere (voi)
- sentire (lui / lei)
- aspettare (loro)
- dormire (loro)
- vestire (loro)
- prendere (io)
- dormire (noi)
- essere (tu)
- essere (voi)
- parlare (voi)
- preferire (lui / lei)

```
G U A R D I N O A D F V O I
P Q E S T U I A O O S E N A
S F E C P O U R A R E D R S
E G R V V E M S T A G I P D
N O T C I A T P E M F A A O
T U P R N I A T R C A T R R
A T R O A M S L I N E L M
T O E U A F F R N N I C I I
S S N N V E S T A N O L A A
I T D O C S I A T E E I T M
A R A T O N I A U I O S E O
I A P R E F E R I S C A O B
```

**4** *Ecco in sintesi cosa pensa l'autore della lettera al punto **5.a** (testo 1) dell'unità 4. Coniuga i verbi tra parentesi al congiuntivo presente. Poi abbina le parti di sinistra e quelle a destra, come nell'esempio.*

1. L'autore pensa che il giornale
2. Inoltre gli sembra che, grazie ai giornali, questi imbrattatori
3. Il messaggio dell'articolo è diseducativo perché lui ritiene che
4. Questa persona crede che i giornali, con i loro articoli,
5. A questa persona pare che nessun giornale

a. i ragazzini *(sentirsi)* _____ giustificati a scarabocchiare sui muri delle città.

b. *(dovere)* _____ sentirsi un po' responsabili dell'eccesso di scarabocchi sui muri delle città.

c. *(sbagliare)* _____ a dare visibilità a storie di writer diventati artisti famosi.

d. *(scrivere)* _____ articoli per parlare dei danni del graffitismo.

e. *(trasformarsi)* _____ in personaggi mitici.

# Esercizi

**5** Completa i post con i verbi della lista al congiuntivo presente, come negli esempi.

pagare · mostrare · trattarsi · *essere* (x2) · imbrattare · avere · rappresentare

## I graffiti sono arte?

Io ritengo che i graffiti (se ben fatti) **1.** _____ il valore di vere opere d'arte del nostro secolo. In giro per le città che ho visitato ne ho visti alcuni spettacolari, di una precisione simile a quella dei classici. Se invece si considerano scritte senza senso che deturpano i muri e i monumenti, penso che **2.** ___*sia*___ giusto che i responsabili **3.** ___*paghino*___ una multa. Non bisogna confondere l'arte con il vandalismo.

Mi sembrano bellissimi... Credo che i graffiti **4.** _____ una vera e propria forma d'arte moderna. Quando frequentavo la scuola superiore, il preside ci ha autorizzati a fare un graffito su uno dei muri della scuola... È venuto così bello che le altre scuole hanno copiato l'idea... Mi pare che nelle nostre città **5.** _____ importante avere spazi aperti all'arte... Per esempio i muri di un parco giochi, o delle scuole, ecc.

Per me sono favolosi! L'importante è che non **6.** _____ immagini volgari e che non **7.** _____ opere pubbliche.

Credo che **8.** _____ di una forma di arte libera, però c'è sempre il pericolo di esagerazioni e forme di vandalismo.

Adattato da *http://genio.virgilio.it*

# Unità 4

**6** *Completa i testi con pronomi relativi della lista 1. Poi abbina le parole della lista 2 al paragrafo corrispondente. Attenzione: nella lista 1 c'è un pronome in più.*

**Lista 1**
chi — che — chi — che — chi
che — le quali — che — chi

**Lista 2**
a. *murales*  b. *street art*
c. graffiti   d. *tag*

**1.** È la firma del graffitista, o il marchio di un gruppo di graffitisti. La tendenza a lasciarla dappertutto si chiama *bombing*. Obiettivo del *bomber* è la pura notorietà, _____ ottiene marcando muri o vagoni della metropolitana. Non è veramente arte e anche le comunità di *writer* prendono le distanze da questa pratica.

**2.** Si chiama anche *writing*, e *writer* sono gli artisti _____ la praticano. Nascono a New York, negli anni Settanta, come espressione della cultura hip-hop. Le scritte sono elaborate, rispondono a precisi codici stilistici e sono diverse dalle semplici *tag* _____, in molti casi, sfociano nel vandalismo.

**3.** È l'arte contemporanea _____ non si chiude in un museo. È diversa dal vandalismo, anche se a volte i confini sembrano poco definiti. Questa arte è divisa in mille tecniche: c'è _____ usa gli spray, _____ utilizza gli stencil, _____ appiccica ai muri foto o poesie.

**4.** Sono i "nonni politici" della *street art* e, infatti, sono nati come espressioni creative di un popolo _____ protesta contro il potere. Rappresentano temi politici o allegorici e sono considerate opere d'arte. Il più famoso di tutti, per soggetto e dimensioni (anche se in realtà è dipinto a olio su tela), è "Guernica" di Pablo Picasso.

Adattato da *http://nuovoeutile.it*

**7** *Sostituisci il pronome "che" con articolo +"quale" (singolare o plurale) e "chi" con "quelli che". Attenzione: in alcuni casi devi modificare anche altri elementi (per esempio i verbi).*

L'articolo è diseducativo, mitizza un soggetto **che** _____ afferma di avere iniziato facendo *tag* e di essere diventato famoso. Soggetto **che** _____ si è associato a una *crew* per imbrattare treni, palazzi, tetti. Messaggio: non bisogna condannare **chi** _____ scarabocchia i muri, perché può esserci dentro di lui un futuro artista. Non se ne esce più. Se Milano e l'Italia è affetta pesantemente dalla piaga del graffitismo selvaggio è anche grazie ai media **che** _____ continuano a dare importanza a questa gente! Ma perché nessuno scrive mai un articolo a tutta pagina per evidenziare il danno economico (milioni di euro) **che** _____ è provocato da questa "moda", ormai morta all'estero? Per evidenziare l'illegalità di tali comportamenti?

# Esercizi

**8** *Completa le frasi selezionando l'opzione corretta. Poi ascolta e verifica. Attenzione: in tre casi sono grammaticalmente valide due opzioni.*

1. ... Rappresenta l'uomo comune, l'uomo eh...
   a. che tutti i giorni deve fare un passo nell'ignoto per andare avanti.
   b. chi tutti i giorni deve fare un passo nell'ignoto per andare avanti.
   c. il quale tutti i giorni deve fare un passo nell'ignoto per andare avanti.

2. Le pagine della cronaca ci hanno raccontato la storia del sequestro da parte dell'amministrazione fiorentina,
   a. chi ha rimosso "L'uomo Comune"...
   b. la quale ha rimosso "L'uomo Comune"...
   c. che ha rimosso "L'uomo Comune"...

3. Molti turisti ci si scattavano delle foto, c'è
   a. che si dava appuntamento all'omino di Clet...
   b. chi si dava appuntamento all'omino di Clet...
   c. il quale si dava appuntamento all'omino di Clet...

4. Clet però,
   a. chi conserva in sé una romantica vena d'anarchia, ...
   b. che conserva in sé una romantica vena d'anarchia, ...
   c. il quale conserva in sé una romantica vena d'anarchia, ...
   ha raggiunto il suo scopo di fatto: far sì che la statua appartenesse in prima istanza ai cittadini e poi alle istituzioni.

**9** *Completa il testo con i pronomi "che", "chi" e "i quali". In tre casi sono possibili due opzioni.*

### Arte di strada non vuol dire imbrattare i muri

Oggi sarà approvato il provvedimento **1.** _____ istituisce "il reato penale per gli imbrattatori dei muri". I graffitari potrebbero beccarsi condanne fino a due anni di carcere, una multa fino a 5mila euro e l'obbligo di ripulire a proprie spese i beni deturpati. La prima obiezione **2.** _____ viene da fare è che non tutti i *writer* sono vandali e che, oltre agli scarabocchi, esiste anche la *street art*, **3.** _____ rende le nostre città meno grigie, meno fredde, più belle (o meno brutte) e ha una funzione comunicativa. **4.** _____ pratica la *street art* credo desideri soprattutto muovere una critica, per contestare il principio di proprietà privata. Altri lo fanno semplicemente perché i muri e gli spazi della città offrono alle loro creazioni l'ineguagliabile opportunità di essere viste da migliaia di persone. In Italia la *street art* esiste da trent'anni (auguri!) e alzi la mano **5.** _____ non ha in mente almeno un angolo **6.** _____ è stato abbellito da un murale apparso nottetempo. Io potrei citarne decine nella mia città e non solo. Tristi muri di cemento armato **7.** _____ diventano dipinti, fumetti, *graphic novel*; parcheggi bui trasformati in gallerie d'arte a cielo aperto; sottopassaggi alle cui pareti, mentre li percorro, mi fanno compagnia personaggi buffi e inquietanti; murales contro la mafia, proambiente, murales di denuncia sociale. È anche vero però che l'Associazione Nazionale Antigraffiti calcola che per pulire tutti i danni **8.** _____ gli scarabocchiatori hanno provocato alle nostre città occorrerebbero 750 milioni di euro. Bella cifra, eh? Per non fare di tutta l'erba un fascio occorrerebbero alcune distinzioni tra i maniaci della firma scarabocchiata su monumenti, palazzi storici e spazi **9.** _____ sono bene comune, **10.** _____ non devono essere deturpati, e **11.** _____ valorizza spazi abbandonati e con la propria arte rende più vivibile e umana la città.

Adattato da *www.fanzinarte.com*

**10** *Inserisci i quattro pronomi relativi "che" dove è necessario.*

1  Realismo e sogno sono mescolati alla perfezione da Manu Invisible nei "Ritratti", le opere meglio caratterizzano la sua produzione. Volti di anziani, ma anche giovani e ragazzi, uomini e donne, sembrano emergere da un sogno, eppure sono disegnati nei loro tratti più naturali, con una particolare sensibilità
5  coglie sguardo ed espressioni grazie all'uso del chiaroscuro. I Ritratti di Manu popolano città e periferie, si stagliano su muri, cabine, ponti e cavalcavia. Abitanti silenziosi, malinconici e discreti di spazi urbani abbandonati. È impossibile non riconoscerli, pur nella infinita varietà di tratti e caratterizzazioni: tutti sono caratterizzati da una forte vena realistica e sono arricchiti da piccoli dettagli personali (occhiali, cappelli, rosari) rendono ogni ritratto unico ed estremamente
10 vero. Ma l'opera di Manu Invisible non si esaurisce con i "Ritratti": l'artista dà spazio, infatti, anche alla sperimentazione dei diversi linguaggi espressivi con la *light painting*, produzione recente dove lo studio della luce si fonde con la ricerca sulla fotografia digitale: veri e propri disegni dove i led sono usati come pennelli e la tela è il campo fotografico cattura luci e colori.

Adattato da *www.manuinvisible.com*

**11** *Rileggi il testo al punto precedente e indica con una "X" se le affermazioni sono vere o false.*

|  | Vero | Falso |
|---|---|---|
| 1. Manu Invisible rappresenta i propri sogni. | ☐ | ☐ |
| 2. Manu Invisible disegna volti di persone comuni con grande realismo. | ☐ | ☐ |
| 3. I ritratti di Manu Invisible si riconoscono immediatamente. | ☐ | ☐ |
| 4. Manu Invisible realizza solo ritratti. | ☐ | ☐ |
| 5. La fotografia digitale è il nuovo linguaggio espressivo usato da Manu Invisible. | ☐ | ☐ |
| 6. La *light painting* è una forma di espressione che combina studio della luce e fotografia digitale. | ☐ | ☐ |

# Test - Unità 3 e 4

**1** *Leggi e sottolinea la forma corretta del passivo.*

L'uso del telefonino nelle scuole durante le ore di lezione **è stato proibito / hanno proibito / sono stati proibiti**. Per essere precisi, **avevano vietato / erano stati vietati / era stato vietato** nell'agosto del 1998. Nel provvedimento **avevano specificato / erano specificati / era specificato** che l'uso del telefono cellulare non **era permesso / aveva permesso / era stato permesso** durante l'ora di lezione. Anche se da tempo esiste questo provvedimento, i casi in cui i telefonini **sono usati / hanno usato / è usato** sia dagli insegnanti che dagli studenti **ha segnalato / è segnalato / sono segnalati** sempre più frequentemente. La questione **è stata portata / è stato portato / hanno portato** in Parlamento, non a causa degli studenti, ma degli insegnanti, che **hanno accusato / sono accusato / sono stati accusati** di usare il telefonino anche durante le ore di lezione. È chiaro che questi comportamenti non **sono permessi / hanno permesso / sono permesso**, soprattutto agli insegnanti. Sono una mancanza di rispetto per gli alunni e un'azione illegale, visto che le lezioni, per legge, **hanno dedicato / sono dedicate / sono dedicato** completamente all'insegnamento.

*Adattato da www.forumdigrania.com*

**Punteggio:** _____ /20 (ogni verbo selezionato correttamente = 2 punti)

**2** *Coniuga i verbi tra parentesi al condizionale presente.*

Ciao, ho 14 anni e *(volere)* _____ tanto avere un telefonino, ma i miei genitori dicono che sono ancora piccolo, anche se tutti i miei compagni di scuola ce l'hanno. Cosa *(io - potere)* _____ fare? *(Voi - avere)* _____ consigli da darmi?

*(Tu - potere)* _____ dirgli che il telefonino ti serve per chiamarli in caso di emergenza!

*(Loro - potere)* _____ comprarti il telefonino per controllare dove sei e cosa fai in ogni momento: questo argomento funziona sempre!

Secondo me la cosa migliore *(essere)* _____ dirgli come ti senti: *(tu - dovere)* _____ spiegargli che ti vergogni perché sei l'unico che non ce l'ha.

Dicono che sei troppo piccolo! I tuoi *(dovere)* _____ guardarsi un po' intorno e *(fare)* _____ bene a chiedersi perché tutti hanno un telefonino: personalmente è la cosa più utile che *(io - regalare)* _____ per stare tranquillo in caso di emergenza!

*(Tu - volere)* _____ un cellulare? Secondo me in questi casi non si *(dovere)* _____ insistere: tra un po' di tempo prova a richiederglielo e vedrai che andrà meglio!

**Punteggio:** _____ /24 (ogni verbo coniugato correttamente = 2 punti)

# Test - Unità 3 e 4

## 3
Completa il testo con i pronomi della lista. Attenzione: in quattro casi puoi scegliere indifferentemente tra due pronomi.

che | che | che | in cui | il quale | i quali | chi

Cos'è l'arte? Oggi, in quest'epoca supertecnologica, spiegarlo è molto difficile.
Concentriamoci allora sul prodotto artistico, _____ è il risultato dell'attività di un creatore (l'artista), _____ lo lascia poi al giudizio di tutti gli altri. I prodotti artistici sopravvivono al loro creatore ed esprimono valori spirituali eterni, _____ nascono dall'esperienza personale dell'artista sulla realtà sociale _____ vive. Le opere d'arte, quindi, devono comunicare valori _____ da temporali diventano eterni. I prodotti artistici nascono da atti creativi, esperienze _____ hanno riguardato, nella storia, tutti i ceti sociali. Così si forma la figura del creativo, cioè _____ ha quella strana capacità di produrre dal niente un "oggetto" nato in un luogo oscuro, misterioso, della propria mente.

*Adattato da www.arte.it*

**Punteggio:** _____ /14 (ogni pronome inserito correttamente = 2 punti)

## 4
Coniuga i verbi tra parentesi al congiuntivo presente.

Un recente sondaggio Eurispes ha rivelato che alla maggior parte dei giovani piacciono le opere dei *writer*. Da quando esistono i graffiti, ci si pone la domanda: sono arte o vandalismo? Dalla parte dei "pro murales" pare che *(esserci)* _____ molti ragazzi. Stando ai risultati del sondaggio, al 76% degli intervistati i graffiti piacciono. Una buona parte pensa che *(essere)* _____ una forma d'arte, mentre una percentuale minore ritiene che *(trattarsi)* _____ di atti vandalici. Il 24,1% crede che *(loro - rappresentare)* _____ un modo di esprimere le proprie opinioni e solo lo 0,8% è convinto che i graffiti *(esprimere)* _____ un pensiero politico.
Sembra che i murales *(affascinare)* _____ più i ragazzi che le ragazze; i maschi esprimono inoltre più pareri negativi (il 7,8% crede che molti graffiti *(corrispondere)* _____ ad atti di vandalismo e *(imbruttiscono)* _____ la città).
In generale entrambi i sessi ritengono che *(essere)* _____ più lecito disegnare sui muri che sui treni, ma le ragazze condannano più severamente un graffito realizzato su un edificio o un monumento.

*Adattato da http://news200.libero.it*

**Punteggio:** _____ /27 (ogni verbo coniugato correttamente = 3 punti)

## 5
Ascolta e indica con una "X" la risposta corretta.

*cd 24*

**1.** I *writers* arrestati sono
a. adulti
b. adolescenti
c. stranieri
d. criminali

**2.** Secondo il poliziotto quale ruolo ha la famiglia del ragazzo denunciato?
a. È troppo severa.
b. Non ama l'arte.
c. Non controlla abbastanza il figlio.
d. Approva i graffiti.

**3.** Qual è l'atteggiamento di Padova verso i *writer*?
a. Li tollera se le loro opere sono considerate artistiche.
b. Li obbliga a pagare le spese di ripulitura dei muri.
c. Ha messo a disposizione spazi specifici per loro.
d. Li autorizza a realizzare le loro opere in qualunque parte della città.

**Punteggio:** _____ /15 (ogni risposta corretta = 5 punti)

# Bilancio - Unità 3 e 4

## Cosa sai fare?

|  | 😄 | 😐 | 😒 |
|---|---|---|---|
| raccontare un malinteso | ☐ | ☐ | ☐ |
| spiegare un problema che hai con un apparecchio elettronico | ☐ | ☐ | ☐ |
| spiegare perché è utile un sito o un social forum | ☐ | ☐ | ☐ |
| esprimere la tua opinione su opere d'arte e artisti | ☐ | ☐ | ☐ |
| dare consigli | ☐ | ☐ | ☐ |
| esprimere e difendere il tuo punto di vista | ☐ | ☐ | ☐ |

## Cosa conosci?

Pensa a quello che hai imparato e scrivi:

- due espressioni con gli agenti atmosferici
- una frase con la forma passiva
- il diminutivo di *casa* e *scatola*
- qualche consiglio a un amico che vuole imparare la lingua italiana in poco tempo
- un sinonimo dell'espressione *mi sembra*
- il congiuntivo presente dei verbi *essere* e *partire*

## Come... riesci a decifrare un messaggio "criptato"?

Prova a indovinare cosa significano questi messaggini indicando con una "X" la versione corretta in italiano standard.

**1** risp

- a. esigo rispetto!
- b. devi rispondere!

**2** @)-;-

- a. ti regalerei un fiore
- b. scrivimi via mail

**3** c ved dp?
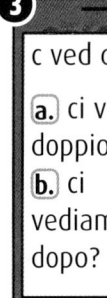
- a. ci vedi doppio?
- b. ci vediamo dopo?

**4** <3
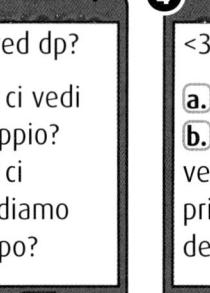
- a. baci
- b. ci vediamo prima delle 3

**5** tvtrb
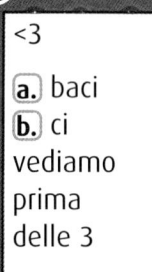
- a. ti voglio troppo bene
- b. in TV c'è una trasmissione bellissima

**6** kn ki 6 ?

- a. quando mi chiami, alle 6?
- b. con chi sei?

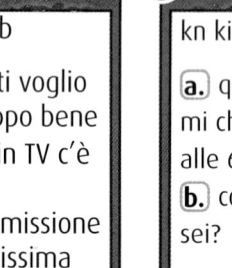

Rispondi alla domanda indicando una o più risposte.

**Che cosa ti aiuta a intuire il significato dei messaggi abbreviati?**

- a. senza contesto: nulla
- b. la forma del simbolo rappresentato
- c. la somiglianza grafica o fonetica con le parole in italiano standard
- d. la somiglianza con frasi standard usate molto spesso via messaggio anche nella mia lingua
- e. conoscere la personalità dell'autore del messaggio
- f. altro: _____

## Mettiti alla prova!

Vai sul sito www.arte.it/guida-arte e, nella sezione "guide d'arte", scegli una città da visitare. Guarda i musei e i monumenti segnalati, scegli quello/i di tuo interesse e raccogli le principali informazioni. Poi costruisci un itinerario di tre giorni (puoi consultare gli itinerari proposti nella sezione "arte" di ciascuna città). Decidi anche in quale albergo e quartiere dormire. Poi presenta il tuo programma a un compagno e convincilo a venire con te!

# Esercizi

**Unità 5**

**1** *Completa le frasi selezionando l'opzione corretta.*

**1.** La festa non ci piaceva e allora
- a. ne siamo andati.
- b. ce ne siamo andati.
- c. ce ne siamo andato.

**2.** Ho cercato mia sorella in biblioteca, ma
- a. ne s'era già andata.
- b. se ne è già andato.
- c. se n'era già andata.

**3.** La pizza mi piace troppo! So che non dovrei mangiarne tanta, ma
- a. non mi riesco.
- b. non ci riesco.
- c. non la riesco.

**4.** Negli ultimi mesi sono stato molto attento alla mia alimentazione perché volevo dimagrire e
- a. ci ho riuscito.
- b. ci sono riuscita.
- c. ci sono riuscito.

**5.** Marco, per favore, mi fai sapere quando
- a. te ne va?
- b. ti vai?
- c. te ne vai?

**6.** La loro macchina non funziona, hanno provato a ripararla ma
- a. non ci sono riusciti.
- b. non ci hanno riusciti.
- c. non si sono riusciti.

**2** *Completa il dialogo con i pronomi corretti tra quelli proposti.*

1. mi / me / ti
2. te ne / se ne / me ne
3. te lo / me lo / me ne
4. si / te ne / se ne
5. gliene / glielo / me ne
6. te ne / te lo / glielo

È quasi ora di cena e, mentre sono al PC, entra mia madre…
- **Mamy:** Non indovinerai mai cosa ho fatto.
- **Nino:** No, ma so già che devo preoccupar_____ **1.**
- **Mamy:** Stavo preparando la pasta e fagioli. Ti avevo preso la camomilla e **2.** _____ avevo messa un po' nel bollitore sull'altro fuoco…
- **Nino:** Non **3.** _____ dire. Hai buttato la camomilla nella pasta e fagioli.

Annuisce, sorride e **4.** _____ va. Dopo un po' torna…
- **Mamy:** Vieni che è pronto.
- **Nino:** Con l'opinione che hai tu degli chef, questo invito non mi tranquillizza per niente.

Ieri incontro QMan, che mi chiede come va con Mamy, ripenso alla pasta della sera prima, **5.** _____ parlo, lui mi guarda e dice…

- **QMan:** E poi com'era?
- **Nino:** Vuoi anche che **6.** _____ dica? Io mi chiedo perché avete tutti tanto da ridire della torta Milanese dell'Artusi.

# Esercizi

**3** *Scegli la frase corretta, come nell'esempio.*

**1.** La mamma ha raccolto un po' di funghi e si informa su come cucinarli per Nino.
- a. **Mamy:** Come ti cucino?
- b. **Mamy:** Come me li cucino?
- ~~c.~~ **Mamy:** Come te li cucino?

**2.** A Nino i funghi non piacciono e quando la mamma li cucina, ne assaggia solo un po', ma la mamma si lamenta sempre di questo.
- a. **Nino:** Io me ne prendo solo una cucchiaiata e tu ne lamenti.
- b. **Nino:** Io me ne prendo solo una cucchiaiata e tu te ne lamenti.
- c. **Nino:** Io mi prendo solo una cucchiaiata e tu ti ne lamenti.

**3.** Nino avverte la mamma che in ogni caso mangerà pochi funghi.
- a. **Nino:** Cucinali come vuoi, ma li mangerò pochi.
- b. **Nino:** Cucinali come vuoi, ma me ne mangerò pochi.
- c. **Nino:** Cucinagli come vuoi, ma me ne mangerò pochi.

**4.** La mamma, a cena, vede che Nino prende pochi funghi.
- a. **Mamy:** Ne hai preso pochi, te ne metto ancora un po'?
- b. **Mamy:** Ne hai presi pochi, ti metto ancora un po'?
- c. **Mamy:** Ne hai presi pochi, te ne metto ancora un po'?

**5.** Nino ricorda alla mamma che i funghi non gli piacciono.
- a. **Nino:** Ti avevo detto di non cucinarmene tanti.
- b. **Nino:** Ti avevo detto di non cucinarmi tanti.
- c. **Nino:** Ti avevo detto di non mi cucinarne tanti.

**4** *Completa il testo con i pronomi della lista.*

gliene   se ne   me ne   ce ne   se ne   glielo

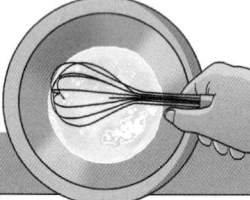

### Chi cucina a casa vostra?

A casa **1.** _____ occupo sempre io, ma mia madre mi rimprovera se magari non pulisco bene una pentola, oppure se lascio un bicchiere sporco o cose del genere... Allora voglio fare questo sondaggio per mostrar_____ **2.**, così magari inizierà ad apprezzare quello che faccio!

Da noi **3.** _____ occupa mia madre, ma poi tutti i giorni pulisco io!! Qualche volta anch'io cucino, ma non va mai bene. Comunque ti consiglio di spiegare a tua madre come ti senti, di parlar_____ **4.**

Anche se ho solo 17 anni so cucinare un po', ma chi **5.** _____ occupa più di tutti è mio padre, e cucina pure bene!

Mia madre, ma nel corso della settimana io e mio fratello siamo soli a pranzo e **6.** _____ occupiamo noi.

*Adattato da http://angolodelleragazze.forumfree.it*

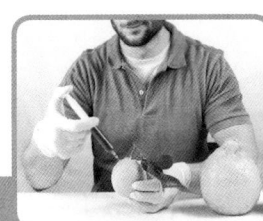

**5** *Seleziona l'opzione che sostituisce correttamente le parti sottolineate.*

### Cosa ne pensate degli OGM?

 Io ho studiato tutte le caratteristiche e i principi scientifici che **1.** <u>sono alla base degli OGM</u> e per me non è dimostrato che fanno male. Il grosso problema è che la gente non **2.** <u>sa questo</u> e ha paura di **3.** <u>comprare per sé prodotti OGM</u>!

1. **a.** li sono alla base
   **b.** ne sono alla base
   **c.** ci sono alla base
2. **a.** lo sa   **b.** la sa   **c.** si sa
3. **a.** se li comprare
   **b.** comprarseli
   **c.** comprarglieli

 Ciao, effettivamente sugli OGM esistono ancora forti perplessità. Io personalmente cerco di alimentarmi con prodotti che provengono da coltivazioni senza OGM... Ma poi chi **4.** <u>garantisce a me questo</u>?

4. **a.** me lo garantisce
   **b.** mi garantisce lo
   **c.** mi lo garantisce

 Secondo me bisogna favorire la loro produzione. Poi nei supermercati dovrebbero mettere etichette chiare e trasparenti: così chi non desidera **5.** <u>mangiare OGM</u> sa che il prodotto X è geneticamente modificato, e non **6.** <u>compra questo prodotto</u>, e basta, fine della storia... Comunque, mangiamo già OGM. Prendiamo le carote: provate a **7.** <u>coltivare per voi le carote</u> da soli! Quelle che ottenete sono piccole, brutte, non come le carote dei supermercati.

5. **a.** li mangiare
   **b.** mangiarli
   **c.** mangiare li
6. **a.** li compra
   **b.** compra lo
   **c.** lo compra
7. **a.** coltivarvele
   **b.** ve le coltivare
   **c.** coltivarvile

 Non mi ispirano fiducia, per cui **8.** <u>non faccio uso di OGM</u>. Nel dubbio evito di **9.** <u>comprare per me prodotti OGM</u>.

8. **a.** non li faccio uso
   **b.** non lo faccio uso
   **c.** non ne faccio uso
9. **a.** me li comprare
   **b.** comprarmeli
   **c.** compraremeli

 Siete convinti che un prodotto è biologico solo perché **10.** <u>dicono a voi che è biologico</u>?

10. **a.** ve lo dicono
    **b.** ve ne dicono
    **c.** lo dicono

Adattato da *http://it.toluna.com*

**6** *Inserisci le parole della lista nella categoria corrispondente, come negli esempi.*

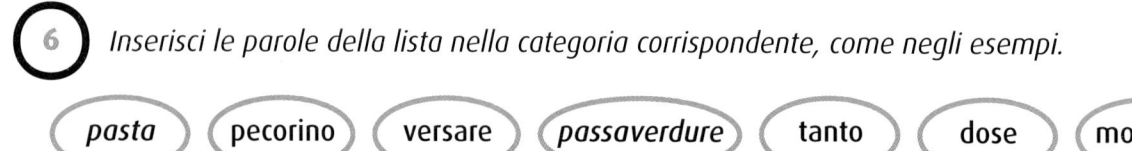

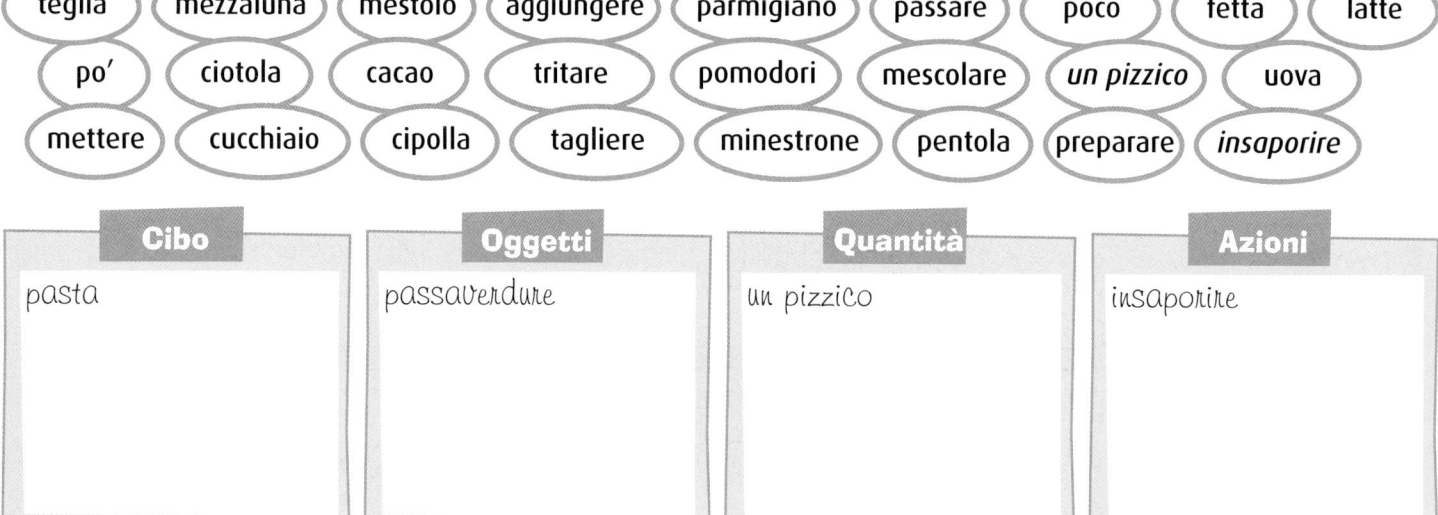

*pasta* · pecorino · versare · *passaverdure* · tanto · dose · montare · scolapasta · teglia · mezzaluna · mestolo · aggiungere · parmigiano · passare · poco · fetta · latte · po' · ciotola · cacao · tritare · pomodori · mescolare · *un pizzico* · uova · mettere · cucchiaio · cipolla · tagliere · minestrone · pentola · preparare · *insaporire*

| Cibo | Oggetti | Quantità | Azioni |
|---|---|---|---|
| pasta | passaverdure | un pizzico | insaporire |

**7** cd 25 *Ricostruisci le domande con le parole della prima colonna. Poi abbinale alle risposte corrispondenti, come nell'esempio. Infine ascolta e verifica.*

| | Domande | Risposte |
|---|---|---|
| **1** che · portate · quello · tavola · siete · attenti · a · in | ____________________? | **a.** Molto. |
| **2** mangiati · cibi · biologici · ne · mai · ciao! · hai | Eh... Ciao! Cibi biologici ne hai mai mangiati? | **b.** Sì, siccome devo dimagrire, quindi devo stare un pochino attento a quello che mangio. |
| **3** capito, · contadini · ho · dai · cioè: · direttamente | Ah! ____________________! | **c.** Sì. Io cerco sempre di, in qualunque tipo di acquisto e dalla, diciamo... i prodotti di bellezza, a quelli di... diciamo da... il cibo. Cerco sempre di scegliere il meglio, cioè non dove si risparmia, ma la qualità, indipendentemente dal costo. |
| **4** mangi · stai · attento · quello · a · e · che | ____________________? | **d.** No, no direttamente dallo zio! |
| **5** che · tavola · è · quello · a · porta · attenta · in | ____________________? | **e.** ● Sì, eh... abbastanza, sì. Stiamo... stiamo attenti, a questo. Cerchiamo di prendere per quanto possibile prodotti, eh, di provenienza sicura.<br>● Abbastanza. Cerco di comprare verdura di stagione. |
| **6** biologici · sempre · prodotti · sceglie | ____________________? | **f.** *Sì. Sì, perché quando vo in Sicilia mi mangio le arance, mangio mandarini, mangio pollo, tutta la carne...* |

# Unità 5

**8** In queste due ricette è stata fatta un po' di confusione. Riordina le parole **evidenziate** invertite, come nell'esempio.

## ❶ Pasta al pesto

### Ingredienti

1 cucchiaio di **olio** ___aglio___
100 g di basilico fresco
200 g di fagiolini
20 g di grana padano o parmigiano reggiano
100 g di olio extravergine di oliva
320 g di spaghetti
200 g di **uova** _____
10 g di pecorino stagionato
20 g di pinoli
quanto basta di sale grosso

### Preparazione

Frullate 100 g di foglie di **pepe** _____ fresco con i pinoli, uno **pizzico** _____ d'aglio e un pizzico di sale grosso; aggiungete il grana padano grattugiato e il pecorino e versate l'olio extravergine d'oliva. Lavate e pulite i fagiolini. Sbucciate le **uova** _____ e tagliatele a tocchetti. Portate a ebollizione abbondante acqua salata e cuocete le verdure.
Quando le verdure sono tenere, aggiungete la pasta. Proseguite la cottura, finché la pasta è al dente. Scolate la pasta con le **pancetta** _____ e i fagiolini; trasferite il tutto in un **ciotola** _____ e condite con il pesto diluito con un cucchiaio abbondante dell'olio di cottura della pasta. Mescolate bene e servite subito.

Adattato da *http://ricette.donnamoderna.com*

## ❷ Pasta alla carbonara

### Ingredienti

100 g di pancetta
1 cucchiaio di **aglio** ___olio___
olio d'oliva extravergine
4 **patate** _____
3 cucchiai di parmigiano grattugiato
3 cucchiai di pecorino grattugiato
pepe nero macinato al momento
400 g di spaghetti
sale (q. b.)

### Preparazione

Portate a ebollizione una pentola d'acqua, salatela e cuoceteci la pasta.
Nel frattempo sbattete le **patate** _____ insieme ai due tipi di formaggio, un **spicchio** _____ di sale e una bella spolverata di **basilico** _____ nero, in una **piatto** _____ adatta a contenere la pasta.
Quando la pasta sarà quasi cotta, fate rosolare la **patate** _____ tagliata a dadini con l'acqua in un tegamino.
Scolate la pasta, gettatela nella ciotola con le uova, mescolate, poi versate sopra la pancetta. Mescolate di nuovo. Servite subito la pasta alla carbonara, ben calda.

Adattato da *www.buttalapasta.it*

# Esercizi

**9** Completa l'intervista con le espressioni della lista.

insomma (x3)  diciamo (x3)  be' (x3)  mi dispiace (x2)

○ **Intervistatrice:** Cosa mangi di solito? Cosa ti piace mangiare? Frequenti fast food?
○ **Ragazzo 1:** Sì, frequento fast food qualche volta quando sono con gli amici, ma preferisco in genere mangiare pasta o carne, **1.** _____ cose semplici...
○ **Intervistatrice:** Vai spesso al fast food?
○ **Ragazza 1:** No, al fast food quasi mai veramente, preferisco carne e verdure, **2.** _____ .
○ **Intervistatrice:** I dolci?
○ **Ragazza 1:** **3.** _____ è ovvio, però, con moderazione, senza esagerare, **4.** _____ .
○ **Ragazza 2:** No, non mi piacciono molto, **5.** _____ .
○ **Intervistatrice:** Cosa mangi di solito, quali sono le tue abitudini alimentari?
○ **Ragazza 3:** Io penso di avere un'alimentazione abbastanza equilibrata, **6.** _____ . Mangio di tutto.

○ **Ragazza 4:** Mangio tanto e di tutto, però faccio pasti equilibrati, **7.** _____ . Vado molto al fast food, anche se so che fa male. Ogni tanto vado con gli amici e ci divertiamo.
○ **Intervistatrice:** Le tue abitudini alimentari?
○ **Ragazza 5:** Allora, a colazione... Faccio una colazione normale con latte, biscotti, eccetera. A pranzo... **8.** _____, dipende: o quello che mi prepara mia madre, o un pezzo di pizza, un panino, un toast, **9.** _____ ... Quello che capita.
○ **Intervistatrice:** Cosa mangi di solito a pranzo?
○ **Ragazzo 2: 10.** _____, la pasta, la carne...
○ **Intervistatrice:** Il pesce no?
○ **Ragazzo 2:** No, no, **11.** _____ .

Adattato da *"I giovani e l'alimentazione"* di L. La Puma e V. Leo

**10** Riscrivi le frasi usando il "ne" oggetto diretto e facendo attenzione all'accordo del participio passato, come nell'esempio.

1. Hai mai mangiato cibi biologici? → *Cibi biologici* **ne** *hai mai mangiati?*
2. Hai letto articoli sugli OGM? → _____
3. Hai mai comprato fragole fuori stagione? → _____
4. Hai conosciuto persone che difendono gli OGM? → _____
5. Hai mai comprato prodotti in un negozio bio? → _____
6. Hai mai trovato ingredienti "strani" nelle etichette? → _____
7. Hai mangiato mai pizza surgelata? → _____
8. Hai mai comprato verdure direttamente dal contadino? → _____
9. Hai preso informazioni sui prodotti bio? → _____
10. Hai mangiato pane a cena? → _____

## Unità 6

**1** Completa il testo scegliendo la parola corretta, come nell'esempio.

*Rapporto genitori-figli:* ecco una delle tracce preferite da tutti i professori del mondo, o **1.** _almeno_ da me conosciuti. Può sembrare una traccia semplice, **2.** _____. Si potrebbe anche sperare in un buon voto. Ma non è così.
Nonostante abbia sviluppato questo tema **3.** _____ cinque o sei volte durante la mia carriera **4.** _____, non c'è stata una volta in cui sia riuscita a fare un tema soddisfacente. Non parlo di valutazione: sto parlando di una cosa personale, non sono mai riuscita a descrivere **5.** _____ quello che provavo o volevo esprimere. In un tema del genere non si può scrivere "Sì, con mia mamma litigo, ma poi ci faccio pace": è una cosa scontata, inutile da dire, noiosa. La cosa difficile di questo tipo di tema è **6.** _____ quella di non cadere nel ridicolo.
Un ragazzo è influenzato da così tanti fattori esterni che non riuscirebbe a descrivere la propria situazione personale, appunto perché personale, **7.** _____ se volesse. Partiamo dal presupposto che si sta parlando di te... e attenzione: non di quale sia il colore o la pietanza preferita, si sta cercando di parlare veramente di te, di quello che sei, dei rapporti che hai, di metterti completamente **8.** _____, di farti giudicare dagli altri; giudicare da una persona che nonostante tutto non conosci a fondo, che nonostante tutto non può capire il perché di quello che scrivi, per il semplice fatto che non sa.
Non si può **9.** _____ che qualcuno parli di se stesso in una maniera così **10.** _____, ed è per questo che molte persone in un tema del genere scrivono cose ovvie e date per **11.** _____, non perché non siano capaci di esprimersi in maniera vera, ma perché non lo vogliono fare.

| | | | |
|---|---|---|---|
| **1.** | a. ⊠ almeno | b. minimo | c. soprattutto |
| **2.** | a. ripetuta | b. ripete | c. ripetitiva |
| **3.** | a. sempre | b. almeno | c. soprattutto |
| **4.** | a. scolastica | b. scuola | c. scolare |
| **5.** | a. per niente | b. totale | c. a pieno |
| **6.** | a. veramente | b. appunto | c. propria |
| **7.** | a. neanche | b. però | c. non |
| **8.** | a. nell'intimo | b. visibile | c. a nudo |
| **9.** | a. dire | b. obbligare | c. pretendere |
| **10.** | a. totalitaria | b. completo | c. totali |
| **11.** | a. sicuramente | b. certo | c. certe |

# Esercizi

**2**  *Ricostruisci le frasi abbinando le parti di sinistra e quelle di destra, come nell'esempio. Poi ascolta e verifica.*

1. Rossella torna a casa e trova Niccolò (il marito)
2. Rossella chiede notizie
3. Anita è andata a pranzo da un'amica, invece
4. *Rossella pensa che sia tardi e*
5. Niccolò non è d'accordo con Rossella: per lui
6. Rossella pensa, invece, che Teo
7. Inoltre, dice Rossella, Teo aveva promesso di
8. Niccolò pensa che Rossella sia troppo severa e che Teo
9. Inoltre, secondo Niccolò, per tutta la settimana Teo
10. Rossella pensa che Niccolò
11. Niccolò non ritiene che
12. Alla fine Rossella convince Niccolò

a. Teo può riposare più a lungo perché è tornato tardi la sera prima.
b. possa studiare matematica nel pomeriggio.
c. dormire di più il sabato mattina sia un problema.
d. studiare matematica nel fine settimana.
e. abbia dormito abbastanza e debba utilizzare meglio la giornata.
f. a svegliare Teo.
g. *che Teo debba svegliarsi.*
h. sia troppo permissivo.
i. impegnato nella preparazione del pranzo.
l. rispetta i suoi impegni ed è giusto che il fine settimana esca con gli amici.
m. dei loro due figli Anita e Teo.
n. Teo dorme ancora.

1/___  2/___  3/___  4/_g_  5/___  6/___  7/___  8/___  9/___  10/___  11/___  12/___

**3** *Trasforma le frasi usando l'aggettivo derivato dalla parola sottolineata, come nell'esempio.*

1. Che fate durante le vacanze d'estate? → Che fate nelle vacanze ___estive___ ?
2. Marco fa molte battute di spirito. → Marco fa molte battute _____.
3. I miei insegnanti dicono che ho un forte senso di responsabilità. → I miei insegnanti dicono che sono molto _____.
4. Mi dispiace ma sono contro questa decisione. → Mi dispiace ma sono _____ a questa decisione. _____
5. Oggi la lezione è stata una vera noia. → Oggi la lezione è stata veramente _____.
6. Quando finiscono le attività della scuola? → Quando finiscono le attività _____?
7. Nei paesi del nord la luce del giorno non va mai via in estate. → Nei paesi _____ la luce del giorno non va mai via in estate.
8. Le case in affitto a Roma hanno un costo molto elevato. → Le case in affitto a Roma sono molto _____.

## Unità 6

**4** Completa gli aggettivi del testo con i suffissi della lista. Attenzione alle desinenze!

-ale  -oso  -oso  -ivo  -bile  -ario  -ico

### Genitori e figli. Agitare bene prima dell'uso.

Il film racconta il confronto-scontro tra il mondo degli adulti e quello dei giovani di oggi attraverso lo sguardo disincantato della quattordicenne Nina. Quando una mattina il suo professore d'italiano Alberto - reduce da una terrib____ discussione con il figlio Gigio - assegna alla classe un tema dal titolo "Genitori e figli: istruzioni per l'uso", per lei è l'occasione di parlare, per la prima volta a cuore aperto, della sua famiglia: dei due genitori, Luisa, madre apprens____ e nerv____, e Gianni, padre comprens____ ma assente, che ha lasciato moglie e figli per vivere solit____ su una barca; dell'amicizia speci____ che lega la madre a Clara, insospettata amante dell'ex marito, e di quella un po' particolare con il collega Mario; dell'inspiega____ razzismo del fratellino Ettore e di una misteri____ nonna che ricompare all'improvviso dopo vent'anni. Ma soprattutto Nina racconta di sé: delle sue amiche, della prima tragicom____ serata in discoteca, delle uscite con i ragazzi più grandi e del suo primo innamoramento per Patrizio Cafiero, un buffo ragazzo dall'ancora più buffo soprannome, Ubaldolay. La penna di Nina riserverà numer____ sorprese anche ad Alberto e a sua moglie Rossana che, dalla lettura del tema, scopriranno di Gigio cose che in vent'anni, non avevano mai nemmeno sospettato.

*Adattato da www.comingsoon.it*

**5** Completa il testo coniugando i verbi tra parentesi al congiuntivo o all'indicativo presente.

### il Quotidiano in Classe.it

BLOG   PROGETTO   CLASSIFICHE   PARTECIPANTI   SONDAGGI   OSSERVATORE

Ritengo che la famiglia *(essere)* **1.** _____ un patrimonio da proteggere. E questo non soltanto perché sono rimaste poche le famiglie intese come nucleo originario, ma perché per motivi economici, lavorativi e sociali i giovani preferiscono o sono costretti a rimanere con i propri genitori, non creandosi un nucleo familiare. Credo che questa abitudine *(essere)* **2.** _____ sbagliata.
Un aspetto fondamentale della famiglia è che ciascuno occupa un proprio spazio. Inizialmente ci sarà una sola coppia che dovrà riuscire a trovare il giusto equilibrio per convivere; in un secondo momento potrebbero arrivare dei figli. In questo caso i genitori rivestono un ruolo importante; infatti il loro compito non è soltanto mettere i figli al mondo e farli crescere, ma anche ascoltarli, consigliarli e sopratutto cercare di capire le loro attitudini per indirizzarli verso la giusta strada. Penso che il rapporto tra genitori e figli non *(somigliare)* **3.** _____ a un'amicizia. Per me all'interno della famiglia ognuno *(dovere)* **4.** _____ svolgere il proprio ruolo e quindi i genitori devono pretendere il rispetto e veder riconosciuta la propria autorità. Questo significa che molte volte diranno di no alle richieste dei figli: inizialmente i ragazzi non capiranno il perché, ma crescendo sicuramente apprezzeranno tali scelte, in quanto hanno contribuito al raggiungimento della maturità. Secondo me lo Stato *(dovere)* **5.** _____ intervenire con sovvenzioni economiche e agevolazioni fiscali alle famiglie proprio perché si tratta di un patrimonio da proteggere.

*Adattato da http://ilquotidianoinclasse.ilsole24ore.com*

## Esercizi

**6** *Completa le frasi con i verbi della lista. Poi rileggi il testo della sezione "Ti ricordi?" dell'unità 6 a pagina 84 e indica con una "X" se le seguenti affermazioni sono vere o false.*

sono — sia — sappia — siano — abbia — sia — scorda — debba

|   | Vero | Falso |
|---|---|---|
| 1. La madre di Emma crede che lei _____ una ragazza matura. | ☐ | ☐ |
| 2. La gente generalmente pensa che Emma _____ meno di 16 anni. | ☐ | ☐ |
| 3. Emma pensa che le sue amiche _____ più mature di lei. | ☐ | ☐ |
| 4. Per Emma i lavori di casa _____ noiosi. | ☐ | ☐ |
| 5. La madre pensa che Emma _____ aiutare suo fratello a fare i compiti. | ☐ | ☐ |
| 6. Emma pensa che suo fratello _____ fare i compiti da solo. | ☐ | ☐ |
| 7. Secondo la madre quando Emma va a fare la spesa, _____ sempre qualcosa che è nella lista. | ☐ | ☐ |
| 8. Emma crede che la vita in famiglia _____ complicata. | ☐ | ☐ |

**7** *Completa le frasi riordinando le parole tra parentesi. Devi coniugare i verbi in corsivo al congiuntivo o all'indicativo presente.*

### La mamma migliore è l'italiana

La mamma italiana? È bravissima, si preoccupa per la famiglia, lavora tanto. Così dicono gli oltre 400 studenti diciassettenni provenienti da più di cinquanta paesi dei cinque continenti, accolti gratuitamente da una famiglia italiana. Vivono in Italia ormai da 8 mesi, dove frequentano il quarto anno di scuola superiore in una città del Belpaese, grazie a un programma di studio di Intercultura, l'associazione no profit che da 55 anni promuove gli scambi scolastici dei ragazzi di tutto il mondo. Intervistati dall'associazione con un questionario intitolato "L'Italia secondo te", alla domanda "Cosa pensi della tua mamma italiana?", quasi uno su quattro (il 24%) ha risposto: "Bravissima, lavora troppo". Secondo i ragazzi intervistati, infatti **1.** (capaci conciliare mamme *essere* di le ritmi i italiane) _____ _____ del lavoro con quelli della cura dei figli. I ragazzi stranieri ritengono che le mamme ospitanti **2.** (ai figli *pensare cucinare* e benissimo) _____ _____. Gli adolescenti stranieri sono meno teneri verso i figli. Secondo loro, i teenager italiani **3.** (mammoni proprio *essere* dei e non a diventare *riuscire* indipendenti) _____, ma pensano anche che **4.** (ospitali e *avere* una originale mentalità *essere*) _____ _____.

Adattato da *www.lastampa.it*

## Unità 6

**8** *Leggi il testo e indica con una "X" l'opzione corretta.*

### Papà perfetti, rivoluzione silenziosa: così si trasforma la famiglia italiana

Nel nostro paese è in atto da tempo, silenziosamente, una rivoluzione della paternità. E dunque della coppia. Perché c'è una generazione di uomini - hanno tra i 30 e i 35 anni, vivono nel Centro Nord, hanno buoni titoli di studio, compagne che lavorano e figli molto piccoli - che sta scoprendo e sperimentando giorno dopo giorno un nuovo modo paritario, interscambiabile, concreto e fisico di essere padri, e naturalmente mariti e compagni. Padri collaborativi, partecipi, insomma quasi "perfetti", così li ha definiti in uno studio una giovane sociologa, Tiziana Canal, ricercatrice all'università Carlos III di Madrid: un genitore (maschio) che per la prima volta nell'88% dei casi non soltanto gioca con i figli, ma li accompagna a scuola, li lava, li veste, cucina per loro, li accudisce insomma, in una simmetria di ruoli finora quasi sconosciuta in Italia. E poi comunque fa la spesa (68,3%), aiuta nelle faccende domestiche (37,5%) e ogni sera mette a letto i propri bambini (25%).
Dati che raccontano quanto sono cambiati i sentimenti e le leggi dell'amore all'interno di una coppia, e quanto, anche, l'esplosione dei canoni tradizionali del lavoro stia modificando per sempre la struttura delle giovani famiglie.

*Adattato da www.repubblica.it*

**1.** Lo studio di una sociologa ha rilevato che in Italia gli uomini:
a. non fanno quasi più figli.
b. vivono in modo nuovo la paternità.
c. aiutano le mogli nelle faccende di casa solo se hanno figli.

**2.** La ricerca mostra che l'88% dei padri:
a. accompagna i figli a scuola.
b. si occupa dei figli da tutti i punti di vista.
c. condivide con la compagna la cura dei figli e della casa.

**3.** La rivoluzione della paternità riguarda:
a. tutte le giovani coppie.
b. una generazione specifica.
c. tutti i trentenni italiani.

**4.** I dati della ricerca mostrano che:
a. ci sono famiglie sempre più piccole.
b. la famiglia tradizionale resiste ancora.
c. le giovani coppie vivono i ruoli in modo più simmetrico.

**9** *In questo forum le espressioni evidenziate sono invertite a coppie. Riordinale.*

### Com'è il rapporto con i vostri genitori?

 **1** I miei sono un po' moralisti e mi controllano. Cerco di tranquillizzarli raccontandogli che va tutto bene. **Inoltre** _____ quando ho grossi problemi loro mi aiutano.

 **2** Generalmente mia madre sa quello che faccio, perché glielo racconto. **Ma** _____ da qualche anno ha cominciato a trattarmi da adulta e non mi fa più la morale, forse è anche per questo che mi confido un po' di più.

**3** I miei non mi hanno mai controllata più di tanto. Ormai ho 20 anni e ho totale libertà. Con mia madre il rapporto è fatto di alti e bassi: ci sono giornate in cui andiamo d'accordissimo, altre no. **Ed è per questo che** _____ nella norma. Con mio padre non parlo molto, forse perché abbiamo caratteri estremamente simili, taciturni.

 **4** I miei mi lasciano molta libertà. Io cerco di prendere sempre più le distanze e loro non fanno tante storie, immagino che lo capiscano... **ma perché** _____ però, a volte sento di non poterne davvero più, ma in genere sono sensazioni momentanee.

 **5** Be', anche io prima non sopportavo tutte le domande che mi facevano... Ora che ho 21 anni, è diverso... E non perché loro sono cambiati, **nonostante tutto** _____, è cambiato anche il mio stile di vita! Ora lavoro e sono praticamente indipendente.

 **6** I miei genitori sono fantastici **insomma** _____, li considero all'altezza del loro compito. Spesso non li capisco quando sono severi con me, poi mi accorgo che lo fanno solo per il mio bene.

*Adattato da http://it.answers.yahoo.com*

# Esercizi

 Abbina le frasi di sinistra e quelle di destra, come nell'esempio.

1. Hai visto i miei libri?
2. Che ore saranno?
3. Sono le 9... Chissà perché non arrivano!
4. Il treno è in ritardo. Ci sarà un autobus a quest'ora?
5. Dov'è Anita?
6. Dove sarà il mio cellulare? Non lo trovo!
7. È tardi, secondo me Teo ha perso l'autobus.
8. Quanti anni ha Martina?
9. Perché Rossella non viene domani?

a. Non so, forse dovrà lavorare.
b. Be', prenderà quello successivo, spero.
c. Speriamo di sì.
d. Non saprei, sarà da un'amica.
e. Mah, ne avrà 17, credo.
f. Non lo so, saranno le 3.
g. Secondo me l'hai perso.
h. Boh, saranno sul tavolo di là.
i. Ci sarà traffico... Con questa pioggia!

 Trasforma il testo alla terza persona singolare femminile, come nell'esempio.

Mia madre continua a dirmi che non mi comporto in maniera matura come dovrei. Ma cosa vuol dire? La gente mi dà sempre più anni di quelli che ho - ho 16 anni ma molte persone me ne danno 18-19 e la cosa non mi dispiace - anche perché io sono già molto responsabile per la mia età! Di sicuro sono più matura delle mie amiche che non sanno neppure cucinarsi un uovo sodo! Io so badare a me stessa: spesso mi preparo il pranzo da sola quando torno da scuola, la camera me la pulisco da sola e, quando posso, do una mano in casa e lo faccio senza problemi. Anzi, mi piace! Ma a mia madre non basta che io sia brava a scuola e aiuti in casa.

Sua madre continua a dirle

# Test - Unità 5 e 6

**1** Forma delle frasi abbinando gli elementi delle tre colonne. Attenzione: devi accordare i participi passati.

| | | |
|---|---|---|
| 1. Ho portato la crema solare! | te ne | sono andat_ ? Non li ho più visti! |
| 2. Laura e Marco dove | ne | metto un po' sulla schiena? |
| 3. Stamattina Luca ha dimenticato la merenda. | ne | hanno portat_ ? |
| 4. Le tue bruschette sono buonissime, | se ne | date un po' voi, bambini? |
| 5. Piatti tipici toscani, | gliene | abbiamo mangiat_ tre a testa! |
| 6. L'ultimo film di questo regista era noioso, | se ne | abbiamo vist_ solo metà. |
| 7. Piatti e bicchieri, | ne | è andat_ in vacanza tutta sola. |
| 8. Marta | ne | avete mai mangiat_? |

**Punteggio:** ____ /22 (ogni pronome corretto = 2 punti; ogni accordo corretto = 1 punto)

**2** *Sottolinea* il suffisso corretto degli aggettivi del testo.

## Genitori versus figli

Come sono visti i figli adolescenti dai genitori italiani? La maggior parte li considera spec**iali/osi/ivi**, spesso addirittura geniali. Che tutti gli adolescenti siano dei geni è poco probab**ile/oso/ario**, ma è piuttosto norm**ico/ivo/ale** che il padre e la madre abbiano questa immagine dei propri figli. Ma se agli stessi genitori si chiede quali sono i difetti maggiori dei propri figli, ne evidenziano diversi, spesso più legati all'aspetto educativo che a quello della personalità (e ciò è molto cur**iario/oso/bile**!). La maggior parte li considera non abbastanza rispett**ari/osi/ici** verso gli adulti e soprattutto poco responsab**ili/ivi/ici** verso i propri doveri scolast**ivi/ici/ari**. Cosa pensano invece i figli adolescenti dei genitori? Ovviamente hanno un'opinione contr**iva/aria/ica**: molti considerano i propri genitori poco comprens**ori/ivi/ari**, e per questo vivono un rapporto conflittu**ivo/oso/ale** con il padre e la madre.

**Punteggio:** ____ /20 (ogni suffisso selezionato correttamente = 2 punti)

**3** Coniuga i verbi tra parentesi all'indicativo o al congiuntivo presente.

### Educare le persone al valore del cibo

Secondo Petrini, presidente di Slow Food Internazionale, *(essere)* **1.** _____ necessario tornare a educare le persone al valore del cibo. Solo attraverso la cultura crede che si *(potere)* **2.** _____ cambiare il modo in cui mangiamo. "Credo che lo spreco di cibo nel mondo *(rappresentare)* **3.** _____ uno dei più grandi paradossi dell'attuale sistema alimentare", commenta Petrini, "e ritengo che la principale responsabilità l' *(avere)* **4.** _____ la politica della produzione e della distribuzione". Bisogna intervenire subito: "Dobbiamo moderare i nostri consumi e produrre meglio". Tutti *(dovere)* **5.** _____ avere accesso a un cibo buono, pulito e giusto. Per Petrini, gli squilibri si *(potere)* **6.** _____ limitare "agendo su diversi fronti. Primo tra tutti, l'educazione dei bambini, ma anche degli adulti". Quando *(noi - acquistare)* **7.** _____ del cibo "dovremmo pretendere uno scontrino vero, che mostri tutti i costi del prodotto: quando compriamo qualcosa al supermercato, non stiamo pagando il vero prezzo di quel prodotto. Stiamo distruggendo il patrimonio di biodiversità del mondo, compromettendo l'ambiente e affamando un miliardo di persone, ma mi pare che di tutti questi costi la gente non *(accorgersi)* **8.** _____". Secondo Petrini il ruolo del consumatore *(restare)* **9.** _____ dunque cruciale. "I consumatori devono ricordare che *(scegliere)* **10.** _____ loro cosa gli offrirà la distribuzione".

**Punteggio:** ____ /25 (ogni verbo corretto = 2,5 punti)

Adattato da *www.adnkronos.com*

# Test - Unità 5 e 6

**4** Completa il testo con le espressioni della lista.

- be'
- nonostante tutto
- c'è da dire
- diciamo
- è per questo
- insomma

### Intervista a Oscar Farinetti, fondatore di Eataly

Oscar Farinetti ha indovinato il successo di una formula commerciale ormai planetaria. Si chiama Eataly, è in grande crescita in Italia e all'estero.

○ *Come interpreta il fenomeno per cui tante persone hanno ricominciato a cucinarsi da sole pane, dolci e altri cibi fatti in casa?*

Intanto _____ che a causa della crisi la gente compra la farina, le uova, gli ingredienti "primordiali", _____, perché facendo il pane a casa si risparmia. Poi anche perché, _____, abbiamo ricominciato a interessarci a ciò che mettiamo dentro il nostro corpo. Ed _____ che bisogna raccontare la cultura del cibo, ciò che significa per il nostro corpo e la nostra identità.

○ *E Eataly? Che ruolo ha in questo contesto?*

_____, Eataly ha contato molto, _____, per riportare al centro della vita delle persone la passione per il cibo. Ricordando però che il cibo bisogna conoscerlo. Raccontando le storie dei prodotti: le origini, i meccanismi di produzione.

*Adattato da www.consumatori.e-coop.it*

**Punteggio:** ____ /18 (ogni espressione corretta = 3 punti)

**5** Ascolta l'estratto del programma televisivo e indica con una "X" la risposta corretta.

**1.** Il tema del programma è il rapporto tra
a. i ragazzi e la scuola.
b. i genitori e la scuola.
c. i genitori e i figli.

**2.** Un ragazzo scrive ai conduttori del programma perché vuole sapere come
a. superare l'anno scolastico.
b. dire ai genitori che ha preso un brutto voto.
c. dire ai genitori che non supererà l'anno scolastico.

**3.** La conduttrice consiglia di
a. aspettare che la scuola comunichi ufficialmente la bocciatura.
b. parlarne subito con i genitori e studiare fino all'ultimo.
c. parlare prima con la madre e studiare di più.

**4.** Secondo la conduttrice molti genitori pensano che i figli siano bocciati perché
a. hanno problemi di relazione con i professori.
b. sono timidi a scuola.
c. non si impegnano abbastanza.

**5.** La conduttrice suggerisce di parlare con i genitori
a. di tutti i problemi che si hanno a scuola.
b. solo quando si hanno brutti voti.
c. soprattutto alla fine dell'anno scolastico.

**Punteggio:** ____ /15 (ogni risposta corretta = 3 punti)

# Bilancio - Unità 5 e 6

## Cosa sai fare?

 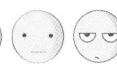

riformulare e prendere tempo per esprimere con più chiarezza la tua opinione  ☐ ☐ ☐

dare enfasi al tuo punto di vista  ☐ ☐ ☐

parlare del rapporto tra genitori e figli  ☐ ☐ ☐

parlare di cibo e delle tue abitudini alimentari  ☐ ☐ ☐

formulare ipotesi  ☐ ☐ ☐

argomentare  ☐ ☐ ☐

## Cosa conosci?

Pensa a quello che hai imparato e scrivi:

- una frase con il verbo *andarsene*
- tre aggettivi con il suffisso *-ale* e tre con il suffisso *-oso*
- la combinazione della particella *ne* con i pronomi *gli* e *le*
- una frase che esprima un'opinione con il congiuntivo e una con l'indicativo
- il nome di tre utensili da cucina
- espressioni sinonimo di *insomma*, *neppure*, *proprio*

## Come... presenti e sostieni il tuo punto di vista?

Come valorizzi e articoli le tue opinioni? Seleziona una delle tre possibilità, poi confrontati con un compagno.

**1.** Se vuoi aggiungere un'osservazione al tuo discorso, dici:
a. *insomma*
b. *ma*
c. *inoltre*

**2.** Per introdurre la conseguenza di un'affermazione precedente, usi:
a. *è per questo che*
b. *c'è da dire che*
c. *certo*

**3.** Se, quando inizi a parlare, hai bisogno di prendere tempo, dici:
a. *infatti*
b. *appunto*
c. *be'*

**4.** Per rafforzare un'affermazione precedente, usi:
a. *diciamo*
b. *be'*
c. *appunto*

**5.** Quando vuoi concludere usi:
a. *insomma*
b. *ma perché*
c. *nonostante tutto*

**6.** Al posto di *secondo me* puoi usare:
a. *credo che* + congiuntivo
b. *per me* + congiuntivo
c. *penso che* + indicativo

## Mettiti alla prova!

Vai sul forum "Genitori e figli" del Corriere delle Sera (http://forum.corriere.it/genitori_e_figli): clicca sulla linguetta "SCRIVI" e inserisci nella scheda un post in cui spieghi perché secondo te genitori e figli litigano frequentemente; proponi anche una soluzione. Controlla dopo qualche giorno se ci sono risposte da parte di altri utenti: se sì, cerca il commento che ti sembra più utile e interessante!

# Esercizi

**1** Abbina le espressioni **evidenziate** ai significati corrispondenti, come nell'esempio.

**Espressioni**
1. non vergognarsi, non nascondersi
2. prendere **in giro**
3. mettere **in una situazione non piacevole**
4. aiutare
5. svegliarsi **di cattivo umore**
6. essere evidente
7. parlare **in confidenza e in privato**
8. rompere un rapporto personale

**Significato**
a. chiudere con qualcuno
b. dare una mano
c. a quattr'occhi
d. *in un pasticcio*
e. balzare agli occhi
f. con la luna di traverso
g. camminare a testa alta
h. per il naso

**2** Completa il testo con i verbi della lista.

sia — siano — debba — sia arrivato — possa — pensassero — debba

### "La pelle dell'orso" - Un seminario di teatro civile

"La pelle dell'orso. Noi e gli animali" è il titolo di un seminario-laboratorio gratuito organizzato da due attrici, Mascia Musy ed Emanuela Giordano. Le due attrici vogliono fare una riflessione sul nostro rapporto con gli animali e la natura. Per loro è inaccettabile che milioni e milioni di animali, per fornirci cibo, **1.** _____ allevati in condizioni orribili, come se fossero oggetti di nostra proprietà e non creature viventi. È una realtà di cui si parla poco, almeno in Italia, dove sembra ancora che questo argomento **2.** _____ l'espressione di sensibilità estreme. Le due organizzatrici e conduttrici del seminario credono che **3.** _____ il tempo di affrontare, analizzare, discutere, immaginare alternative. "Così come l'arte, il cinema, la letteratura affrontano il nostro tempo, noi pensiamo che il teatro non **4.** _____ restare indietro e che **5.** _____ e **6.** _____ sviluppare un suo modo di raccontare e riflettere la realtà. Quello che noi possiamo fare è comunicare il nostro disagio attraverso il palcoscenico, e crediamo di doverlo fare.", scrivono Mascia ed Emanuela nella presentazione del progetto.
Il seminario-laboratorio è la prima tappa di un progetto che prevede l'allestimento di un nuovo spettacolo, il cui cast sarà selezionato dallo stesso gruppo del laboratorio. Hanno aderito tantissimi giovani artisti. Le organizzatrici non credevano che tanti la **7.** _____ come loro.

Adattato da *http://gattivity.blogosfere.it*

## Unità 7

**3** Trova i sette verbi sbagliati tra quelli sottolineati e scrivi sotto la forma corretta, come nell'esempio.

### Il teatro nella scuola

Sintetizzando il contenuto di un'intervista riportata sul sito *teatropoetando.it*, sembra che i ragazzi che <u>abbiano partecipato</u> ai laboratori teatrali nelle loro scuole <u>abbiamo vissuto</u> un'esperienza molto positiva. La maggior parte di loro <u>creda</u> che il teatro gli <u>abbia dato</u> la possibilità di affrontare temi interessanti e che <u>siamo stati</u> un modo diverso di fare scuola. Per i ragazzi il fatto che il teatro <u>siano</u> uno spazio simbolico gli ha permesso di esprimersi con maggiore libertà e di scoprire abilità e risorse che non <u>pensassero</u> di avere. Secondo i partecipanti ai laboratori è importante che i giovani <u>si avvicinino</u> al teatro perché permette di scoprire aspetti sconosciuti di sé, <u>aiuta</u> ad acquistare fiducia, aumenta l'autostima. Infine, i ragazzi pensano che il teatro a scuola <u>debbano</u> affrontare tematiche vicine ai loro interessi ma <u>debba</u> dare anche la possibilità di conoscere culture diverse.

Adattato da www.teatrandopoetando.it

| Verbo sbagliato | Verbo corretto |
|---|---|
| abbiano partecipato | hanno partecipato |
| | |
| | |
| | |
| | |
| | |
| | |

**4** Coniuga i verbi tra parentesi al congiuntivo presente o imperfetto. Poi indica con una "X" se le affermazioni sono vere o false. Infine ascolta e verifica.

|  | Vero | Falso |
|---|---|---|
| 1. Salvo pensa che solo le persone con una certa struttura fisica *(essere)* _____ capaci di suonare il corpo. | ☐ | ☐ |
| 2. Prima di vedere la *performance* di Salvo, Carlo non credeva che qualcuno *(usare)* _____ il corpo come uno strumento musicale. | ☐ | ☐ |
| 3. Secondo Salvo non è normale che le persone *(essere)* _____ sorprese dalle sue *performance*. | ☐ | ☐ |
| 4. Salvo crede che attraverso la *body percussion* tutti *(diventare)* _____ musicisti prima o poi. | ☐ | ☐ |
| 5. Il fatto che un musicista *(suonare)* _____ anche con il corpo è un arricchimento per la musica. | ☐ | ☐ |
| 6. È importante che durante la *performance* il musicista *(usare)* _____ solo il suo corpo per fare musica. | ☐ | ☐ |
| 7. Prima di incontrare Salvo, Carlo pensava che per una *performance* di questo tipo non *(essere)* _____ importante l'aspetto visivo. | ☐ | ☐ |
| 8. Sembra che i ragazzi *(divertirsi)* _____ molto nella scoperta e la condivisione del ritmo e della musicalità del corpo. | ☐ | ☐ |

# Esercizi

**5** *Leggi il testo e indica con una "X" l'opzione corretta.*

## La danza fuori dai teatri

Portare la danza dove normalmente non trova spazio. È questo il progetto della scuola "Ritmomisto" di Lavis, vicino Trento, che ha organizzato un'esibizione nel pub "Officina Gambrinus". Quindici ballerini non professionisti, dai 15 ai 25 anni, che il sabato sera cercano di coinvolgere i clienti. "Ci siamo sempre chiesti - ha spiegato la direttrice della scuola, Manuela Zennaro - perché nei locali non si provasse a fare qualcosa di diverso e così abbiamo ideato questo progetto, ormai arrivato al terzo anno". I ballerini si sono preparati e hanno creato uno spettacolo perfettamente adattabile agli spazi. "Saranno coreografie molto semplici. L'idea è quella di lasciare il segno, dare un assaggio di cos'è la danza, anche a chi non penserebbe mai di venire a guardarci".
La scuola vorrebbe adattare il suo spettacolo anche per altri locali. "Questa è la nostra speranza. Purtroppo c'è ancora molta diffidenza".

Adattato da *www.larotaliana.it*

**1.** La scuola "Ritmomisto" ha organizzato:
a. un'esibizione nel teatro della cittadina di Lavis.
b. uno spettacolo in vari locali della cittadina di Lavis.
c. un'esibizione in un locale della cittadina di Lavis.

**2.** Lo spettacolo è realizzato da:
a. tutti i ballerini della scuola tra i 15 e i 25 anni.
b. quindici ballerini non professionisti selezionati tra le scuole della zona.
c. una selezione di ballerini della scuola tra i 15 e i 25 anni.

**3.** Secondo la direttrice della scuola è importante che:
a. i ballerini diventino famosi in locali come "Officina Gambrinus".
b. la danza esca dalle scuole e raggiunga il pubblico in locali come "Officina Gambrinus".
c. i locali come "Officina Gambrinus" abbiano una programmazione culturale varia.

**4.** Lo spettacolo:
a. vuole sorprendere gli spettatori con la sua semplicità.
b. vuole dare un'idea generale di cosa sia la danza.
c. serve a pubblicizzare i corsi di danza.

**5.** Lo spettacolo:
a. probabilmente non si ripeterà perché il pubblico è molto diffidente.
b. sicuramente sarà proposto in altri locali.
c. probabilmente sarà proposto in altri locali.

**Unità 7**

**6** *Coniuga i verbi tra parentesi al congiuntivo presente, passato o imperfetto.*

### I gatti di Torre Argentina a rischio sfratto

L'ex direttore dei beni archeologici di Roma vuole cacciare la storica colonia di gatti di Torre Argentina: "È assurdo che nessuno *(intervenire)* **1.** _____ prima per bloccare l'abuso".
Vita dura per le colonie feline. Anche quelle storiche di Roma: tutti pensavano che *(essere)* **2.** _____ intoccabili perché ormai parte del patrimonio artistico e culturale della città. Il problema spesso è proprio il fatto che *(loro - trovarsi)* **3.** _____ su un'area archeologica da proteggere come patrimonio artistico. Stiamo parlando dei gatti che vivono da tempo nell'area archeologica di Largo Argentina a Roma. Pare che la ragione dello sfratto *(essere)* **4.** _____ l'irregolarità di una zona coperta all'interno dell'area, utilizzata da tanto tempo come ricovero dei gatti. Un luogo abbandonato dove pare che i volontari *(passare)* **5.** _____ solo il tempo necessario per occuparsi dei felini. Sembra assurdo che *(esistere)* **6.** _____ un abuso edilizio all'interno di un'area archeologica pubblica nel pieno centro della capitale. L'ex direttore dei beni archeologici ha dichiarato: "Stupisce il fatto che il Comune *(permettere)* **7.** _____ in questi anni di costruire una struttura abusiva di questo tipo, in un'area dove si trovano monumenti importantissimi...". L'impressione è che in realtà i gatti *(essere)* **8.** _____ un pretesto per questioni politiche.

Adattato da *http://gattivity.blogosfere.it*

**7.a** *Leggi il testo e coniuga i verbi tra parentesi all'indicativo o al congiuntivo presente.*

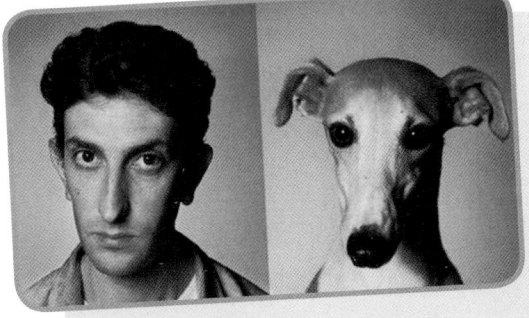

I cani *(somigliare)* _____ realmente ai loro padroni o è solo fantasia?
Capita spesso di camminare per strada e notare che cani e padroni *(avere)* _____ la stessa faccia, camminano e si comportano allo stesso modo. Esiste davvero una somiglianza? Molti esperti veterinari hanno studiato il "caso" e ci hanno riportato alcuni esempi:

1. è molto difficile che un giocatore di rugby *(prendere)* _____ un gatto come un animale domestico.
2. È raro che una ballerina o un artista *(decidere)* _____ di avere un pitbull.
3. Sembra che le persone molto glamour *(preferire)* _____ i barboncini.
4. Pare che la maggior parte delle persone atletiche *(selezionare)* _____ invece i pitbull o i doberman.

Saranno coincidenze? Gli esperti ci spiegano che, al di là del fisico, è possibile che i proprietari *(essere)* _____ attratti da animali con caratteristiche simili alle loro.

Adattato da *www.081magazine.com*

# Esercizi

**7.b** *Trasforma le quattro frasi numerate dell'esercizio precedente al passato, come nell'esempio.*

1. Era molto difficile che un giocatore di rugby potesse scegliere come animale domestico un gatto.
2. _____
3. _____
4. _____

**8** <u>Sottolinea</u> *la forma corretta del verbo tra quelle* **evidenziate***, come nell'esempio.*

## Che ne pensate degli animali utilizzati nel circo?

❶  Io ritengo che **sia stato / <u>sia</u> / fosse** sbagliato chiudere gli animali nello zoo o sfruttarli nel circo. Il fatto che **siano obbligati / abbiano obbligato / obblighino** a fare cose non nella loro natura mi sembra terribile. Approvo il circo solo se ci sono persone nello spettacolo, non animali.

❷  Sono d'accordo con te. È strano che qualcuno **cercasse / cerca / cerchi** ancora di giustificare queste pratiche dicendo che gli animali, dentro i circhi, sarebbero addirittura felici. Ritengo che **fosse / sia / siano** una cosa disumana.

❸  La prima volta che sono andata al circo avevo 10 anni e mi sembrava che gli animali **fossero / siano / siano stati** così tristi! Mi dispiaceva che **debbano / dovessero / dovevano** fare degli esercizi ridicoli!

❹  Non è giusto che **esistano / esistono / esiste** zoo e circhi con gli animali chiusi nelle gabbie, ma quello che è peggio è il fatto che **c'è / ci sia / ci siano** persone che pagano il biglietto per vederli!

❺  Però il circo e lo zoo hanno una funzione educativa. Senza i bambini non potrebbero vedere gli animali da vicino. Io penso che non **deste / diate / diano** importanza a questo aspetto.

Adattato da *http://notizie.tiscali.it*

**Unità 7**

**9** Seleziona il verbo corretto tra parentesi e coniugalo al gerundio, come nell'esempio. Poi sottolinea anche l'animale corrispondente al profilo descritto.

1. Il professore di storia legge sempre (mettere / avvicinare) _avvicinando_ il libro agli occhi. È veramente **una talpa** / **un orso**.

2. Giacomo è **un asino / una cicala**! Non studia, non fa i compiti, ha brutti voti e spesso non va a scuola. (Continuare / Essere) _____ così non passerà l'esame di maturità.

3. (Ascoltare / Parlare) _____ con i miei compagni di scuola mi sono sentita **una mosca bianca / una serpe**... Non ascolto la musica che piace a loro, non faccio niente di quello che è popolare tra i ragazzi della mia età!

4. Marco non parla molto e non ama stare con gli altri. Ogni volta che lo invitiamo a una festa, non viene (dire / parlare) _____ che è impegnato. Fa sempre **la volpe / l'orso**!

5. Ieri sera (tornare / telefonare) _____ a casa ho incontrato Lucia. Mi ha detto che esce sempre tardi dal lavoro e non ha mai tempo per una vacanza. Io le ho detto che è proprio **una formica / un asino**, lavora e basta!

6. (Parlare / Ascoltare) _____ Matteo ieri sera alla festa ho notato che i suoi amici hanno ragione quando dicono che è **una talpa / un pappagallo**. Ripeteva tutto quello che dicevano loro!

**10** Coniuga i verbi tra parentesi al gerundio. Indica anche se hanno la funzione modale (M) o temporale (T), come nell'esempio.

"Se esci da questa casa, non ci rimetti più piede! Hai capito? Mi sono spiegato?", dice il padre, (gridare) _gridando_ [M] e (guardare) _____ [ ] il figlio con occhi severi.
"Franco, esageri ...", interviene la madre, (mettere) _____ [ ] sul tavolo il libro che ha in mano.
"Devi stare zitta, tu! Sto parlando con lui, non con te. Forza, ragazzo, devi deciderti. Dentro o fuori, una volta per tutte. E per sempre.", dice il padre, (continuare) _____ [ ] a guardare il figlio.
"Sei e-sa-ge-ra-to!", dice la madre.
"Ti ho detto di stare zitta." Risponde il padre, (mantenere) _____ [ ] un tono duro.
"Gli hai sempre lasciato fare tutto quello che voleva! Quando io dicevo che sbagliava ad andare in un posto o a frequentare certi amici, tu mi dicevi che ero cattiva, cretina.", dice la madre (sedersi) _____ [ ] sul divano.
"Cattiva no, cretina se ne può discutere.", precisa il padre sarcasticamente.
"Nemmeno con i gatti si fa quello che stai facendo tu adesso!", dice la madre (indicare) _____ [ ] il gatto sul divano.
"Io non mi tengo mio figlio in casa fino a quarant'anni a grattarsi la pancia! E vorrei sapere cosa c'entrano i gatti, adesso!", risponde il padre, (girarsi) _____ [ ] a guardare il gatto.
"Non puoi cominciare a fare il dittatore dall'oggi al domani! Se tu a un gatto prima gli insegni che il cibo è sempre pronto e poi all'improvviso gli dai un calcio, lui non capisce!", spiega la madre, (urlare) _____ [ ].
"Mio figlio non è un gatto. E non gridare che ti sento."

Adattato da www.smemoranda.it

# Esercizi

**1** *Ascolta e indica con una "X" l'opzione corretta.*

1. Un ragazzo parla con l'impiegata dell'Informagiovani per:
   - **a.** richiedere informazioni sui corsi di formazione.
   - b. iscriversi al sito del centro.
   - c. cercare un lavoro.

2. L'impiegata fa domande:
   - a. per inserire le caratteristiche del ragazzo nel data base del sito.
   - **b.** per capire se le caratteristiche del ragazzo vanno bene per i lavori offerti.
   - c. per aiutarlo a completare il suo curriculum.

3. Il ragazzo vuole:
   - **a.** trovare il suo primo lavoro dopo gli studi.
   - b. studiare e lavorare.
   - c. abbandonare la scuola e lavorare.

4. I lavori che il ragazzo potrebbe trovare sono:
   - **a.** babysitter, dogsitter, consegna di pizze a domicilio, operatore in un call center, ripetizioni scolastiche, animatore in villaggi turistici.
   - b. babysitter, dogsitter, consegna di pizze a domicilio, operatore in un call center, animatore per feste per bambini, volantinaggio.
   - c. babysitter, dogsitter, consegna di pizze a domicilio, operatore in un call center, ripetizioni scolastiche, animatori per feste per bambini.

5. Il ragazzo preferisce:
   - a. lavorare full-time e solo nei mesi scolastici.
   - **b.** lavorare part-time ma non durante i periodi di vacanza.
   - c. lavorare part-time tutto l'anno.

6. Alla fine della conversazione l'impiegata:
   - **a.** spiega al ragazzo com'è organizzato il sito dell'Informagiovani per la ricerca e offerta di lavoro.
   - b. indica al ragazzo come entrare nel sito e trovare i lavori più adatti a lui.
   - c. spiega al ragazzo come entrare nel sito per inserire il curriculum.

**2** *Sottolinea il verbo corretto tra quelli evidenziati per formare il periodo ipotetico di secondo tipo.*

 1. Se **potesse / poteste / potreste** scegliere quale lavoro svolgere, quale **sceglieresti / sceglierebbero / scegliete**?

 2. Se io ne **avessi / avrei / avessimo** la possibilità, mi **piacerei / piacerebbe / piacesse** tantissimo diventare un disegnatore di manga vista la mia bravura col disegno e la mia passione!

 3. Se io **potrei / potesse / potessi**, **farei / farebbe / farò** il vulcanologo perché da piccolo andavo sempre in vacanza presso il Vesuvio, i Campi Flegrei, l'Etna e Stromboli e me ne sono innamorato... ma all'università sto studiando tutt'altro!

 4. Se mi **davano / dessero / diano** l'opportunità di scegliere, **sceglierei / scelgo / sceglierebbe** l'avvocato perché guadagna molti soldi!

Adattato da *http://it.answers.yahoo.com*

**Unità 8**

**3** *Abbina le richieste e i consigli sulla ricerca di un lavoro. Devi anche coniugare i verbi tra parentesi per formare il periodo ipotetico di secondo tipo. Segui gli esempi.*

### Richieste di consigli

1. Vorrei lavorare come animatrice di feste per bambini. Come potrei trovare un lavoro di questo tipo?

2. Come si fa a diventare dog-sitter? Amo i cani e faccio il volontario in canile e volevo provare a propormi come dog-sitter, ma non so da che parte cominciare. Cosa mi consigliate?

3. Sono una studentessa e cerco un lavoro part-time per guadagnare qualche soldino! Se *(io - volere)* _____ fare volantinaggio, che cosa *(io - dovere)* _____ fare secondo voi?

4. Ho 19 anni e vado all'università. Vorrei trovarmi un lavoretto part-time. Ho trovato un annuncio in cui cercano ragazze/i per consegna pizze a domicilio... Che ne pensate? È pericoloso per una ragazza?

5. Ho 18 anni e vorrei riprendere gli studi a settembre. Intanto mi piacerebbe propormi come baby-sitter. Che mi consigliate?

6. Se *(voi - essere)* _____ al mio posto, che lavoro *(voi - cercare)* _____ per guadagnare qualcosa durante le vacanze?

### Consigli

a. Se *(io - essere)* __fossi__ al tuo posto, *(io - preparare)* _____ dei volantini con informazioni su di te e li *(io - lasciare)* _____ in posti frequentati da mamme. Se *(tu - riuscire)* _____ a trovare dei condomini dove abitano tante famiglie con bambini, magari *(tu - potere)* _____ metterli anche nelle buche delle lettere.

b. Se *(io - avere)* _____ questo progetto, *(io - contattare)* _____ le agenzie di pubblicità e marketing e *(io - chiedere)* _____ se hanno bisogno di collaboratori. Gli indirizzi si trovano in internet.

c. Se *(io - sognare)* _____ di fare questo lavoro, *(io - fare)* _____ prima un corso, perché non si deve improvvisare. Per lavorare con i bambini serve molta esperienza... Se improvvisi fai baby-sitteraggio e basta.

d. Purtroppo non posso offrirti un lavoro... Ma se *(io - essere)* _____ in te, *(io - cercare)* _____ lavoro come cameriera: si impara tanto e si guadagna abbastanza.

e. Se *(io - volere)* _____ un lavoro di questo tipo, *(io - telefonare)* _____ senza troppi problemi. Ma hai un motorino?

f. Se *(io - essere)* _____ in te, *(io - mettere)* _____ dei volantini negli studi veterinari, nei negozi per animali, eccetera.

1. ☐   2. ☐   3. ☐
4. ☐   5. 5/a   6. ☐

Adattato da *http://forum.alfemminile.com*

# Esercizi

**4** *Coniuga i verbi tra parentesi formando periodi ipotetici di secondo tipo. Poi rispondi alle domande e scopri il tuo profilo nella pagina accanto.*

## Test: sei pronto per un colloquio di lavoro?

**1.** Se oggi avessi un colloquio di lavoro, come ti vestiresti?
- **a.** Dipende dal tipo di lavoro: se il colloquio *(essere)* _____ in un'azienda, *(io - vestirsi)* _____ in modo classico e discreto, senza esagerare.
- **b.** Se *(io - vestirsi)* _____ in modo molto elegante, sono sicuro che *(io - fare)* _____ una buona impressione.
- **c.** Ho la mia personalità! Se *(io - lavorare)* _____ per un'azienda, i colleghi e i datori di lavoro *(dovere)* _____ rispettarla anche per quanto riguarda l'abbigliamento.

**2.** Se dovessi aspettare in sala d'attesa, che cosa faresti?
- **a.** Anche se *(io - essere)* _____ nervoso, non si *(vedere)* _____. So controllarmi senza problemi.
- **b.** Se *(io - dovere)* _____ aspettare, *(io - provare)* _____ a stare tranquillo: magari mi stanno già esaminando!
- **c.** Se mi *(loro - chiedere)* _____ di aspettare, *(io - potere)* _____ avere il tempo per prepararmi un po' di più.

**3.** Se avessi un appuntamento per un colloquio, quando ti presenteresti?
- **a.** Se *(io - arrivare)* _____ 5 minuti prima, *(essere)* _____ perfetto.
- **b.** Se *(io - presentarsi)* _____ in perfetto orario, sicuramente tutti lo *(apprezzare)* _____.
- **c.** Se *(io - arrivare)* _____ con 5 minuti di ritardo, non *(esserci)* _____ problema per nessuno.

**4.** Se durante il colloquio ti sentissi teso, che cosa faresti?
- **a.** Se *(io - essere)* _____ teso, *(io - provare)* _____ a mantenere la calma e a misurare le parole.
- **b.** Se *(io - sentirsi)* _____ teso, *(io - parlare)* _____ poco per evitare di dire cose inopportune.
- **c.** Se *(io - provare)* _____ tensione, *(io - comportarsi)* _____ in modo spontaneo.

**5.** Se ti domandassero: "Quali sono i suoi punti deboli?", quale sarebbe la tua risposta?
- **a.** Se me li *(loro - chiedere)* _____, li *(io - dire)* _____ cercando di mostrarli come aspetti positivi.
- **b.** Se mi *(loro - fare)* _____ questa domanda, *(io - rispondere)* _____ evitando di dare troppi dettagli.
- **c.** Se *(loro - volere)* _____ conoscerli, non *(io - rispondere)* _____ onestamente: potrebbero valutarmi negativamente.

**6.** Se fossi nervoso, guarderesti in faccia l'interlocutore?
- **a.** Sì, sempre. Se non lo *(io - guardare)* _____ negli occhi, *(io - potere)* _____ sembrare troppo timido o maleducato.
- **b.** Sì, ogni tanto. Se lo *(io - fissare)* _____ troppo, *(lui - accorgersi)* _____ del mio nervosismo.
- **c.** No, mai. Se lo *(io - fare)* _____, non *(io - riuscire)* _____ a parlare.

## Unità 8

**Maggioranza di risposte "a.": mostri il meglio di te**

Conosci le regole fondamentali per presentarti a un colloquio nel modo giusto. Sai che spesso la selezione comincia dalla sala d'attesa e che arrivare in ritardo gioca sempre a tuo sfavore.

**Maggioranza di risposte "b.": te la cavi**

Sei abbastanza pronto per affrontare un colloquio di lavoro, ma devi rivedere alcune cose. Anche il linguaggio del corpo è importante, non dimenticarlo!

**Maggioranza di risposte "c.": cerca di non mostrare il peggio**

Non ci siamo proprio! Se ti presenti ai colloqui di lavoro in ritardo e mostri il tuo nervosismo, difficilmente farai una buona impressione sull'esaminatore.

Adattato da *www.studenti.it*

**5** Sostituisci i verbi al passivo con "essere" **evidenziati** con le forme equivalenti con "venire", come nell'esempio.

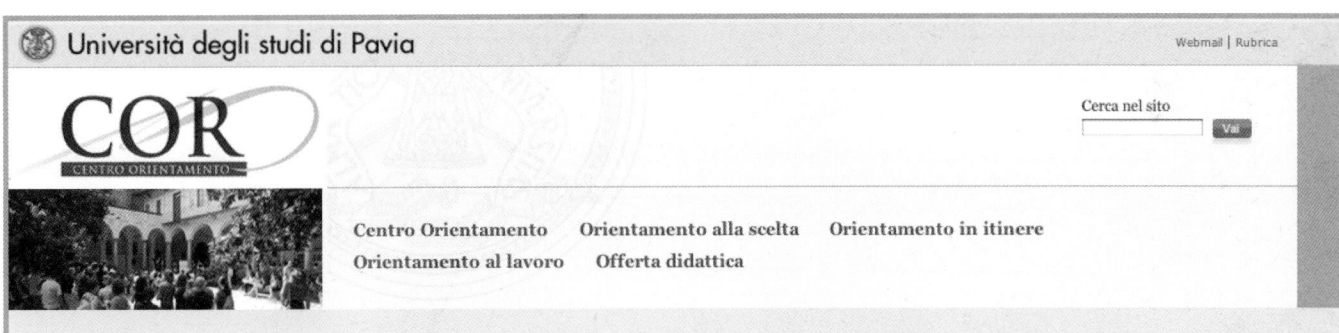

### Lettera di presentazione: candidatura tramite e-mail

Se si sceglie o **è richiesto** _viene richiesto_ esplicitamente di inviare la propria candidatura via mail, ecco alcuni consigli:

- Data e destinatario: **sono inseriti** _____ all'inizio del messaggio.
- Oggetto: è importante perché è la prima informazione che **è letta** _____. Inoltre l'oggetto vuoto potrebbe ricordare un file infetto (un virus) o un messaggio di spam: in questo caso la mail **è eliminata** _____ immediatamente.
- Contenuto della mail: il corpo del testo diventa la lettera di presentazione. Rispetto a quella tradizionale, anche se riporta tutte le informazioni necessarie, la lettera via mail **è scritta** _____ in uno stile più incisivo e breve, ma pur sempre preciso e completo.
- Curriculum vitae: **è allegato** _____ alla mail.

L'indirizzo di posta elettronica sarà la prima informazione, insieme all'oggetto, che **è ricevuta** _____ dal destinatario: meglio evitare parole o soprannomi strani e preferire se possibile un banale, ma efficace: nome.cognome@.

Adattato da *http://cor.unipv.eu*

# Esercizi

**6** *Completa i testi con il passivo presente con il verbo "venire", poi associa ogni paragrafo a uno dei lavori della lista. Attenzione: nella lista ci sono tre mestieri in più.*

arbitro • baby sitter • hostess • volantinaggio • operatore di call center • cameriere

**1**
Questo lavoro *(esercitare)* _____ principalmente in centri commerciali, negozi e centri congressi durante fiere che *(organizzare)* _____ da agenzie specializzate. In queste occasioni *(promuovere)* _____ eventi o *(pubblicizzare)* _____ prodotti.
Che lavoro è? _____

**2**
Questa professione *(praticare)* _____ nei campi sportivi e negli stadi durante le partite di calcio. Alla persona che fa questo lavoro *(dare)* _____ l'autorità necessaria per far rispettare le regole del gioco.
Che lavoro è? _____

**3**
Quest'attività *(utilizzare)* _____ nel settore pubblicitario per promuovere servizi, eventi o prodotti in modo sintetico, diretto e veloce. Il lavoratore *(chiamare)* _____ da agenzie pubblicitarie e *(mandare)* _____ in strada per consegnare materiale promozionale direttamente ai passanti. In alternativa questo materiale *(inserire)* _____ nelle cassette della posta.
Che lavoro è? _____

**7** *Riordina i paragrafi di questa lettera di presentazione, come nell'esempio.*

Composizione di: (nessun oggetto)

Da: bianca.rossi@hotmail.com
A: info@risorse_umane.it
Oggetto: Curriculum

1. Allego il mio curriculum vitae in vista di un possibile colloquio conoscitivo.
2. Distinti saluti, Bianca Rossi
3. Mi ritengo una persona capace di apprendere velocemente e in grado di adattarsi alle varie realtà lavorative.
4. Spettabile [+ Nome dell'azienda]
   [Indirizzo dell'azienda]
5. Ho imparato infine a usare il computer svolgendo le ore di informatica previste dal programma scolastico ed esercitandomi nel tempo libero.
6. Oggetto: autocandidatura per la posizione di segretaria part-time.
7. Salve, mi chiamo Bianca Rossi, ho 18 anni e ho da poco conseguito la maturità scientifica. Durante questi anni scolastici ho dimostrato una grande abilità nell'organizzare lo studio.

Soluzione: 4 ☐ ☐ ☐ ☐ ☐ ☐

**8** Completa la lettera con le parole della lista, come nell'esempio.

comunicativo · animatore · necessarie · studente · saluti · annuncio · esperienza · *attenzione* · settore

---

Ludoteca "La farfalla"
Piazza Balsamo Crivelli, 66
00159 - Roma

**Oggetto:** invio curriculum vitae

Con riferimento all'_____ pubblicato sul sito www.studenti.it, in cui si cercano giovani per un lavoro di _____ per feste di bambini, vorrei sottoporre alla Vostra ___*attenzione*___ il mio curriculum vitae, augurandomi che possa essere di vostro interesse.
Sono uno _____ al quarto anno del liceo psicopedagogico. Ritengo di avere buone capacità relazionali e di essere _____, dinamico e creativo.
Pur non avendo alcuna _____ professionale diretta, sono sicuro di riuscire a sviluppare, in breve tempo, le competenze _____ per lavorare in questo _____.

Allego il curriculum vitae e resto a Vostra disposizione per qualsiasi chiarimento.

Distinti _____,

Roberto Banfi
*Roberto Banfi*

---

**9** Sostituisci la forma passiva con "venire" + participio passato con la forma passiva con "si" + verbo, come nell'esempio.

### Come si scrive un buon curriculum

1. Viene curata → ___Si cura___ la grafica.
2. Vengono controllati → _____ eventuali errori di ortografia e di grammatica.
3. Vengono inseriti → _____: i dati anagrafici, le eventuali esperienze professionali e formative, le conoscenze linguistiche, le competenze informatiche, gli interessi personali.
4. In basso a sinistra viene indicata → _____ la data di invio del curriculum, in basso a destra viene inserita → _____ la firma del candidato.
5. Eventuali informazioni extra verranno date → _____ nella lettera di presentazione.
6. L'ideale è che venga utilizzata → _____ la prima persona singolare e vengano evitate → _____ le frasi troppo complesse.
7. Per quanto riguarda la formazione e le esperienze professionali, viene utilizzato → _____ l'ordine cronologico inverso (si comincia con gli eventi più recenti).
8. Vengono spiegati → _____ in dettaglio i ruoli ricoperti e le esperienze professionali. Per ogni periodo lavorativo vengono specificati → _____ l'anno e il mese di inizio e conclusione di ciascuna esperienza.
9. Vengono inserite → _____ le esperienze che comunicano meglio la personalità del candidato (non vengono enfatizzate → _____ eccessivamente: durante il colloquio, infatti, spesso vengono richieste → _____ spiegazioni dettagliate in merito).

*Adattato da www.jobtel.it*

# Test - Unità 7 e 8

**1** Completa il testo coniugando i verbi tra parentesi. Negli spazi _____ devi usare uno di questi tempi e modi: passato prossimo, o imperfetto, o congiuntivo (presente, imperfetto o passato); negli spazi _ _ _ _ _ _ devi usare il tempo e il modo verbale necessario per costruire il periodo ipotetico di secondo tipo.

### "Il mio teatro libero in carcere"

La compagnia della Fortezza di Volterra di Armando Punzo, pioniere del teatro in carcere, compie 25 anni e si prepara ad affrontare il nuovo spettacolo.

*Quali sono state le principali difficoltà incontrate all'inizio?*
"Quando ho iniziato, temevo che l'esperienza *(finire)* **1.** _____ subito. Sapevo infatti che Volterra *(essere)* **2.** _____ un carcere chiuso su se stesso, e che quindi *(potere)* **3.** _____ essere pericoloso starci dentro. Io ero visto come un corpo estraneo da tutti: agenti, istituzioni, detenuti. Un'altra fase di grande difficoltà *(essere)* **4.** _____ la tournée del '95, quando alcuni detenuti-attori sono stati accusati di rapina. Credo però che questi incidenti *(essere)* **5.** _____ importanti per crescere".

*Da anni lei desidera che (venire)* **6.** _____ creato un teatro stabile nel carcere di Volterra: un sogno o una futura realtà?

La prima cosa che ho detto ai detenuti è stata: "Se l'Università vi *(dare)* **7.** _ _ _ _ _ _ la possibilità, voi *(dovere)* **8.** _ _ _ _ _ _ insegnare nelle sue aule". Questo perché c'è una ricchezza di contraddizioni enorme che il mondo esterno dovrebbe vedere. Così una decina di anni fa ho pensato che *(essere)* **9.** _____ giusto rendere stabile l'esperienza della Compagnia della Fortezza. Siamo ancora lontani, ma spero che presto *(diventare)* **10.** _____ realtà".

Adattato da *www.unita.com*

**Punteggio:** _____ /25 (ogni verbo corretto = 2,5 punti)

**2** Completa le frasi con le espressioni legate agli animali raffigurati. Usa l'articolo prima del nome di ciascun animale.

**1.** Quel tuo amico è proprio _____, è riuscito a entrare gratis al concerto!

**2.** Mamma mia, non fare _____, riposati almeno durante le vacanze!

**3.** Hai ragione, Andrea è veramente _____, non conosce neanche le capitali europee!

**4.** In questo ufficio tu sei _____ perché solo tu sai usare bene il computer.

**5.** Il mio ragazzo è _____, non ha mai voglia di uscire con gli amici.

**6.** Rossella sembra tanto simpatica, ma parla male di tutti. È veramente _____!

**7.** Non posso guidare perché ho problemi di vista: sono proprio _____!

**Punteggio:** _____ /21 (ogni frase corretta = 3 punti)

# Test - Unità 7 e 8

**3** Trasforma il testo come segue: frasi **evidenziate** → frasi al passivo con il verbo "venire"; frasi in corsivo → frasi con il "si" passivante.

### Come presentare le candidature per le offerte di lavoro all'ufficio per l'impiego

Prima di inserire la vostra candidatura, controllate i requisiti che **richiede l'azienda** _____ (età, titolo di studio, esperienze professionali, ecc.). Solo chi possiede i requisiti potrà partecipare alla selezione. È necessario che **presentiate la vostra candidatura** _____ prima della scadenza dell'offerta lavorativa.
Può accadere però che **l'azienda chiuda l'offerta** _____ prima della scadenza quando è _stato raccolto_ _____ un numero sufficiente di candidature.
Se _vengono raccolte_ _____ molte candidature, **l'ufficio per l'impiego le invierà** _____ all'azienda in base all'ordine di arrivo.
**L'ufficio non prenderà in considerazione** _____ le domande non regolari.

**Punteggio:** ____ /21 (ogni frase corretta = 3 punti)

**4** Trasforma le frasi usando il periodo ipotetico di secondo tipo.

1. Se cerchi lavoro, mandi il tuo curriculum alle aziende.
2. Se farò l'attore di teatro, girerò tutto il mondo.
3. Se posso fare uno stage all'estero, parto subito.
4. Se Sergio e Lucia dicono la verità, non ridono.
5. Se troviamo dei biglietti gratuiti per lo spettacolo di stasera, vi telefoniamo.
6. Se il paese uscirà dalla crisi economica, ci saranno maggiori possibilità di lavoro per i giovani.

**Punteggio:** ____ /18 (ogni risposta corretta = 3 punti)

**5** Ascolta e indica con una "X" le informazioni presenti nel dialogo. In alcuni casi sono possibili più risposte.

cd 27

1. I due ragazzi stanno cercando lavoro. ☐
2. All'Informagiovani di Reggio Emilia è possibile avere informazioni su:
   eventi musicali ☐     lezioni di musica ☐     università e corsi professionali ☐
   case in affitto ☐     lavoro e studio all'estero ☐
3. All'Informagiovani si può anche:
   consultare materiale per le vacanze ☐     avere un colloquio con lo psicologo ☐
4. Per entrare all'Informagiovani è necessaria la carta giovani. ☐

**Punteggio:** ____ /15 (ogni risposta corretta = 2,5 punti)

# Bilancio - Unità 7 e 8

## Cosa sai fare?

| | 😄 | 😐 | 😒 |
|---|---|---|---|
| parlare di arti performative | ☐ | ☐ | ☐ |
| descrivere personalità attraverso metafore tratte dal mondo animale | ☐ | ☐ | ☐ |
| esprimerti sui diritti degli animali | ☐ | ☐ | ☐ |
| esprimere desiderio, volontà, sentimento | ☐ | ☐ | ☐ |
| raccontare fatti senza specificare chi compie l'azione | ☐ | ☐ | ☐ |
| parlare dei propri progetti ed esperienze professionali | ☐ | ☐ | ☐ |
| formulare ipotesi realizzabili | ☐ | ☐ | ☐ |
| cercare lavoro, redigere un semplice CV e prepararsi per un colloquio di lavoro | ☐ | ☐ | ☐ |

## Cosa conosci?

*Pensa a quello che hai imparato e segui le istruzioni / rispondi alle domande.*

- Descrivi tre persone che conosci utilizzando metafore legate al mondo animale.
- *Chiudere, dare, fare, parlare*: scrivi un'espressione per ogni verbo.
- Indica almeno due tipi di contratto di lavoro presenti in Italia e spiegane le differenze.
- Coniuga due verbi irregolari al congiuntivo imperfetto.
- *Ogni giorno fanno decine di colloqui di lavoro.* Trasforma questa frase in passiva; poi riscrivila usando il *si* impersonale.
- Quali sono le varie voci del curriculum vitae in italiano?

## Come... ti organizzi per ottenere il lavoro dei tuoi sogni?

*Secondo te cosa (non) bisogna fare quando si cerca lavoro? Segui le istruzioni e rispondi alle domande. Poi confrontati con un compagno.*

**1.** Per ottenere il lavoro ideale, cosa ti sembra meno importante? ~~Cancella~~ quattro opzioni dalla lista.

- **a.** Fare una lista delle proprie passioni prima di iniziare a cercare.
- **b.** Puntare a un lavoro nel quale i propri difetti non hanno importanza.
- **c.** Proporre la propria candidatura a un'azienda/organizzazione in cui lavorano amici.
- **d.** Chiedere consiglio ai propri genitori.
- **e.** Coltivare hobby attinenti al lavoro desiderato.
- **f.** Abituarsi a lavorare da solo e in gruppo.
- **g.** Prepararsi ad affrontare eventuali esaminatori con fermezza ed energia.
- **h.** Ignorare il look: se si lavora bene, qualunque stile è appropriato

**2.** Se non hai/hai poca esperienza professionale, che cosa puoi dire durante un colloquio per metterti in luce? Indica almeno due elementi.

- **a.** _____
- **b.** _____

**3.** Indica tre aspetti negativi della tua personalità che potrebbero diventare utili nel lavoro dei tuoi sogni. Spiega perché.

( aspetto ) ( perché potrebbe essere utile )

_____
_____
_____

## Mettiti alla prova!

*Vai sul sito http://lavoro.corriere.it/Default.aspx: nella casella "Cerca il tuo lavoro!" indica la parola chiave "part-time" e una regione a piacere. Cliccando su "ricerca avanzata" potrai inserire ulteriori criteri di selezione, come il settore professionale o il livello di istruzione. Leggi gli annunci, selezionane due (o più) e cerca di ottenere un colloquio di lavoro: prepara il tuo CV e invialo cliccando sul pulsante "Candidati" presente alla fine di ciascun annuncio. In bocca al lupo!*

# Esercizi

**Unità 9**

**1** *Forma delle frasi abbinando le colonne di destra e sinistra e selezionando il verbo adatto tra "sapere" o "conoscere" come nell'esempio. Coniuga "sapere" e "conoscere" al presente o al passato prossimo.*

1. Senta, scusi,
2. Io e Piero siamo sposati da anni, ma inizialmente quando
3. Ciao, Marco,
4. Stefano è molto triste,
5. Gli piace mangiare, ma non
6. Ieri mi ha interrogato la prof di matematica...
7. Marco è sempre in ritardo,
8. Paola chi? Mi dispiace, non

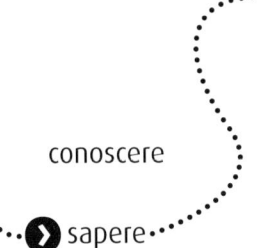

conoscere

sapere

a. _____sa_____ dirmi che ore sono?
b. _____ di Elena? Parte per l'Australia tra un mese.
c. l'*(io)* _____ non mi sembrava per niente simpatico.
d. la _____.
e. *(Io)* _____ rispondere a tutte le domande!
f. non si _____ perché!
g. _____ cucinare!
h. non *(io)* _____ che cosa dirgli per consolarlo.

**2** *Sottolinea il verbo appropriato tra "sapere" o "conoscere".*

❶ Mi piace la musica, ma non **so / conosco** ballare; mi piace la neve, ma non **conosco / so** sciare... Lo **so / conosco**, dovrei cominciare a fare sport!

❷ Secondo me i ragazzi non **sanno / conoscono** più ascoltare, leggere, scrivere o parlare in italiano a causa del linguaggio veloce e abbreviato dei social network e delle chat.

❸ Sì, parlo inglese, cioè... **Conosco / So** fare qualche frase, però una conversazione completa... Sì, insomma, è tutta un'altra cosa.

❹ Io sono più matura delle mie amiche che non **sanno / conoscono** neppure cucinare un uovo sodo!

❺ **So / Conosco** bene che a scuola non si studiano solamente materie che servono per il tuo lavoro ideale, ma un po' di tutto.

❻ **Ho conosciuto / Ho saputo** ragazzi che si sono dovuti trasferire per studiare: passavano il loro tempo tra feste e viaggi organizzati dai vari gruppi studenteschi, ma **conosco / so** anche giovani che abitavano in casa dei genitori, laureandosi prima dei tempi e trovando lavoro in tempo brevissimo...

duecentocinque • **205**

# Esercizi

**3** *Completa il testo con i verbi della lista.*

era — era — ho trovato — potevo — ho potuto — avevo — volevo — si sono create — sono andata — sono stati — ho fatto — hanno deciso — mancava — ho fatto

## io ACQUA&SAPONE

Interviste Esclusive   Viaggi   Editoriale   Inchieste   Io Giornalista   TV/Cinema   A&S SPORT   Zona Stabile   Rubriche

_____ a vivere da sola da più di un anno e non me ne sono mai pentita. Quello che più mi _____, a casa dei miei, _____ la possibilità di esprimere al 100% le mie potenzialità: dalle cose più semplici, come cucinare o lavarmi i vestiti, al bisogno più importante di vivere la mia indipendenza. Non _____ più sopportare a 25 anni di essere trattata nello stesso modo di quando ne _____ 10. I miei genitori non _____ (mai) _____ troppo severi, ma io _____ comunque andare via: _____ troppo forte il desiderio di andare a vivere da sola. E così, dopo una paziente ricerca durata più di un anno, _____ il grande passo. _____ fare questo passaggio solo quando _____ le condizioni ideali: _____ un lavoro e una casa a prezzi accessibili. Senza queste condizioni fondamentali è difficile poter affrontare un cambiamento del genere. Per questo mi ritengo fortunata di far parte di quel 30% di giovani tra i 20 e i 30 anni, che, in Italia, _____ di non rimanere a vivere con la famiglia, ma di provare a essere indipendenti.

Adattato da *www.ioacquaesapone.it*

## Unità 9

**4** *Ricostruisci le frasi nei riquadri e coniuga i verbi modali evidenziati al passato prossimo o all'imperfetto.*

Un tempo c'erano tappe ben precise che scandivano le fasi della vita dei ragazzi: la giovinezza si caratterizzava con i primi amori e con la possibilità di poter uscire di casa per studiare. Per chi non studiava l'unica alternativa era il lavoro.

Certo **1. potere** studiare. quelli desideravano non che tutti lo _____

Nessuna famiglia poteva permettersi di avere un figlio senza nulla da fare.

**2.** responsabilità: **dovere** qualche Tutti prendersi _____ anche gli studenti,

**3. dovere** le scolastiche, durante andare a vacanze lavorare _____

o aiutare i genitori in casa.

**4. dovere** le Tutte passate fretta. generazioni crescere in _____

**5.** l' Chi università fare **volere** non _____

generalmente andava a lavorare a 14 anni (prima era illegale), oppure immediatamente dopo la maturità.

**5** *Ogni gruppo contiene una parola che non è il contrario di un'altra. Trova l'intruso (puoi usare il dizionario).*

1. a. irresponsabile    b. irrazionale    c. irritabile    d. irrealtà
2. a. impensabile    b. impreparato    c. impegnato    d. impopolare
3. a. sfortuna    b. scontento    c. spostare    d. scaricare
4. a. impiegato    b. imprevedibile    c. immaturo    d. impossibile
5. a. illegale    b. illogico    c. illimitato    d. illuminato
6. a. ingiusto    b. indipendenza    c. infermiere    d. incredibile
7. a. infantile    b. inaccettabile    c. infinito    d. infelice

# Esercizi

**6** Completa i testi con i prefissi "il", "im", "in", "ir" o "s", come nell'esempio.

## Siamo mammoni?

 Ho 28 anni e vivo ancora con mamma. Sarebbe _in_ giusto definirmi ___matura o ___responsabile. Lavoro, ma il mio stipendio non mi permette di andare a vivere da sola. Certo, potrei fare dei sacrifici, ma per il momento va bene così, non mi sento limitata nella mia libertà.

 Dovevo andare via di casa in settembre, ma sono stata ___fortunata: i corsi di computer che mi interessavano non sono cominciati, quindi devo rimanere un altro anno qui.

 Ho 20 anni e da sempre vedo la mia casa e il mio paesino come luoghi ___vivibili, completamente ___compatibili con la mia natura. Così ad agosto di quest'anno ho trovato lavoro in città. Mi sono trasferita e ho iniziato a vivere come un'adulta: lavoro, studio, affitto, spesa da sola... Insomma, una donna ___dipendente e con una libertà ___limitata!

Adattato da *http://mantiduzza.wordpress.com*

**7** Trova nel testo le cinque parole incoerenti e sostituiscile con il loro contrario, come nell'esempio.

C'è anche da dire che i giovani oggi non sanno accontentarsi più come quelli di un tempo e con loro è pensabile parlare di "sacrificio": oggi vogliono tutto e questo rende il processo di dipendenza sempre più lontano. In modo del tutto razionale oggi i giovani hanno tutto quanto si può considerare "superfluo", vestiti, computer, automobili e ogni altra diavoleria elettronica e <u>immateriale</u> *materiale*, ma mancano di ciò che più gli sarebbe necessario, ovvero irresponsabilità e impossibilità di mantenersi.

**8** Trasforma le frasi dal discorso indiretto al discorso diretto modificando le parti <u>sottolineate</u>, come nell'esempio.

### Discorso indiretto

1. Gli ho chiesto se <u>quel</u> motorino <u>era</u> <u>suo</u>.
2. Le abbiamo domandato se si <u>mangiava</u> bene in <u>quel</u> ristorante.
3. Vi ha chiesto se <u>volevate</u> partire con tutte <u>quelle</u> valigie.
4. Mi hanno detto che <u>passavano</u> <u>loro</u> a prendere i bambini a scuola.
5. Matteo ha detto che <u>arriva</u> in ritardo perché c'è traffico.
6. Gli ho chiesto se <u>poteva</u> andare <u>lui</u> a fare la spesa oggi.

### Discorso diretto

1. Gli ho chiesto: "È tuo questo motorino?".

 **9** Abbina ogni paragrafo del discorso indiretto alle frasi equivalenti in discorso diretto, come nell'esempio. Poi ascolta e verifica.

### Discorso indiretto

a. La madre chiede a Fabiano se è stato interrogato.
b. Fabiano risponde di sì.
c. La madre si informa su chi ha interrogato Fabiano.
d. Fabiano dice che è stato interrogato in tre materie.
e. La madre è sorpresa e chiede a Fabiano quando aveva studiato quelle tre materie perché lei non se ne era neanche accorta.
f. Fabiano risponde che in effetti una di quelle materie non l'aveva studiata.
g. La madre chiede com'è andata.
h. Fabiano risponde che ha preso 4.
i. La madre, sorpresa, chiede se è vero che ha preso 4.
l. Fabiano risponde di sì, ma aggiunge che nelle altre due materie ha preso 8.
m. La madre non è contenta della notizia e vuole sapere in che materia Fabiano ha preso 4.
n. Fabiano risponde che la materia è matematica.

### Discorso diretto

1. **Madre:** Ah! Chi ti ha interrogato?
2. **Fabiano:** Ho preso 4.
3. **Madre:** Accidenti! E quando le avevi studiate queste tre materie? Io neanche me ne sono accorta!
4. **Fabiano:** Sì.
5. **Madre:** E com'è andata?
6. **Fabiano:** A matematica.
7. **Madre:** Eh, ho capito! In quale materia hai preso 4?
8. **Fabiano:** Sì, però le altre due ho preso 8.
9. **Fabiano:** Tre materie.
10. **Madre:** Ih! Ma veramente hai preso 4?
11. **Madre:** *Sei stato interrogato?*
12. **Fabiano:** Infatti una non l'avevo studiata.

# Esercizi

**10** *Fabiano scrive una mail al suo amico Marco per raccontargli la conversazione con la madre (vedi punto precedente). Completa la mail trasformando gli elementi sottolineati nel dialogo, come negli esempi.*

### Dialogo

- **Madre:** Che, che m'hai chiesto, scusa?
- **Fabiano:** Se **1.** <u>potevo</u> andare con lui due settimane in Grecia.
- **Madre:** Ma **2.** <u>io penso</u> proprio che è una cosa che non si può fare, Fabiano. Due settimane! Fuori! In Grecia! In un paese straniero!
- **Fabiano:** Perché?
- **Madre:** Perché no! I genitori non **3.** <u>ci sono</u>? Non **4.** <u>vengono</u>?
- **Fabiano:** No, **5.** <u>siamo</u> soli.
- **Madre:** Eh, no, Fabiano, non si può fare.
- **Fabiano:** Ah, **6.** <u>dici</u> sempre: "Ormai sei grande, ormai sei grande"!
- **Madre:** Dico che **7.** <u>sei</u> grande, ma non per fare questo tipo di esperienze, Fabiano. Toglitelo subito dalla testa.
- **Fabiano:** E per quale tipo di esperienze?
- **Madre:** Eh, magari per rassettare casa...
- **Fabiano:** E certo!
- **Madre:** O per **8.** <u>aiutarmi</u> a fare la spesa, eccetera, eccetera e non per fare questo, Fabiano. Ancora **9.** <u>sei</u> piccolo.
- **Fabiano:** Papà ha detto che **10.** <u>potevo</u> andare in vacanza da solo, però.
- **Madre:** No, papà ha detto: "**11.** <u>puoi</u> andare una settimana in campeggio" e non da solo. Andate con un gruppo di amici!

---

**Da:** fabiano@gmail.com
**A:** marco@yahoo.com
**Oggetto:** Vacanze

Ciao Marco, brutte notizie per il nostro progetto di vacanza!
Ho detto a mia madre del tuo invito e le ho chiesto se **1.** _potevo venire_ con te due settimane in Grecia. Mia madre ha detto che **2.** _____ di no. Le ho chiesto il perché e lei ha risposto con un "perché no!". Poi mi ha domandato se **3.** _c'erano_ i tuoi genitori, se **4.** _____ anche loro. Quando le ho detto di no, che **5.** _____ soli, il suo rifiuto è stato ancora più deciso. Le ho ricordato che lei **6.** _____ sempre che ormai sono grande, ma ha replicato che non lo **7.** _____ per questo tipo di esperienze e che devo togliermi questa idea dalla testa. Allora le ho chiesto per quale tipo di esperienze sono abbastanza grande secondo lei. Mi ha risposto: per rassettare la casa, **8.** _____ con la spesa, eccetera, ma non per fare questa vacanza. Ha detto che **9.** _____ ancora piccolo. Allora le ho ricordato che mio padre aveva detto che **10.** _____ andare in vacanza da solo. Invece secondo lei mio padre aveva detto che **11.** _____ andare una settimana in campeggio con un gruppo di amici, non da solo.

# Unità 10

**1** Completa questi estratti di conversazioni selezionando le parole corrette nelle liste corrispondenti.

**❶**
○ **Carlo:** Pensi che la *body percussion* sia educativa?
○ **Salvo:** Assolutamente. La musica si deve fare, non astrarre. C'è un circuito, _____, che parte dalla voce, dal movimento, dal corpo, e poi viene tradotto con tanti tipi di gestualità, anche con dei materiali che possono essere oggetti di uso quotidiano, materiali _____ diversi.

> no?   forse
> insomma
> certo

**❷** Intervista a un giornalista.
○ **Intervistatrice:** Quali sono le caratteristiche necessarie per diventare un buon giornalista?
○ **Giornalista:** _____, io direi prima di tutto curiosità. Poi rigore e serietà.

> in realtà   mah
> poi

**❸** Intervista alla linguista Valeria della Valle.
○ **Giornalista:** Quali sono i principali errori che si fanno in italiano?
○ **Valeria della Valle:** _____ è difficile fare una classifica perché gli errori sono tanti. Possono andare dal numero delle consonanti con cui si deve scrivere una parola oppure, altro errore molto comune e _____ fonte di dubbio, tutte quelle parole che finiscono in *-zione*, che tendiamo a pronunciare _____ con una doppia zeta, _____ vanno scritte con una zeta sola.

> in realtà
> quindi
> appunto
> poi   mentre

---

**2** Completa l'estratto dell'intervista dell'unità 10 selezionando la forma verbale corretta. Poi ascolta e verifica.

*cd 29*

○ **Giornalista:** Poi, eh, un altro grande fattore unificante, anche se non del livello dei grandi trecentisti, **1.** ☐ la televisione che, assieme alla leva militare, o forse dopo, **2.** ☐ l'altra grande molla, giusto?
○ **Professoressa:** Sì, l'altra grande molla di unificazione. In fondo tendiamo sempre tutti a parlare male della televisione, eh, dimenticando, trascurando, quanto **3.** ☐ importante proprio agli inizi, eh, quando ancora si **4.** ☐ lezioni di lingua italiana, eh, per chi non **5.** ☐ studiare. Quindi la funzione, eh, iniziale **6.** ☐ importantissima, anche perché **7.** ☐ appunto un... un elemento di unificazione in zone che **8.** ☐ lontanissime, eh, dai centri come Roma e Milano, che **9.** ☐ un po' quelli dai quali si **10.** ☐ la lingua italiana a tutto il resto della nazione.

| | | |
|---|---|---|
| 1. **a.** era | **b.** è stata | **c.** è stato |
| 2. **a.** è stata | **b.** era | **c.** sono stati |
| 3. **a.** era | **b.** era stata | **c.** è stata |
| 4. **a.** faceva | **b.** facevano | **c.** sono fatte |
| 5. **a.** poteva | **b.** aveva potuto | **c.** avevano potuto |
| 6. **a.** è stata | **b.** era stata | **c.** era |
| 7. **a.** era | **b.** è stata | **c.** è stato |
| 8. **a.** sono state | **b.** erano | **c.** era |
| 9. **a.** sono state | **b.** erano | **c.** era |
| 10. **a.** irradiava | **b.** era irradiata | **c.** irradiavano |

# Esercizi

**3** *Completa l'estratto del racconto "Io e lui" di Giuseppe Culicchia con i verbi della lista, coniugandoli all'imperfetto, al passato prossimo o al trapassato prossimo. I verbi non sono in ordine.*

essere · essere · raccontare · piacere · stare · incontrare · fare · andare · essere · continuare · ricominciare · scattare · confidare · fare · avere · andare · dire · baciarsi · raccontare · sembrare

È andata così. È andata che quando *(io)* l'_____ per la prima volta *(io)* _____ circa dodici anni. _____ estate. Scuola finita. Vacanze lunghe. Su tre mesi saremo stati assieme appena un paio di giorni. Ma in quelle quarantotto ore, tra noi _____ qualcosa. (...) *(Lui)* Mi _____ tutto. Lui _____ più grande di me. *(Lui)* _____ a Parigi. E rispetto a me *(lui)* _____ (già) _____ un mucchio di cose. Per dire: *(lui)* _____ (perfino) _____ in vacanza con una tipa. In Spagna. Per la verità non loro due da soli, ma con un paio di altri giovanotti. (...). Lui di lei _____ presissimo. Lei di lui abbastanza, però anche dei due altri giovanotti. Sia come sia, una sera lui e lei _____. Per me, che a luglio _____ giusto al mare a Noli in Liguria con i miei, l'idea di prendere e partire con Giulia, la ragazzina dai capelli rossi di seconda B che mi _____, e di fare un viaggio con lei chissò, fino a Parigi o Madrid o anche solo Varigotti, e baciarla, era un sogno. Comunque: lui in quei due giorni mi _____ tutto. E lo _____ così bene che a un certo punto a me _____ di essere stato in Spagna con lui e lei e gli altri due. Tant'è che dopo, nei mesi successivi e quando _____ la storia, dentro di me _____ a pensarci. Nessuno mi _____ (mai) _____ tante cose, senza nemmeno sapere chi fossi. Io di Giulia non _____ (mai) _____ nulla nemmeno a Sergio, il mio compagno di banco.

*Giuseppe Culicchia*

Adattato da *www.smemoranda.it*

**Unità 10**

 **4.a** Completa il testo coniugando i verbi tra parentesi all'imperfetto, al passato prossimo o al trapassato prossimo. Poi rispondi alla domanda: di quale dialetto si tratta? Se non conosci la risposta, vai al punto successivo.

Il mio primo incontro con la scrittura di Andrea Camilleri *(avvenire)* _____ quando a mia madre *(loro - regalare)* _____ un suo romanzo per Natale. A quel tempo *(io - cominciare)* _____ a sentir parlare di questo scrittore, così *(leggere)* _____ alcune pagine di quel libro. Una tragedia! *(Lui - scrivere)* _____ in dialetto e io non *(capire)* _____ quasi nulla delle avventure del protagonista, il Commissario Montalbano. In seguito, invece, *(io - leggere)* _____ tutti i suoi libri. Alla sua scrittura dialettale, a dire il vero, *(io - abituarsi)* _____ subito. Mi sembra sincera. Vera. Originale. Come la sua isola. Come se il narratore fosse seduto proprio di fronte a me, un vecchio col sigaro in bocca che *(decidere)* _____ di raccontarmi una storia.

Quelle storie non potrebbero esistere senza parole come *trasire*, *babbiare*, *cabasisi* e molte altre. Non ci sarebbe gusto. Il suo siciliano è un dialetto che si capisce, basta cominciare a leggere.

Adattato da *www.pennablu.it*

 **4.b** Scrivi la forma corretta delle frasi che contengono errori di ortografia o di grammatica. Le lettere che corrispondono alle frasi corrette formano il nome del dialetto presente nei romanzi di Camilleri.

| | | | Versione corretta |
|---|---|---|---|
| 1. | Allora siamo daccordo per domani? | R | |
| 2. | Secondo me hai un po' esagerato. | S | |
| 3. | È bello che siete venuti alla festa! | O | |
| 4. | Fa' questo esercizio per favore! | I | |
| 5. | Mamma mia, non o parole! | T | |
| 6. | Vuoi una caramella? Eccola. | C | |
| 7. | Siediti qui accanto a me. | I | |
| 8. | Stasera esco con un'amico. | V | |
| 9. | L'hai trovato, il libro? | L | |
| 10. | Marta e Ilaria l'avete viste ieri? | A | |
| 11. | Un giorno me ne andrò da questa città. | I | |
| 12. | Sta' attento agli errori! | A | |
| 13. | Pane, non ce ne più? | C | |
| 14. | Riesci a essere a casa per le 9? | N | |
| 15. | Il cinema Odeon stasera dà un film noioso. | O | |

**Soluzione:** il dialetto è il _____

# Esercizi

**5** _Sottolinea_ la forma corretta del verbo tra quelle **evidenziate**, come nell'esempio.

## MEGLIO UNA LETTERA O UN SMS?

di Giuseppe Culicchia

Mio padre mi fa: "No guarda, tu il cellulare te lo scordi". E io: "Ma sono l'unico in classe a non averlo!" E lui: "Che problema c'è? Anzi, così ti distingui dalla massa". E io: "Diglielo tu ad Alice". E lui: "Chi è Alice?". E io: "Una di quinta che mi piace". E lui: "E che c'entra il cellulare?". E io: "Ma te lo devo spiegare? **Sentivi / Hai sentito / Avevo sentito** mai parlare di SMS? Penso di sì, visto che tu e la mamma vi mandate messaggi invece di parlare". E lui: "Fatti nostri. Tu a quell'Alice scrivile una lettera, piuttosto, che è molto meglio di un SMS". E io: "Una lettera? Come all'età della pietra?". E lui: "Io e la mamma quando **ci siamo conosciuti / ci conoscevamo / ci eravamo conosciuti** usavamo carta e penna, e non **è stata / era / era stata** l'età della pietra". E io: "Già. E quella volta della ricotta?". E lui: "Che ne sai tu?". E io: "Me l'**aveva raccontato / ha raccontato / raccontava** la mamma". E lui: "Che cosa?". E io: "Della ricotta". E lui: "Quale ricotta?". E io: "Ma sì, da ragazzi una mattina d'estate **avete preso / avevate preso / prendevate** le biciclette e **andavate / erano andati / siete andati** in campagna e **avete pedalato / avevate pedalato** / **pedalavate** un bel po' e a un certo punto **eravate arrivati / siete arrivati / arrivavate** a una cascina dove **incontravate / avete incontrato / avevate incontrato** un pastore che stava facendo la ricotta". E lui: "E allora?". E io: "E allora gli **avete chiesto / chiedeva / aveva chiesto** se **avevate potuto / avete potuto / potevate** assaggiarla e lui come no, ne faccio sempre troppa, assaggiatela pure, anzi mangiatene quanto volete, e la ricotta era talmente buona e calda che l'avete mangiata quasi tutta e poi **avevate ripreso / avete ripreso / riprendeva** le biciclette per tornare a casa, ma vi **eravate allontanati / siete allontanati / allontanavate** parecchio". E lui: "Embè?". E io: "E poi pedala pedala sotto il sole, tutta quella ricotta nello

stomaco **cominciavano / ha cominciato / aveva cominciato** a darvi qualche problema, della serie che vi è venuto un mal di pancia incredibile, e la mamma ti **diceva / ha detto / aveva detto**: Mario, sto male, adesso come facciamo? Come arriviamo a casa? E tu le **hai risposto / avevi risposto / rispondevi**: Paola tieni duro, resisti, ce la faremo. Ma poi il mal di pancia **diventava / è diventato / aveva diventato** insopportabile, e sudavate sulle vostre biciclette, e vi siete guardati negli occhi, e **avevate capito / avete capito / capivate** che tornare a casa era impossibile, e allora siete scesi dalle biciclette e **correvate / siete corsi / avevate corso** a liberarvi in un campo di mais, e lì avete capito che il problema **era / era stato / è stato** che non **avete avuto / avevate avuto / avevate** la carta igienica, e a te è venuto in mente che in tasca **avevi avuto / avevi / hai avuto** la prima lettera che ti **scriveva / aveva scritto / ha scritto** la mamma". E lui: "E che c'entra 'sta storia col fatto che vuoi un cellulare?". E io: "Be', con la fine che fanno le lettere, mi sa che sono meglio gli SMS".

Adattato da *www.smemoranda.it*

**6** *Riordina il racconto numerandone le parti, come negli esempi.*

**1 a.** Era arrivato il momento, si disse Luna, la attendeva una prova durissima: quella della bilancia.

**b.** Era importante e, per darsi forza, aveva messo la loro canzone.

**c.** Luna guardò il risultato dei suoi sforzi e quando lo vide, saltò di gioia e corse a infilarsi quel vestito che la rendeva tanto fiera di sé.

**2 d.** Doveva assolutamente perdere quel maledetto chilo in più preso con la

**e.** fissava con i suoi occhi neri, curiosa. La lancetta andava su e giù fino a fermarsi.

**f.** cioccolata per mettere il vestito che le aveva regalato Nicola, il suo ragazzo.

**g.** Era pronta. Si mise sulla bilancia. Il suo cane Mery la

Adattato da *www.concorsogiuntishift.it*

# Esercizi

**7** *Sottolinea nel testo i quattordici verbi al passato remoto, poi inseriscili nella tabella sotto insieme all'infinito corrispondente, come negli esempi.*

## Breve storia della lingua italiana

Quando l'impero romano d'Occidente <u>cadde</u> (476 d. C.), l'Italia fu invasa da nuove popolazioni. Ogni regione cominciò a vivere una vita isolata; la popolazione si riuniva nei posti più sicuri, in particolare sui monti e nelle vallate. Si formarono così tante piccole comunità isolate, situazione che portò alla formazione di tanti dialetti diversi.

Dal XVI al XIX secolo il fiorentino <u>si impose</u> sempre più come lingua unitaria, usata soprattutto come mezzo di comunicazione da scrittori e scienziati, ma non come lingua parlata. Solo in Toscana si parlava quella che diventerà la lingua italiana: in tutte le altre regioni le persone di ogni condizione sociale parlavano in dialetto.

L'esigenza di una lingua comune si manifestò nei primi decenni dell'Ottocento, quando iniziò a diffondersi l'idea di un'Italia unita. Una delle conseguenze del movimento che portò nel 1861 all'unificazione politica fu, infatti, l'unità linguistica. Grande merito ebbe la scuola, grazie allo studio obbligatorio dell'italiano. L'uso della lingua <u>si diffuse</u> in tutto il territorio, ma era limitato soprattutto alla lingua scritta, mentre la lingua parlata rimaneva il dialetto. La diffusione nel Novecento dei mezzi di comunicazione di massa permisero all'italiano parlato di diventare patrimonio comune. Il cinema, la radio e la televisione nell'immediato dopoguerra consentirono alla lingua italiana di diventare il codice linguistico usato dalla maggior parte della popolazione.

Adattato da *www.zanichellibenvenuti.it*

| Verbo al passato remoto | | Infinito | |
|---|---|---|---|
| 1. cadde | 8. | 1. cadere | 8. |
| 2. | 9. | 2. | 9. |
| 3. | 10. | 3. | 10. |
| 4. si impose | 11. | 4. imporsi | 11. |
| 5. | 12. | 5. | 12. |
| 6. | 13. si diffuse | 6. | 13. diffondersi |
| 7. | 14. | 7. | 14. |

# Test - Unità 9 e 10

**1** *Trasforma le parti di testo evidenziate usando i prefissi "il", "im", "in", o "ir", come nell'esempio.*

Per molti giovani **non è possibile** _è impossibile_ trovare un lavoro in Italia. Anche se **non è logico** _____, molti laureati con master e specializzazioni post laurea devono lasciare il paese per essere riconosciuti e apprezzati. Il numero di quelli che restano in Italia e si sentono pienamente realizzati **non è rilevante** _____. Per molti giovani questa condizione **non è accettabile** _____. Un tempo la situazione era decisamente differente: **non era pensabile** _____ rimanere a casa con i genitori fino alla fine degli studi universitari e, anche durante il periodo di permanenza in famiglia, **non era ammissibile** _____ non fare nulla, per esempio, durante l'estate: tutti dovevano contribuire al benessere economico con piccoli lavori, anche part-time. Nonostante i tempi siano cambiati, molti pensano che parte del problema sia dovuto all'atteggiamento dei giovani stessi, che **non sono maturi** _____, non sanno affrontare la vita e preferiscono restare nella casa dei genitori per un tempo **non limitato** _____ piuttosto che accettare un lavoro poco qualificato.

**Punteggio:** _____ /21 (ogni trasformazione corretta = 3 punti)

**2** *Trasforma le frasi dal discorso diretto al discorso indiretto, come nell'esempio.*

**Esempio:** Mio padre mi ha detto che devo vestirmi meglio.
_Mio padre mi ha detto: "Devi vestirti meglio"._

1. Mio padre mi ha sempre detto che è meglio essere poveri ma onesti.
   _____

2. Ho detto a mia madre che volevo andare all'università.
   _____

3. Mia madre dice sempre che io e mia sorella ci comportiamo come delle bambine di tre anni.
   _____

4. Ho detto a mio padre che doveva trattarmi come un adulto.
   _____

5. I nostri genitori ci hanno detto che non potevamo partire in vacanza da soli.
   _____

**Punteggio:** _____ /15 (ogni frase corretta = 3 punti)

# Test - Unità 9 e 10

**3** Ricostruisci la definizione ordinando le parti di testo.

## Cos'è un dialetto?

Il dialetto
- **a.** che non ha raggiunto
- **b.** poiché discendenti dalla stessa lingua originaria.
- **c.** è un sistema linguistico
- **d.** e definito "lingua nazionale".
- **e.** Con la lingua nazionale, tuttavia,
- **f.** di fronte a un altro sistema
- **g.** forma un gruppo di idiomi affini
- **h.** (o ha perso) autonomia e prestigio
- **i.** diventato dominante e riconosciuto come ufficiale
- **l.** di estensione geografica o culturale limitata

1. ☐  2. ☐  3. ☐  4. ☐  5. ☐
6. ☐  7. ☐  8. ☐  9. ☐  10. ☐

Adattato da *www.treccani.it*

**Punteggio:** ____ /10 (ogni parte ordinata correttamente = 1 punto)

**4** Coniuga i verbi tra parentesi all'indicativo, al congiuntivo o al condizionale nel tempo che ti sembra opportuno. Attenzione: uno dei verbi deve essere passivo.

### Dialetti nelle scuole. Cosa ne pensano i linguisti?

Era l'estate del 2009, quando un parlamentare della Lega *(proporre)* **1.** _____ di inserire nei programmi scolastici l'insegnamento dei dialetti. *(Noi - andare)* **2.** _____ a fare qualche domanda a chi può aiutarci a capire la proposta. Così *(rispondere)* **3.** _____ il prof. Luca Serianni, autore dei nuovi programmi ministeriali per i licei: "Nel 2009, la Lega aveva proposto l'insegnamento dei dialetti nelle scuola e *(dare)* **4.** _____ vita a un dibattito, ma poi l'ipotesi *(abbandonare)* **5.** _____. Si può insegnare una lingua, ma non un dialetto, che non *(avere)* **6.** _____ alcuna omogeneità. A scuola si *(dovere)* **7.** _____ dare più importanza alla lingua in sé: soprattutto per dominarne i vari registri". Seguono le risposte dei prof. Motolese e Vignuzzi, docenti all'Università "La Sapienza" di Roma. Prof. Vignuzzi: "Non credo che *(esserci)* **8.** _____ niente di nuovo in questa proposta. È naturale che *(esistere)* **9.** _____ un rapporto tra gli italiani regionali a livello alto, scritto e orale, e quello parlato dalla popolazione. I dialetti sono presenti nella lingua di tutti i giorni, ma se volessimo farli studiare nelle scuole, *(essere)* **10.** _____ impossibile: in Italia ci sono circa 10.000 dialetti, senza espressione formale, quindi impossibili da insegnare. Prof. Motolese: "In linea generale, un'attenzione verso i dialetti potrebbe essere anche positiva. Ma se si *(aggiungere)* **11.** _____ qualcosa ai programmi scolastici, bisogna capire dove si elimina altro. Personalmente non sarei d'accordo se si *(diminuire)* **12.** _____ le ore di italiano per inserire un'ora di dialetto. Un'attenzione al parlato e al suo rapporto con lo scritto, comunque, *(dovere)* **13.** _____ far parte da tempo delle lezioni di italiano. Credo però che solo i professori più aggiornati *(lavorare)* **14.** _____ in questa direzione".

Adattato da *www.letterefilosofia.it*

**Punteggio:** ____ /42 (ogni verbo corretto = 3 punti)

**5** Ascolta e indica con una "X" le quattro informazioni che non sono contenute nell'audio.

*cd 30*

1. Tutti i paesi oltre all'Italia hanno una grande varietà linguistica.
2. I dialetti italiani sono molto ricchi.
3. Un tempo nelle opere teatrali si usava solo il dialetto.
4. Il teatro è un mezzo per diffondere la cultura e la conoscenza.
5. Il teatro ha diffuso la cultura, ma non la lingua.
6. La televisione degli anni cinquanta e sessanta ha avuto un ruolo unificatore.

**Punteggio:** ____ /12 (ogni risposta corretta = 2 punti)

# Bilancio - Unità 9 e 10

## Cosa sai fare?

| | 😄 | 😐 | 😒 |
|---|---|---|---|
| parlare delle difficoltà dei giovani di oggi | ☐ | ☐ | ☐ |
| confrontare vita adolescente e vita adulta | ☐ | ☐ | ☐ |
| scrivere una mail di protesta | ☐ | ☐ | ☐ |
| riferire discorsi altrui | ☐ | ☐ | ☐ |
| spiegare com'è nata la lingua italiana e la tua lingua | ☐ | ☐ | ☐ |
| indicare gli errori diffusi nella tua lingua | ☐ | ☐ | ☐ |
| scrivere un racconto | ☐ | ☐ | ☐ |

## Cosa conosci?

*Pensa a quello che hai imparato e segui le istruzioni.*

- Scrivi una frase al passato prossimo con il verbo *sapere* e una con il verbo *conoscere*.
- Indica una formula di apertura e una di chiusura di una lettera formale.
- Trova cinque esempi di parole che formano il loro contrario con i prefissi *il-, im-, in-, ir-, s-*.
- Spiega la differenza d'uso tra il passato prossimo e il passato remoto.

## Come... cerchi di migliorare nella produzione orale?

*Che cosa fai per migliorare il tuo italiano parlato? Seleziona una delle tre possibilità, poi confrontati con un compagno e decidete insieme qual è la strategia migliore.*

**1.** Se devi parlare italiano fuori dalla lezione:
- **a.** ti rifiuti, perché non ti senti ancora pronto.
- **b.** non cerchi occasioni, ma, se capita, parli senza problemi.
- **c.** lo fai molto volentieri.

**2.** Quando devi parlare italiano:
- **a.** hai sempre paura di sbagliare.
- **b.** non pensi mai agli errori che fai.
- **c.** sai che puoi sbagliare, ma per te l'importante è parlare.

**3.** Di solito quando parli in italiano:
- **a.** dici solo ciò che sai dire correttamente, altrimenti preferisci stare zitto.
- **b.** dici tutto quello che ti passa per la mente.
- **c.** ti concentri su quello che vuoi dire, cercando di usare le parole e le strutture che conosci meglio.

**4.** Cosa fai per migliorare nell'espressione orale?
- **a.** Scrivi e memorizzi il maggior numero di frasi e parole che hai studiato.
- **b.** Cerchi di parlare il più possibile, senza pensare a quello che hai studiato.
- **c.** Cerchi di parlare il più possibile usando anche il lessico e le strutture che hai studiato.

**5.** Se, mentre parli con un italiano, ti accorgi di aver fatto un errore, cosa fai?
- **a.** Aspetti che chi ascolta ti suggerisca la parola/frase giusta.
- **b.** Se vedi che chi ascolta ha capito, continui a parlare.
- **c.** Provi a riformulare in maniera corretta.

## Mettiti alla prova!

*Ripensa a tutto quello che hai imparato con il corso "Parla con me" ed elabora (su un foglio separato) una mappa concettuale per sistematizzare le conoscenze acquisite. Inserisci in ogni casella il nome delle categorie e i relativi esempi, come nello schema sotto.*

**VERBI**
tempi (es. passato)
modi (es. congiuntivo)

**LINGUA ITALIANA**

**LESSICO**
campi semantici (es. corpo, lavoro)
connettivi e segnali discorsivi
(es. *in realtà, addirittura*)

duecentodiciannove **219**

# Grammatica

**Unità 0**

## I pronomi diretti, indiretti e combinati

### ❯ I pronomi diretti

I pronomi diretti si usano per non ripetere un nome (un oggetto diretto):
- Chi è quella ragazza?
- Non **la** conosco. (**la** = quella ragazza)

Quando il passato prossimo si forma con l'ausiliare **avere** ed è preceduto dai pronomi diretti **lo**, **la**, **li**, **le**, l'ultima lettera del participio passato concorda con il pronome:
Abbiamo incontrato Marta e **l'**abbiamo invitat**a** a prendere un caffè.

Questi spaghetti sono buonissimi. Come **li** hai cucinat**i**?

|  | singolare | plurale |
|---|---|---|
| 1ª persona | mi | ci |
| 2ª persona | ti | vi |
| 3ª persona maschile | lo | li |
| 3ª persona femminile | la | le |

### ❯ I pronomi indiretti

I pronomi indiretti si usano per sostituire una persona o un oggetto preceduti dalla preposizione **a** (complemento di termine):
Devo dire **a Sergio** di comprare il pane, **gli** telefono subito. (**gli** = a Sergio)

|  | singolare | plurale |
|---|---|---|
| 1ª persona | mi (a me) | ci (a noi) |
| 2ª persona | ti (a te) | vi (a voi) |
| 3ª persona maschile | gli (a lui) | gli (a loro) |
| 3ª persona femminile | le (a lei) | gli (a loro) |

### ❯ I pronomi combinati

I pronomi diretti e i pronomi indiretti possono formare un pronome doppio:
- Dove hai comprato questa giacca?
- **Me l'**ha regalata Martina.

| indiretti | diretti | | | |
|---|---|---|---|---|
|  | lo | la | li | le |
| mi | me lo | me la | me li | me le |
| ti | te lo | te la | te li | te le |
| gli | glielo | gliela | glieli | gliele |
| le | glielo | gliela | glieli | gliele |
| ci | ce lo | ce la | ce li | ce le |
| vi | ve lo | ve la | ve li | ve le |
| gli | glielo | gliela | glieli | gliele |

## La posizione dei pronomi con l'imperativo, l'infinito e i verbi modali

In presenza dell'indicativo, i pronomi si trovano prima del verbo.

Se i pronomi accompagnano un imperativo informale singolare o plurale, si uniscono alla fine del verbo:
- *Raccontamelo!, Prendilo!, Compraglielo!, Sbrigati!*
- *Raccontatemelo!, Prendetelo!, Comprateglielo!, Sbrigatevi!*

Se i pronomi accompagnano un imperativo informale singolare o plurale negativo, si hanno due opzioni:
- possono unirsi alla fine del verbo formando una sola parola:
*Non abbandonarlo! / Non abbandonatelo!, Non dirmelo! / Non ditemelo!, Non sederti! / Non sedetevi!*
- Possono precedere il verbo e rimanere separati:
*Non lo abbandonare! / Non lo abbandonate!, Non me lo dire! / Non me lo dite!, Non ti sedere! / Non vi sedete!*

Se i pronomi accompagnano un infinito, si uniscono a quest'ultimo:
*Ricorda di metterti la sciarpa., Vado a telefonargli., Sono qui per chiedertelo.*

In presenza dei verbi modali si hanno due opzioni:
- i pronomi si uniscono alla fine del verbo all'infinito formando una sola parola:
*Deve vestirsi., Potete dirglielo., Voglio raccontartelo.*
- I pronomi precedono il verbo modale e restano separati:
*Si deve vestire., Glielo dovete dire., Te lo voglio raccontare.*

# Unità 1

## Il trapassato prossimo

Il trapassato prossimo indica un'azione passata compiuta prima di un'altra azione avvenuta nel passato:

*Ho messo le scarpe che mi **avevi regalato**.*

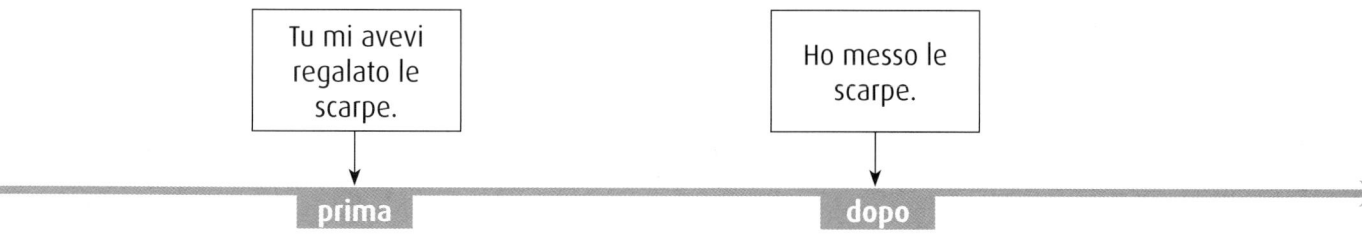

Il trapassato prossimo si forma con l'imperfetto di **avere** o **essere** + il participio passato del verbo:
*Francesca ci ha detto che non **avevate trovato** posto sul treno., Due giorni fa ho incontrato la ragazza che **era venuta** al cinema insieme a Sandra.*

| | trovare | venire |
|---|---|---|
| io | avevo trovato | ero venuto/a |
| tu | avevi trovato | eri venuto/a |
| lui/lei | aveva trovato | era venuto/a |
| noi | avevamo trovato | eravamo venuti/e |
| voi | avevate trovato | eravate venuti/e |
| loro | avevano trovato | erano venuti/e |

# Grammatica

## Le parole composte

I tipi più comuni di parole composte sono:

verbo + nome   ● **apribottiglie** (plurale: **apribottiglie**), **attaccapanni** (pl. **attaccapanni**), **portachiavi** (pl. **portachiavi**)
aggettivo + nome   ● **gentiluomo** (pl. **gentiluomini**), **mezzaluna** (pl. **mezzelune**)
nome + aggettivo   ● **cassaforte** (pl. **casseforti**), **pianoforte** (pl. **pianoforti**)
nome + nome   ● **banconota** (pl. **banconote**), **pescespada** (pl. **pescispada**)

Più rare sono le parole composte da:

avverbio + aggettivo   ● **sempreverde** (pl. **sempreverdi**), **malsano** (pl. **malsani**)
avverbio + nome   ● **fuoristrada** (pl. **fuoristrada**), **benefattore** (pl. **benefattori**)
verbo + verbo   ● **saliscendi, fuggifuggi**

## Il connettivo *mentre*

*Mentre* può avere due funzioni.
● Temporale, quando collega due fatti che avvengono o sono avvenuti contemporaneamente:
*Mentre* aprivo la porta squillava il telefono.
● Avversativa, quando esprime un contrasto, un'opposizione:
Io sono sempre tranquillo **mentre** mio fratello è molto irritabile.

# Unità 2

## Riuscire a, sapere

Per parlare di quello che si è o non si è in grado di fare, è possibile usare il verbo **sapere** + infinito: *Mi piace la musica, ma **non so** ballare., Ci piace mangiare, ma **non sappiamo** cucinare., Non suoni, ma **sai** cantare benissimo!*

Il verbo **riuscire a** + infinito indica che (non) si è in grado di fare una cosa che generalmente costituisce l'oggetto di uno sforzo, di un tentativo, o per parlare di qualcosa che si fa dopo aver provato varie alternative: ***Riesco a** sentire un rumore, ma non so cos'è. È l'unica persona con cui **riesco a** parlare.*
Al passato prossimo il verbo **riuscire** ha come ausiliare il verbo **essere**: *Ieri volevo chiamarti, ma **non sono riuscito a** trovare due minuti liberi!*

## Il pronome relativo *cui*

Il pronome relativo **cui** è invariabile e sostituisce un oggetto indiretto (un oggetto preceduto da una preposizione):
Andiamo **in un albergo**.                                  Questa è **la ragazza**.
Si accettano animali **in quell'albergo**.          Ti ho parlato **della ragazza**.
          ●                                                                              ●
Andiamo in un albergo **in cui** si accettano animali.   Questa è la ragazza **di cui** ti ho parlato.

### La forma impersonale

Il pronome **si** può essere usato in senso impersonale per indicare un soggetto generico / indefinito (*la gente, tutti*):
*In questa città **si** va sempre di fretta.* (= ***La gente*** *va sempre di fretta.*)

Quando la frase con **si** non ha un oggetto, il verbo è sempre alla terza persona singolare:
*Per questa strada **si arriva** alla biblioteca.*

Quando la frase con **si** ha un oggetto singolare, il verbo è alla terza persona singolare:
*In mezzo a quelle persone **si vede** tuo padre.*

Quando la frase con **si** ha un oggetto plurale, il verbo è alla terza persona plurale:
*In questo ristorante **si mangiano** degli ottimi antipasti.*

Quando il **si** è riferito a un verbo riflessivo, forma il pronome doppio **ci si**. Con **ci si** il verbo è sempre alla terza persona singolare:
*Quando **ci si siede** a tavola, è meglio spegnere il telefono.*, *In una situazione del genere **ci si sente** davvero in imbarazzo!*

## Unità 3

### La forma passiva

Una frase può essere attiva o passiva. In genere la forma attiva si usa per dare rilievo alla persona o alla cosa che compie l'azione, mentre la forma passiva si usa per dare rilievo alla persona o alla cosa che subisce l'azione.

- frase attiva:

| Gli studenti | **usano** | il computer. |
|---|---|---|
| soggetto | verbo attivo | oggetto |

- frase passiva:

| Il computer | **è usato** | dagli studenti. |
|---|---|---|
| soggetto | verbo passivo | agente |

Il passivo si usa anche quando non si sa chi compie l'azione o non si desidera comunicare questa informazione:
*Quella signora **è stata rapinata**.* (= Non si sa chi l'abbia rapinata.)

Per formare una frase passiva si usa l'ausiliare **essere** + il participio passato (in alcuni casi si può usare **venire** al posto di **essere**: vedi pagina 233). L'ausiliare si coniuga allo stesso tempo del verbo della frase attiva equivalente. Il participio concorda con il soggetto della frase passiva:

| | | |
|---|---|---|
| *La mia amica **indossa** quell'abito rosso.* | ◉ | *Quell'abito rosso **è indossato** dalla mia amica.* |
| *Il deputato **ha criticato** il governo.* | ◉ | *Il governo **è stato criticato** dal deputato.* |
| *Anche l'anno prossimo milioni di turisti **visiteranno** Roma.* | ◉ | *Anche l'anno prossimo Roma **sarà visitata** da milioni di turisti.* |

# Grammatica

## Gli alterati

In italiano i nomi possono essere cambiati con dei suffissi che ne modificano il significato.
- *-ino/-ina, -etto/-etta, -ello/-ella* sono associati al significato "di minore dimensione", "più piccolo":
*piede* → *piedino, graffio* → *graffietto, albero* → *alberello*
- *-one/-ona* sono associati al significato "di maggiore dimensione", "più grande":
*libro* → *librone, viale* → *vialone, testa* → *testona*
- Alcuni nomi alterati cambiano genere: *la borsa* → **il** *borsone, la strada* → **lo** *stradone*

Due diminuitivi possono essere combinati nell'ordine *-etto/-etta* + *-ino/-ina*: *calza* → *calzettina*

Alcuni nomi alterati possono assumere un significato autonomo:
- *telefonino* = *telefono cellulare* (e non *piccolo telefono*)
- *vetrina* = *parte nel negozio in cui sono esposti i prodotti* (e non *piccolo vetro*)

Alcuni nomi sembrano alterati ma non lo sono, perché il loro significato non è collegato all'apparente forma base: *mattone, canzone, lavello,* ecc.

I suffissi alterativi possono essere usati anche con aggettivi e verbi:
- *piccolo* → *piccolino, brutto* → *bruttino*
- *saltare* → *saltellare*

## Proprio

La parola **proprio** può essere un aggettivo o un avverbio.
Quando è usato come aggettivo, rafforza un possessivo o lo sostituisce:
*Le giovani coppie desiderano avere una casa **propria**.* (= *una casa tutta per sé*)
*È stata salvata dal **proprio** marito.* (= *dal suo stesso marito*)
Quando è usato come avverbio, ha il significato di **davvero, veramente**:
*È **proprio** vera questa storia?, Luca è **proprio** divertente!*

## Il condizionale presente

Il condizionale presente si usa per:
- esprimere un desiderio: **Vorrei** *andare in vacanza.*, *Mi* **piacerebbe** *scrivere.*
- chiedere qualcosa con cortesia: **Vorrei** *un caffè, per favore.*
- dare consigli: **Potresti** *studiare di più.*, *Secondo me* **dovresti** *dirglielo.*
- esprimere una possibilità: *Marina* **potrebbe** *arrivare da un momento all'altro.*

Le forme del condizionale presente dei verbi in *-are* sono uguali a quelle dei verbi in *-ere*.

|  | -are | -ere | -ire |
|---|---|---|---|
|  | parlare | prendere | partire |
| io | parlerei | prenderei | partirei |
| tu | parleresti | prenderesti | partiresti |
| lui/lei | parlerebbe | prenderebbe | partirebbe |
| noi | parleremmo | prenderemmo | partiremmo |
| voi | parlereste | prendereste | partireste |
| loro | parlerebbero | prenderebbero | partirebbero |

I verbi in *-care* e *-gare* aggiungono una *-h-*:

|  | cer**care** | pa**gare** |
|---|---|---|
| io | cer**ch**erei | pa**gh**erei |
| tu | cer**ch**eresti | pa**gh**eresti |
| lui/lei | cer**ch**erebbe | pa**gh**erebbe |
| noi | cer**ch**eremmo | pa**gh**eremmo |
| voi | cer**ch**ereste | pa**gh**ereste |
| loro | cer**ch**erebbero | pa**gh**erebbero |

Alcuni verbi sono irregolari al condizionale presente:

|  | **essere** | **avere** | **volere** |
|---|---|---|---|
| io | sarei | avrei | vorrei |
| tu | saresti | avresti | vorresti |
| lui/lei | sarebbe | avrebbe | vorrebbe |
| noi | saremmo | avremmo | vorremmo |
| voi | sareste | avreste | vorreste |
| loro | sarebbero | avrebbero | vorrebbero |

Verbi irregolari come *essere*:

| dare → io darei | fare → io farei | stare → io starei |
|---|---|---|

Verbi irregolari come *avere*:

| andare → io andrei | dovere → io dovrei | potere → io potrei |
|---|---|---|
| sapere → io saprei | vedere → io vedrei | vivere → io vivrei |

Verbi irregolari come *volere*:

| bere → io berrei | rimanere → io rimarrei | tenere → io terrei | venire → io verrei |
|---|---|---|---|

## Unità 4

### Il congiuntivo presente

> **Le forme**

Le forme del congiuntivo presente regolare sono uguali per i verbi in *-ere* e *-ire*.

|  | **-are** | **-ere / -ire** | |
|---|---|---|---|
|  | cant**are** | ved**ere** | sent**ire** |
| io | cant**i** | ved**a** | sent**a** |
| tu | cant**i** | ved**a** | sent**a** |
| lui/lei | cant**i** | ved**a** | sent**a** |
| noi | cant**iamo** | ved**iamo** | sent**iamo** |
| voi | cant**iate** | ved**este** | sent**iate** |
| loro | cant**ino** | ved**ano** | sent**ano** |

## Grammatica

Molti verbi ad alta frequenza d'uso hanno un congiuntivo irregolare:

|  | **andare** | **avere** | **dovere** | **essere** | **fare** | **sapere** | **potere** | **volere** |
|---|---|---|---|---|---|---|---|---|
| io | vada | abbia | debba | sia | faccia | sappia | possa | voglia |
| tu | vada | abbia | debba | sia | faccia | sappia | possa | voglia |
| lui/lei | vada | abbia | debba | sia | faccia | sappia | possa | voglia |
| noi | andiamo | abbiamo | dobbiamo | siamo | facciamo | sappiamo | possiamo | vogliamo |
| voi | andiate | abbiate | dobbiate | siate | facciate | sappiate | possiate | vogliate |
| loro | vadano | abbiano | debbano | siano | facciano | sappiano | possano | vogliano |

I verbi irregolari al presente indicativo mantengono la forma irregolare al congiuntivo presente: bere → **beva**, dire → **dica**, preferire → **preferisca**, salire → **salga**, stare → **stia**, uscire → **esca**, venire → **venga**

### ● L'uso

Nelle frasi subordinate il congiuntivo si usa (fra gli altri contesti) se nella frase principale c'è un verbo riferito a opinioni personali / soggettive o a situazioni / fatti non certi (**pensare, credere, immaginare, trovare, ritenere,** ecc.), o con espressioni di significato analogo come **mi sembra, mi pare, ho la sensazione,** ecc.:
**Penso** che Roma **sia** una città troppo caotica., Non **credo** che Angelo **dica** la verità., **Ho la sensazione** che Marco e Francesca **non vogliano** invitarci alla festa.

## I pronomi relativi *che, chi, quale*

### ● Che

**Che** si usa per unire due frasi che hanno un elemento in comune. **Che** sostituisce quell'elemento:
*Ho visto un amico. + L'amico camminava nel parco = Ho visto un amico* **che** *camminava nel parco.*

**Che** può sostituire un soggetto o un oggetto diretto (cioè un oggetto senza preposizione):
● soggetto: *Francesca è la studentessa* **che** *sta parlando.*
● oggetto diretto: *Francesca è la studentessa* **che** *hai conosciuto ieri.*

### ● Chi

**Chi** può essere usato come pronome relativo. In questo caso significa *quelli che / le persone che*:
*Non si può parlare con* **chi** *non ascolta mai.* (= *Non si può parlare con* **quelli che / le persone che** *non ascoltano mai.*)
*Alla conferenza può partecipare* **chi** *vuole.* (= *Alla conferenza possono partecipare* **quelli che / le persone che** *vogliono.*)

**Chi** si riferisce sempre a persone. Quando ci si riferisce a esseri inanimati, si usa **quello / ciò che**:
**Quello che** *è successo è terribile., Questo è* **ciò che** *penso.*

### ● Quale

Il pronome relativo **quale** può sostituire un oggetto indiretto. **Quale** è variabile ed è preceduto dall'articolo:

| *Andiamo a mangiare* **in un ristorante**. | *Queste sono* **le scarpe**. |
| +  | + |
| *Marta lavora* **in quel ristorante**. | *Ti ho parlato* **delle scarpe**. |
| ⊙ | ⊙ |
| *Andiamo a mangiare* **nel ristorante nel quale** *lavora Marta.* | *Queste sono le scarpe* **delle quali** *ti ho parlato.* |

*Quale* può sostituire anche il pronome relativo *che*, ma il suo uso è molto più frequente nella lingua scritta che nella lingua parlata:
*Mi ha chiamato Flavia, che stasera non può venire al cinema.* = *Mi ha chiamato Flavia, la quale stasera non può venire al cinema.*

|           | maschile | femminile |
|-----------|----------|-----------|
| singolare | il quale | la quale  |
| plurale   | i quali  | le quali  |

## Unità 5

### I verbi pronominali

Alcuni verbi si combinano con uno o più pronomi e possono avere un significato proprio. Generalmente questi verbi si formano:
- con il pronome *ci* (invariabile): *riuscirci, metterci*
- con il pronome *ne* (invariabile): *volerne*
- con i pronomi riflessivi *mi, ti, si, ci, vi, si*: *vergognarsi, innamorarsi*
- con una combinazione di pronomi: *andarsene, farcela, cavarsela*

Con le forme verbali coniugate i pronomi *ci* e *ne* restano invariati, mentre i riflessivi si accordano con il soggetto.

|         | riuscirci     | andarsene      |
|---------|---------------|----------------|
| io      | ci riesco     | me ne vado     |
| tu      | ci riesci     | te ne vai      |
| lui/lei | ci riesce     | se ne va       |
| noi     | ci riusciamo  | ce ne andiamo  |
| voi     | ci riuscite   | ve ne andate   |
| loro    | ci riescono   | se ne vanno    |

Al passato l'ausiliare di *riuscirci* e *andarsene* è *essere*:
*A che ora te ne sei andato ieri sera?*, *Volevo alzarmi presto, ma non ci sono riuscita!*

### La particella pronominale *ne*

La particella *ne* si usa per indicare una parte di una quantità o quantità negative (*niente, nessuno*, ecc.):
*Ho cucinato una torta. Ne vuoi una fetta? (ne = di torta)*

- *Conosci qualche lingua straniera?*
- *No, non ne parlo nessuna. (ne = di lingua)*

Con il participio passato *ne* si comporta come un pronome diretto:
- *Prendi un cornetto?*
- *Veramente ne ho già mangiati due!* (plurale maschile → *due cornetti*)

# Grammatica

Con **tutto/a/i/e** non si usa **ne** ma i pronomi diretti **lo, la, li, le**:
- Quante pagine hai letto?
- **Le** ho lette **tutte**. (cfr. **Ne** ho lette dieci.)

**Ne** può essere usato anche in sostituzione di una parte di frase introdotta da **di**:
Non parli mai **del tuo viaggio in Francia**. → Non **ne** parli mai.

> **Ne con i pronomi indiretti**

Il partitivo **ne** può combinarsi con i pronomi indiretti:
- Hai comprato i quaderni a Licia?
- **Gliene** ho comprati solo due: gli altri non mi piacevano.

| pronomi indiretti | + ne |
|---|---|
| mi | me ne |
| ti | te ne |
| gli/le | gliene |
| ci | ce ne |
| vi | ve ne |
| gli | gliene |

## Uso dei pronomi con valore enfatico

Con alcuni verbi transitivi, e soprattutto nella lingua parlata, si possono usare i pronomi riflessivi per dare enfasi all'azione. Il significato non cambia, ma si dà un carattere affettivo all'azione del verbo (si indica una partecipazione più intensa, un maggiore coinvolgimento del soggetto):
Quando arrivo a casa **mi** mangio un bel panino., **Ti** sei comprata la macchina nuova!

Con questi verbi nei tempi composti si utilizza l'ausiliare **essere**:
Ieri sera **mi sono vista** un bel film., Al mio compleanno Lucio e Sara **si sono bevuti** tutto lo spumante!

## La dislocazione pronominale

Di solito il pronome sostituisce il nome, ma nella lingua parlata è molto frequente usarli insieme. La presenza di entrambi gli elementi serve a dare enfasi all'oggetto diretto o indiretto.

- Il nome può stare all'inizio: **Il pane l'**ho già comprato., **Gli inviti li** avete spediti?, **A Luca glielo** hai dato il quaderno?
- Il nome può trovarsi anche alla fine: **L'**hai già comprato **il pane**?, **Li** avete spediti **gli inviti**?, **Glielo** hai dato il quaderno **a Luca**?

Per quanto riguarda il **ne**, se il partitivo precede il verbo, è necessario usare il **ne** nella frase:
**Dolci, ne** mangi?, **Libri in inglese, ne** leggi?
Nei tempi composti il participio passato concorda con il partitivo:
**Dolci, ne** hai mai mangiat**i**?, **Libri in inglese, ne** hai mai lett**i**?

## Unità 6

### I suffissi degli aggettivi

> **-ese** generalmente indica appartenenza: franc**ese** (= della Francia), milan**ese** (= di Milano), torin**ese** (= di Torino)
> **-bile** di solito indica la possibilità: lava**bile** (= che si può lavare), leggi**bile** (= che si può leggere)
> **in-** in combinazione con **-bile** indica la non possibilità: **in**comprensi**bile** (= che non è possibile comprendere), **in**defini**bile** (= che non è possibile definire)

> Altri suffissi ed esempi:
> **-ale**: music**ale**, origin**ale**, geni**ale**
> **-ario:** confusion**ario**, totalit**ario**, reazion**ario**
> **-ico:** poet**ico**, filosof**ico**, simpat**ico**
> **-ivo:** emot**ivo,** istint**ivo,** aggress**ivo**
> **-oso:** religi**oso**, noi**oso**, cost**oso**

### Congiuntivo o indicativo?

Il congiuntivo si usa in dipendenza da verbi che esprimono un'opinione soggettiva o si riferiscono a informazioni non certe: **Penso** che Firenze **sia** una città troppo cara., **Credo** che la bambina **abbia** fame, per questo piange.

A volte si può introdurre l'opinione con altre espressioni. In tal caso si usa l'indicativo:
**Secondo me** Firenze **è** una città troppo cara., **A mio giudizio/parere** la bambina **ha** fame, per questo piange.

| si usa il congiuntivo dopo... | si usa l'indicativo dopo... |
|---|---|
| penso che<br>ritengo che<br>trovo che<br>credo che<br>(mi) sembra che<br>(mi) pare che<br>ho la sensazione che<br>ho l'impressione che | secondo me<br>a mio giudizio<br>a mio parere<br>per me |

### Il futuro epistemico

Il futuro semplice si può usare per formulare ipotesi sul presente o esprimere incertezza:
> *Che ore sono?*
> *Non lo so, **saranno** le 8.*

> *Perché quel bambino sta piangendo?*
> ***Avrà** fame.*

*Dove **saranno** i miei occhiali?*

# Grammatica

## Unità 7

### Il congiuntivo imperfetto

Il congiuntivo imperfetto si usa in frasi secondarie introdotte da una frase principale al passato (passato prossimo o imperfetto):

| frase principale | | frase secondaria |
|---|---|---|
| ◗ **Penso**<br>indicativo presente | che | Mario **sia** stanco.<br>congiuntivo presente |
| ◗ **Pensavo**<br>passato prossimo o imperfetto | che | Mario **fosse** stanco.<br>congiuntivo imperfetto |

|  | -are | -ere | -ire |
|---|---|---|---|
|  | chiam**are** | conosc**ere** | part**ire** |
| io | chiam**assi** | conosc**essi** | part**issi** |
| tu | chiam**assi** | conosc**essi** | part**issi** |
| lui/lei | chiam**asse** | conosc**esse** | part**isse** |
| noi | chiam**assimo** | conosc**essimo** | part**issimo** |
| voi | chiam**aste** | conosc**este** | part**iste** |
| loro | chiam**assero** | conosc**essero** | part**issero** |

Forme irregolari di verbi ad alta frequenza d'uso:

|  | avere | dare | dire | essere | fare |
|---|---|---|---|---|---|
| io | avessi | dessi | dicessi | fossi | facessi |
| tu | avessi | dessi | dicessi | fossi | facessi |
| lui/lei | avesse | desse | dicesse | fosse | facesse |
| noi | avessimo | dessimo | dicessimo | fossimo | facessimo |
| voi | aveste | deste | diceste | foste | faceste |
| loro | avessero | dessero | dicessero | fossero | facessero |

### Il congiuntivo passato

Il congiuntivo passato si usa in frasi secondarie riferite a fatti o eventi anteriori rispetto a quelli della frase principale al presente:

| frase principale | | frase secondaria |
|---|---|---|
| ◗ **Credo** (ora)<br>indicativo presente | che | Mario **sia andato** a casa (prima).<br>congiuntivo passato |

Il congiuntivo passato si forma con il congiuntivo presente dell'ausiliare **avere** o **essere** e il participio passato del verbo:

|  | chiamare | partire | essere | avere |
|---|---|---|---|---|
| io | abbia chiamato | sia partito/a | sia stato/a | abbia avuto |
| tu | abbia chiamato | sia partito/a | sia stato/a | abbia avuto |
| lui/lei | abbia chiamato | sia partito/a | sia stato/a | abbia avuto |
| noi | abbiamo chiamato | siamo partiti/e | siamo stati/e | abbiamo avuto |
| voi | abbiate chiamato | siate partiti/e | siate stati/e | abbiate avuto |
| loro | abbiano chiamato | siano partiti/e | siano stati/e | abbiano avuto |

## Concordanze del congiuntivo con frase principale al presente

La scelta del tempo del congiuntivo dipende dal rapporto temporale tra la frase principale (al presente) e la frase secondaria. Questo rapporto può essere di **contemporaneità** (= l'azione della principale e quella della secondaria si svolgono contemporaneamente), **anteriorità** (= l'azione della secondaria si svolge prima di quella della principale) o **posteriorità** (= l'azione della secondaria si svolge dopo quella della principale):
- Contemporaneità: *Penso che Elio **arrivi** adesso.*
- Anteriorità: *Penso che Elio **sia arrivato** due ore fa.*
- Posteriorità: *Penso che Elio **arrivi** domani.*

| frase principale (verbo al presente) | azione della secondaria contemporanea | azione della secondaria anteriore | azione della secondaria posteriore |
|---|---|---|---|
| Credo/Penso | congiuntivo presente<br>che Elio **arrivi** adesso.<br>che Elio **sia** malato. | congiuntivo passato o imperfetto<br>che Elio **sia arrivato** due ore fa.<br>che Elio ieri **fosse** malato. | indicativo futuro o congiuntivo presente<br>che Elio **arriverà** / **arrivi** domani. |

Quando la frase principale è al presente e l'azione della frase secondaria è anteriore, la scelta tra congiuntivo passato e congiuntivo imperfetto dipende dal tipo di azione espressa dal verbo: se normalmente all'indicativo per quell'azione si adopera il passato prossimo, bisogna utilizzare il congiuntivo passato; se invece si usa l'imperfetto, si sceglie il congiuntivo imperfetto:
- *Elio **è arrivato** due ore fa.* → *Penso che Elio **sia arrivato** due ore fa.*
- *Ieri Elio **era** malato.* → *Penso che Elio ieri **fosse** malato.*

## Usi del congiuntivo

Il congiuntivo di solito si usa:

- con verbi che esprimono opinione soggettiva o si riferiscono a informazioni non certe come **penso**, **credo**, **immagino**, ecc.:
*Non **credo** che Angelo **abbia detto** la verità.*

## Grammatica

◉ Con frasi impersonali come **è meglio che**, **è bene che**, **è bello che**, **è importante che**, **è possibile che**, **è probabile che**, **sembra che**, **basta che**, **bisogna che**, ecc.:
**È meglio che** tu **vada** a dormire presto, se non vuoi perdere il treno domani., **È possibile che** Mara **arrivi** in ritardo., Ok, vengo anch'io al cinema, **basta che** poi mi **riportiate** a casa.

◉ Con verbi che esprimono sentimenti, stati d'animo o volontà come **spero**, **mi auguro**, **sono felice**, **sono contento**, **amo**, **odio**, **mi piace**, **preferisco**, **voglio**, ecc.:
**Spero** che tu **stia** meglio., **Volevo** che tutti **esprimessero** la propria opinione.

◉ Dopo alcune congiunzioni o espressioni come **affinché**, **nonostante**, **malgrado**, **sebbene**, **benché**, **purché**, **a patto che**, **a condizione che**, **prima che**, **per quanto**, ecc.:
**Sebbene** non **sia** più così giovane, è ancora un bell'uomo., Dobbiamo assolutamente vederci, **prima che** tu **parta**.

◉ Quando una frase è introdotta da **il fatto che:**
**Il fatto che** Marco non **riesca** ad alzarsi dal letto dimostra che ancora non è completamente guarito.

### Il gerundio semplice

Il gerundio può avere diverse funzioni:
◉ temporale (*quando*): Ascolto musica **studiando**.
◉ modale (*come*): Mi sono fatto male **giocando** a calcio.
◉ causale (*perché*): **Essendo** stanco, è rimasto a casa.
◉ ipotetica (*se*): **Cambiando** lavoro, dovresti ricominciare da zero.
◉ concessiva (*anche se*): Pur **avendo** sonno, non vuole andare a dormire.

| parlare | leggere | partire |
|---------|---------|---------|
| parlando | leggendo | partendo |

Generalmente il soggetto del gerundio nella frase secondaria è uguale a quello della frase principale:
**Abbassandomi** (io), ho trovato il telecomando sotto il tavolo., **Avendo** il volo alle 16, (io) devo partire da casa alle 12:30.

I pronomi vanno sempre dopo il gerundio:
Ti ho portato la medicina. Prendendo**la**, ti sentirai meglio., Svegliando**mi**, mi sono accorta di aver lasciato la finestra aperta., Alzando**ti** alle 7 avrai tutto il tempo di arrivare alla stazione.

## Unità 8

### Il periodo ipotetico di primo e secondo tipo

Il periodo ipotetico è una costruzione che serve a esprimere ipotesi. Generalmente è formato da: **se** + frase che esprime la condizione (protasi) + frase che esprime la conseguenza (apodosi):

| se | protasi | apodosi |
|----|---------|---------|
| Se | prendi l'autobus, | non hai problemi con il parcheggio. |
| Se | lavorassi di meno, | avrei più tempo per me. |

### Ipotesi nel presente

| | | |
|---|---|---|
| **Periodo ipotetico di primo tipo (realtà)** | L'ipotesi è presentata come reale. La costruzione indica una conseguenza sicura (se l'ipotesi si realizza, la conseguenza sarà automatica):<br>❯ Se **piove**, **resto** a casa.<br>❯ Se **piove**, **resterò** a casa.<br>❯ Se **piove**, **resta** a casa. | **se +**<br>indicativo presente<br>+<br>presente indicativo / futuro semplice / imperativo |
| **Periodo ipotetico di secondo tipo (possibilità)** | L'ipotesi è presentata come possibile. La costruzione indica la possibilità che una certa cosa si realizzi (l'ipotesi potrebbe o non potrebbe realizzarsi):<br>❯ Se **partissimo** presto, domani **arriveremmo** a Milano per pranzo.<br>❯ Se **arrivasse** un pacchetto via posta, **prendilo** tu per favore. | **se +**<br>congiuntivo imperfetto<br>+<br>condizionale presente / imperativo |

### La forma passiva con *venire*

Per costruire una frase passiva si può utilizzare l'ausiliare **essere** o **venire** + il participio passato.
L'ausiliare si coniuga allo stesso tempo del verbo della frase attiva corrispondente:
*Molti turisti **visitano** Venezia.* → *Venezia **è / viene visitata** da molti turisti.*
*Penso che molti turisti **visitino** Venezia.* → *Penso che Venezia **sia / venga visitata** da molti turisti.*

L'ausiliare **venire** non può essere usato con i tempi composti (passato prossimo, trapassato prossimo, congiuntivo passato, ecc.), ma solo con i tempi semplici. Nei tempi composti si utilizza dunque l'ausiliare **essere**:
*L'anno scorso molti turisti **hanno visitato** Venezia.* → *L'anno scorso Venezia **è stata visitata** da molti turisti.*
*Ho letto che molti turisti **avevano visitato** Venezia.* → *Ho letto che Venezia **era stata visitata** da molti turisti.*

Nei tempi semplici la scelta tra **essere** e **venire** può dipendere dal gusto personale di chi scrive o da motivazioni stilistiche.

### Il *si* impersonale e il *si* passivante

(vedi anche la sezione *La forma impersonale* a pagina 223)

Con la forma impersonale, nei tempi composti si usa sempre l'ausiliare **essere**, anche se nelle altre costruzioni il verbo utilizzato funziona normalmente con l'ausiliare **avere**:
*Se non si **è dormito** abbastanza, è difficile studiare.*

Nella struttura **si** + verbo + oggetto diretto la prima particella si chiama "*si* passivante" e indica un soggetto generico. Il verbo che segue concorda con l'oggetto diretto. Nei tempi composti si usa sempre l'ausiliare **essere** e il participio passato concorda con l'oggetto:
*Non **si accettano assegni**., Ieri **si sono vinte due partite**.*

# Grammatica

## Unità 9

### I verbi *sapere* e *conoscere* al passato

*Sapere* e *conoscere* hanno significati diversi al passato prossimo e all'imperfetto.

|  | **sapere** | **conoscere** |
|---|---|---|
| **passato prossimo** | **significato**<br>ricevere una notizia, apprendere<br><br>**esempio**<br>**Ho saputo** da Giulio che Paolo ha cambiato scuola. | **significato**<br>incontrare per la prima volta<br><br>**esempio**<br>Quest'estate **ho conosciuto** una ragazza simpaticissima. |
| **imperfetto** | **significato**<br>avere già un'informazione<br>(= la notizia non è una novità)<br><br>**esempio**<br>**Sapevo** perché Ugo era venuto da me: voleva dei soldi. | **significato**<br>avere già contatti / essere già in relazione con qualcuno<br><br>**esempio**<br>Quando sono arrivato a Roma, **conoscevo** solo Rita. |

### I verbi modali al passato

I verbi modali **dovere, potere, volere** cambiano significato a seconda del tempo passato scelto. Se usati al passato prossimo, indicano un'azione accaduta con certezza. Se all'imperfetto, esprimono un'incertezza (non si sa se l'azione è realmente avvenuta oppure no):
- passato prossimo: *Ieri Mara **ha dovuto** studiare per l'esame.* (= ha sicuramente studiato)
- imperfetto: *Ieri Mara **doveva** studiare per l'esame.* (= forse ha studiato, forse no)

Al passato prossimo **dovere**, **potere** e **volere** prendono l'ausiliare del verbo all'infinito:
- *Ieri non **ha** potuto **studiare** perché stava male.* (**studiare** → ausiliare **avere**)
- *A casa non avevo niente da mangiare e così **sono** dovuto **andare** al supermercato.* (**andare** → ausiliare **essere**)

### I contrari

Per formare il contrario di un aggettivo, di un nome o di un verbo si usano vari prefissi.

- Molto usato è il prefisso **in-**, che diventa **im-** con le parole che iniziano con *p* o *m*, **il-** con le parole che iniziano con *l*, **ir-** con le parole che iniziano con *r*:

| | | |
|---|---|---|
| *capacità* | → | **in**capacità |
| **p**opolare | → | **im**popolare |
| **m**orale | → | **im**morale |
| **l**ogico | → | **il**logico |
| **r**esponsabilità | → | **ir**responsabilità |

> Frequenti sono anche i prefissi **s-**, **dis-** e **anti-**:
fortunato → **s**fortunato
attivare → **dis**attivare
democratico → **anti**democratico

> In molti casi per formare il contrario non si usano prefissi, ma altre parole di significato opposto:
grande → piccolo
pesante → leggero
intelligenza → stupidità

## Il discorso indiretto

Per riferire le parole o il pensiero di qualcuno ci sono due possibilità:
> discorso diretto → riporta direttamente le parole pronunciate, in genere precedute da due punti e racchiuse tra virgolette: *Mario: "Vorrei un panino con il prosciutto."*
> discorso indiretto → riporta le parole pronunciate indirettamente, attraverso una frase secondaria introdotta da verbi come **dire, pensare, aggiungere, continuare, chiedere, domandare, rispondere**, ecc. + la congiunzione **che**:
*Mario **dice che** vorrebbe un panino con il prosciutto.*

> **Il discorso indiretto con la frase principale al presente**

Se il discorso indiretto è introdotto da un verbo al presente (o al passato prossimo riferito a eventi recenti) come **dice, sta dicendo,** ecc., il tempo della frase secondaria resta invariato rispetto al discorso diretto:

| discorso diretto | discorso indiretto |
|---|---|
| Luca: "Non **parlo** molto bene il tedesco." | Luca **dice (ha detto)** che non **parla** molto bene il tedesco. |
| Luca: "Un anno fa non **parlavo** molto bene il tedesco." | Luca **dice (ha detto)** che un anno fa non **parlava** molto bene l'inglese. |

> **Il discorso indiretto con la frase principale al passato**

Se il discorso indiretto è introdotto da un verbo al passato (**ha detto**, **diceva**, ecc.), bisogna considerare la relazione temporale tra la frase principale e la frase secondaria:

| Frase principale al passato | Frase secondaria | |
|---|---|---|
| | relazione di contemporaneità | relazione di anteriorità |
| Luca **ha detto**... | imperfetto / passato prossimo<br><br>che non **parlava** bene tedesco.<br><br>che a Berlino non **ha parlato** quasi mai tedesco. | trapassato prossimo<br><br>che **aveva studiato** tedesco a scuola in Italia.<br><br>che da piccolo **era stato** in Germania. |

# Grammatica

Va notato che, nel discorso indiretto, la frase secondaria ha spesso valore descrittivo, pertanto la scelta del tempo passato privilegia l'imperfetto.
Nei casi di relazione di anteriorità l'imperfetto può inoltre sostituire il trapassato prossimo quando ci si riferisce ad azione indeterminate dal punto di vista della durata ("imperfettive"); in questo caso l'anteriorità è espressa da un determinatore temporale:
*Ieri Luca mi ha detto che **un anno fa** non **parlava** ancora bene in tedesco.*

## ◗ Cosa cambia nel discorso indiretto

Gli elementi che nel passaggio dal discorso diretto all'indiretto subiscono modifiche più di frequente sono:

| elemento morfosintattico | esempi di variazione | discorso diretto | discorso indiretto |
|---|---|---|---|
| pronomi soggetto | io → lui/lei<br>noi → loro | Anna: "**Io** non parlo francese." | Anna dice che **lei** non parla francese. |
| pronomi diretti, indiretti e riflessivi | mi → gli/le<br>ci → si | Ugo: "Il reggae non **mi** piace." | Ugo dice che il reggae non **gli** piace. |
| possessivi | mio → suo/sua | Anna: "La **mia** casa è piccola." | Anna dice che la **sua** casa è piccola. |
| avverbi di luogo | qui → lì | Anna: "**Qui** fa freddo." | Anna dice che **lì** fa freddo. |
| dimostrativi | questo → quello | Ugo: "**Questo** libro è bellissimo." | Ugo dice che **quel** libro è bellissimo. |

◗ Anche i verbi **andare** e **venire** possono cambiare.
Il verbo **venire** si usa se c'è un movimento in direzione di chi sta riferendo il discorso:

| discorso diretto | discorso indiretto |
|---|---|
| Mario: "**Sono andato** a Roma." | Mario ha detto che **è venuto** a Roma.<br>(= chi riferisce il discorso si trova a Roma) |

In caso contrario si usa il verbo **andare**:

| discorso diretto | discorso indiretto |
|---|---|
| Mario: "**Sono andato** a Roma." | Mario ha detto che **è andato** a Roma.<br>(= chi riferisce il discorso non si trova a Roma) |

## Unità 10

### Il passato remoto

**Le forme regolari**

|       | arrivare   | credere         | finire   |
|-------|------------|-----------------|----------|
| io    | arrivai    | credei/etti     | finii    |
| tu    | arrivasti  | credesti        | finisti  |
| lui/lei | arrivò   | credè/ette      | finì     |
| noi   | arrivammo  | credemmo        | finimmo  |
| voi   | arrivaste  | credeste        | finiste  |
| loro  | arrivarono | crederono/ettero| finirono |

**Le forme irregolari**

|       | avere   | dire    | essere | fare     |
|-------|---------|---------|--------|----------|
| io    | ebbi    | dissi   | fui    | feci     |
| tu    | avesti  | dicesti | fosti  | facesti  |
| lui/lei | ebbe  | disse   | fu     | fece     |
| noi   | avemmo  | dicemmo | fummo  | facemmo  |
| voi   | aveste  | diceste | foste  | faceste  |
| loro  | ebbero  | dissero | furono | fecero   |

**L'uso**

Il passato remoto si usa per parlare di un fatto accaduto nel passato, concluso, che non ha più nessuna relazione col presente. Rispetto al passato prossimo, indica un maggiore distacco psicologico dall'evento:
*Quando avevo vent'anni **conobbi** una ragazza svedese che non ho più rivisto.* ≠ ***Ho conosciuto** Lidia quando avevo vent'anni, e adesso siamo marito e moglie.*

Il passato remoto è usato principalmente nella lingua scritta, in racconti storici o letterari. Nella lingua parlata si utilizza spesso al sud, poco al centro (eccetto che in Toscana) e quasi per niente al nord.

### Riepilogo dei segnali discorsivi, connettivi e altre espressioni presentate nel volume 3

|  | si usa per: |
|---|---|
| ● *be', diciamo* | iniziare un discorso dopo una domanda |
| ● *be', mah* | prendere tempo prima di rispondere |
| ● *del resto, inoltre, poi* | aggiungere un argomento |
| ● *appunto* | riprendere un concetto già espresso |
| ● *certo, c'è da dire che, in realtà* | introdurre una precisazione |
| ● *anche se, invece, mentre, nonostante tutto, tuttavia* | contrastare quanto detto in precedenza |
| ● *allora, così, perciò, (è) per questo (che), quindi* | indicare una conseguenza |
| ● *insomma, quindi* | presentare una conclusione |
| ● *forse, magari* | fare una supposizione |
| ● *addirittura* | sottolineare l'eccezionalità di un fatto |
| ● *giusto?, no?* | chiedere conferma |
| ● *guardi, senta / guarda, senti* | attirare l'attenzione su quanto si sta per dire |
| ● *neppure, tantomeno* | esprimere il significato di *neanche* |
| ● *proprio* | esprimere il significato di *veramente, davvero* |

# Appunti

# Le autrici

**Filomena Anzivino** è laureata presso l'Istituto Universitario Orientale di Napoli in Lingue e Letterature Straniere Moderne. Ha conseguito il diploma Dilit per l'insegnamento dell'italiano come lingua seconda e la certificazione Ditals (Certificazione di Competenza in Didattica dell'Italiano a Stranieri) dell'Università di Siena. Nel 2009 ha completato la SSIS in lingue e civiltà straniere-italiano seconda lingua presso l'Università Ca' Foscari di Venezia. Nel 2012 ha completato, presso la Dilit International House, il percorso di preparazione come formatore di insegnanti. Dal 1999 insegna alla Dilit IH di Roma.

**Katia D'Angelo** è laureata presso l'università di Catania in Lingue e Letterature Straniere Moderne. Ha conseguito il diploma Dilit, la certificazione Ditals dell'università di Siena e il Master Itals (Didattica e promozione della lingua e cultura italiane a stranieri) dell'università di Venezia. Nel 2009 ha completato la SSIS in lingue e civiltà straniere-italiano seconda lingua presso l'università Ca' Foscari di Venezia. Ha collaborato con l'Università degli Studi di Roma "La Sapienza" per il corso di Didattica delle Lingue Moderne e lavora attualmente presso il centro studi di Roma dell'Università della California.

**Diana Pedol** è laureata in Lettere Moderne. Ha conseguito una seconda laurea specialistica in "Scienze linguistiche per la comunicazione interculturale" presso l'Università per Stranieri di Siena. Ha insegnato italiano come lingua seconda in Italia e in Spagna (Istituto Italiano di Cultura di Barcellona). Dal 2002 lavora come facilitatrice linguistica per alunni stranieri della scuola secondaria di primo e secondo grado presso il Centro di alfabetizzazione "Giufà" di Firenze. Tiene inoltre corsi di formazione di didattica dell'italiano come lingua seconda per insegnanti della scuola secondaria di primo e secondo grado e si occupa del coordinamento didattico-pedagogico del Centro di alfabetizzazione "Gandhi" del Comune di Firenze.